看见孩子的世界

一名家庭教育指导师的亲子教育手记

李金珠 ◎ 著

南京大学出版社

图书在版编目(CIP)数据

看见孩子的世界：一名家庭教育指导师的亲子教育手记 / 李金珠著. -- 南京：南京大学出版社，2025.4. -- ISBN 978-7-305-29206-4

Ⅰ.G78

中国国家版本馆 CIP 数据核字第 2025MY1848 号

出版发行	南京大学出版社
社　　址	南京市汉口路 22 号　　邮　编　210093

书　　名	**看见孩子的世界——一名家庭教育指导师的亲子教育手记** KANJIAN HAIZI DE SHIJIE——YI MING JIATING JIAOYU ZHIDAOSHI DE QINZI JIAOYU SHOUJI
著　　者	李金珠
责任编辑	纪玉媛　　　　　　编辑电话　025-83621412
照　　排	南京布克文化发展有限公司
印　　刷	南京新世纪联盟印务有限公司
开　　本	718 mm×1000 mm　1/16　印张 23.75　字数 306 千
版　　次	2025 年 4 月第 1 版　2025 年 4 月第 1 次印刷
ISBN	978-7-305-29206-4
定　　价	58.00 元

网　　址	http：//www.njupco.com
官方微博	http：//weibo.com/njupco
官方微信	njupress
销售咨询热线	025—83594756

＊ 版权所有，侵权必究

＊ 凡购买南大版图书，如有印装质量问题，请与所购图书销售部门联系调换

永恒的女性，引我们"看见"（代序）

恺撒大帝有一句非常著名的话："我来了，我看见了，我胜利了。"

当我们打开李金珠老师的家庭教育叙事作品《看见孩子的世界》时，我震惊地发现，李金珠老师以"我看见了"来践行着母亲这样一种人生中第一任老师的角色，且使亲子教育世界充满了让人可知可感的诗意与温馨。

我们从李金珠的笔下，感受到母亲的爱与诗性，李金珠老师以"我看见了"的智慧，一面在解构着儿童世界的生命密码，一面又以"看见"的姿态与视角，努力重组孩子的生命符码，实现了教育场域中母子的生命谐振，书写出生命的温馨与美好。

儿童的生命状态是神奇的。这一点，在李金珠的笔下，得到了全面的呈现。特别是幼儿时代的小墨所呈现出来的生命状态，完全是日内瓦湖畔皮亚杰研究中所发现的儿童泛灵论的精彩注脚。皮亚杰发现（"发现"不正是另一种"看见"吗）儿童对世界的认知呈现独特的"泛灵论"特征，云朵会哭泣，玩具有生命，影子是活物……这种万物有灵的思维方式，恰恰是成人世界消逝了的灵性维度。

无独有偶，伦敦大学"儿童隐喻认知"项目也揭示了儿童的这一种生命状态：5岁儿童每天创造性的隐喻使用频率是成人的7.5倍。当他们说"月亮是天空的纽扣"，"风在给树挠痒痒"时，这些诗性的表达并不是认知偏差，而是未被概念化思维污染的澄明之境。

正是基于这样的实验，心理学家们呼吁母亲要像人类学家深入原始部落般保持对童言稚语的敬畏与好奇。

恰恰在李金珠的作品中，我们"看见"了这样的儿童，也"看见"了这样一个一直守护着儿童诗性田园的母亲。

这是这本书赐给我们的"看见"之外的"看见"。这种看见,我们是不是可以认定,才是一种对儿童世界的最本质的发现?

这本母教教科书式的作品,让我们洞见了我们自己对儿童世界和儿童教育的盲视——我们曾经多么粗疏地忽略了童心世界;甚至,很多时候,我们对纯真美好的儿童世界,有意识地选择了无视与遮蔽。这样的行为方式,如果不是所谓的冷漠与无情的话,至少也可以说,是一种令人遗憾的麻木与迟钝。

正是这样的麻木与迟钝,引发了我们对儿童的简单与粗暴,也引发了当下"内卷"情形非常严重的儿童教育生态。

这是不是我们每一个做家长的和我们每一个从事教育工作的人要好好地反省自己的地方?

现在,一个叫李金珠的老师,将对儿子儿童、少年、青年三个不同人生阶段的全程引导与教育,以全程性手记的方式,呈现在所有读者面前。李金珠老师只是呈现了一个普通母亲和她的儿子最美好、最温馨的日常,当然,这份日常中,有舒缓如小夜曲的宁静、美好,也有着孩子成长过程中的两代人的对抗、对峙与紧张,有温润如玉,也有一地鸡毛,有诗与远方,也有着妥协与苟且……

这是一份日常生活的真实,也是一种教育生活的真实,更是一种成长过程中的真实。但在这份真实中,却隐藏着教育的富矿,隐藏着令我们动容与深思的深刻内涵。

李金珠老师本人是小学语文教师,同时又是一位有着不俗的文学成果的散文作家,还是一位经历丰富的家庭教育指导师,因而,在她的视域里,在她的笔端,教育的诗性充盈在全部的教育生活空间,教育的理性也全程渗透在一个母亲的爱与引导之中。

将《看见孩子的世界》看作当代孟母的作品,可能有过于拔高之嫌,但是,当我们看到一位母亲从孩子刚出生时便开始记录孩子的生活,一直书写到孩子成为一个优秀的高三学生,面对这样的极具二重唱意味的生命历程,我们是不是难以掩盖内心的感动?

进而,我们是不是也会叩问自己:

作为家长,我们能否像李金珠老师那样,以一种珍视生命的姿态,书写着母子两代人的生命对话?

作为一位教育工作者,我们有没有带着母亲般的胸怀与意识,真正地爱我们的学生?

最后,我还要表达的一点是,当我们将目光投向李金珠的《看见孩子的世界》时,我们发现,教育叙事正在发生微妙的范式转换。如果说周弘的教育实践是父亲用"赏识"的刻刀雕琢生命的胚胎,那么李金珠则是以深深的母爱,用"诗性"的三棱镜折射出认知光谱、衍射出新时代母教的光辉与力量。

进而把李金珠的"我看见了"置于教育史的长河中观察时,我们发现,李金珠的诗性教育,竟然呼应着古老的苏格拉底的"产婆术"——这一方式,也叫"精神助产术"。

通过双方的交谈,在问答过程中,不断揭示对方谈话中自相矛盾之处,从而逐步地将对方的个体化、个性化的感性认识,上升到普遍的理性认知过程。苏格拉底把这种通过不断发问,从辩论中弄清问题的方法称作"精神助产术"。苏格拉底"精神助产术"教育思想在世界教育史上占有十分重要的地位,人们把它视为启发式教育。在中国,比苏格拉底早八十年,孔子提出了"不愤不启,不悱不发"的启发式教学思想。

也许,作为母亲的李金珠,作为一名语文教师的李金珠,自己也没有意识到她与儿子的生命对话,一方面表现了一个母亲的天然本性,另一方面,则表现出她作为精神助产士的特点。但我们看到,李金珠是一位不同寻常的母亲,是一位不同寻常的老师,也因而在这不同寻常的过程中,完成了她作为精神助产士的角色定型与嬗变。

当下,人类已经站在人工智能颠覆传统教育的时代门槛上,似乎,我们已经能非常迅捷地回答诸多关于教育的问题,但是,读完这本书,我们是不是会既遗憾又欣喜?我们看到,当 ChatGPT、DeepSeek 能解答所有知识疑问时,却不能提供给人们最优化的方法,不能提供给教育工作者一种守护人类独有的诗性思维与情感共鸣的能力,更不能给孩子带来有温度的母性的体认与陪伴。

《看见孩子的世界》中那个用乐高积木搭建"会呼吸的房子"的男孩,或许正在孕育着未来教育所需要的生态性密码,而李金珠对儿童教育的灵性观照,则在提醒着人们:在人工智能全面覆盖我们的生活时,千万不要让童心与诗性从我们的教育生活中隐遁、省略、缺席。

我是幸运的,从 21 世纪初到眼下,二十多年的教育观察,恍若经历了一场精神的蝶变。从拙著《重塑生命》到《看见孩子的世界》,教育叙事本身,始终在演奏着生命的复调:教育之中,既要有父亲托举生命的咏叹,也须有母亲凝视生命成长的诗性沉吟。我们更应该有一种深刻的"看见":真正的教育胜利,不在于征服知识的高地,而在于守护每个生命原初的诗意与灵光;生命历程,并不仅仅是单向维度的历时性时光的穿越,而是两代人所共同创作并在生命舞台上联袂演出的"二重唱"……

当年,伟大的歌德在诗剧《浮士德》的最后写道:永恒的女性,引我们上升。如今,李金珠与儿子的教育二重奏,再一次让我们感受到女性的伟大与永恒:

伟大的女性,让我们看见生命延续的永恒,让我们体会到创造的活力与灵性的迸发。有女性的"引领",人类不仅可以实现生命的救赎,更能够实现生命重塑过程中的"看见"和自我超越。

姜广平

目录

第一季　幼年时代

引言 …………………………………………………… 002
出生篇 ………………………………………………… 005
第一次去外婆家 ……………………………………… 008
拍百日照 ……………………………………………… 010
我家小墨 ……………………………………………… 012
小墨和车 ……………………………………………… 018
小墨踏影子 …………………………………………… 020
小墨的"雷"语 ……………………………………… 022
小墨醉酒记 …………………………………………… 024
小墨的"俄狄浦斯情结" …………………………… 026
童言无忌 ……………………………………………… 028
小墨的理由 …………………………………………… 030
小墨的温情 …………………………………………… 032
小墨的"不胜其烦" ………………………………… 034
你是我的小苹果 ……………………………………… 036
折纸大王 ……………………………………………… 039

第二季　童年时代

引言 ·· 044
小墨经典语录 ·· 046
小墨和他的"女友"们 ·· 048
都是"哈根达斯"惹的祸 ·· 050
与"乐高"的不解之缘 ··· 052
第一次被采访 ·· 055
习作发表了 ··· 057
小墨和皮皮 ··· 060
你不理我，地球还是会转的 ··· 062
妈妈救救我 ··· 064
第一次当节目主持人 ·· 066
妈妈，我太爱你了 ··· 068
家庭会议 ·· 070
小墨被揍记 ··· 072
小墨与写作 ··· 076
琴键上的泪水 ·· 079
妈妈，你成功了 ·· 081
小墨考春申班 ·· 084
这分数是一场惊吓 ··· 087
陪你一起流泪 ·· 090
弹琴和谈心 ··· 092
三张照片 ·· 094
夜晚的陪伴 ··· 096

又要迟到了	098
本色出演	100
给同学们的新年礼物	102
榜上有名	104
重磅来袭	106
小升初的抉择	108
小墨考北外	111
一份检讨书	121
鱼豆瓣的故事	124
给爸爸的祝福	127
快乐的剪刀手	129
成绩——家庭的晴雨表	131
书展归来	134
小墨暑假纪事	137

第三季　少年时代

引言	150
英语夏令营	152
开学第一天——小墨的新征程	156
亲子通话时间	158
愤怒的周末	160
咬指甲的男孩	163
学校运动会	165
小小少年在成长	166
规则的惩戒	168
重新分班风波	170

懂你最重要	173
期中考试	175
波澜起伏	177
家校沟通	179
身上的"小刺"	182
点点滴滴的感动	184
自我检讨	186
写在生日	188
又到岁末时	190
愿你一如既往	193
面对期末考试	195
分数和名次	197
盔甲还是软肋	199
背着书包去旅行	201
大扫除中的小墨	204
继续网课	206
区统考前的模考	208
一张纸巾玩出的花样	210
"葛优躺"的后果	213
小墨劝架	215
因为我已长大	217
结业面试	219
史上最短的暑假	222
多米诺骨牌效应	224
临时抱佛脚	226
青春期撞上更年期	228
小题狂做	230

校访	233
MSE 的默写	235
男女"混合双打"	237
我把青春种在脸上	240
后勤部长	242
全家总动员	244
我想做伴郎	246
作业拖延症	248
上图书馆写作业	250
陪读进行中	252
特殊的工种	255
MSE 的逆袭	257
寒假论文	259
开学第一周	262
闭关锁国	264
补课的挣扎	266
青春之门	269
青春季的阵痛	272
滑铁卢事件	274
妈妈的疯狂试探	277
"双减"成了"双加"	279
妈妈，我会调整的	281

第四季　青春期

引言	284
入学国际高中	286

手机风波·· 289
俄罗斯同学来我家······································ 294
冲进牛剑班·· 298
三堂会审·· 302
从学霸到学酥·· 305
第一次喝酒·· 309
父母是飞机的起落架······································ 312
妈妈，谢谢你把我养大································ 315
妈妈，你要信任我···································· 317
我想摆烂·· 319
顶嘴·· 322
给小墨的信·· 325
微电影角色·· 333
国际课程 VS 国内课程································ 335
从小墨健身说起·· 339
第一次做直播·· 342
雅思，难迈的门槛···································· 345
手机，家庭的痛点···································· 348
4A 法则·· 353
申请季来临·· 356
十八岁呀，十八岁···································· 359

后记·· 364

第一季

幼年时代

引 言

　　七月,不是我喜欢的季节,我怕苏州那份透不过气来的炎热,心口闷闷的,堵得慌。坐在苏州田家炳中学四楼报告厅,坐在那黑压压的人群里,我感到有些疲倦。渐渐肿胀的双腿告诉我,我不仅仅是一位来听讲座的教师,我还是一位孕妇,怀着一个新的生命来听关于"生命"的教育。

　　望着渐渐隆起的腹部,我常常觉得命运的奇妙,一个即将步入中年的母亲,在她三十六岁的本命年,怀上了她的第二个孩子。这似乎不在她的人生安排中,又似乎早已期待了好久……

　　"生命的内涵与外延""生命是活的有机体的存在方式""生活与生命的本质的区别"……教授们在台上声情并茂地演讲着。静静地,我似乎感到了腹中轻轻地跳动着,我把手轻轻地放在小腹上,等待着。过了好久,我又感到了那柔柔的、若有似无的跳动传到了我的手掌心,一阵温暖而美好的感动弥漫着我的身心。孩子。此时,你在妈妈的肚子里还不满四个月。

　　你的乳名已被我们呼唤了好久,你的出现将是父母生命中新的里程碑,给人到中年的我们最好的礼物。十二岁的哥哥知道将有一个小"baby"成为他的弟弟或妹妹时,是多么兴奋,时不时摸摸妈妈的肚子问:"阿二头有多大了?"

　　刘墉的作品《悲欢离合总是缘》中有一篇引起了我的同感,当他步入中年,在儿子十七岁时,再生下了他的小女儿,心中竟有一种歉意和担忧,觉得四十多岁再生孩子,是不是会误了孩子,会不会自己没有那么长的岁月来陪伴孩子的成长……其实,我也有同感,人生中不确定的因素太多,生命的无常,是我们每个人都无法把握的,我不敢把人生想得太完美太顺利,但我更相信你会给我们带来更多的欢乐。看到爸爸和哥哥谈到你时的兴奋之情,我知道,我们全家已用最热烈的心等待着你的到来。

齐豫在歌中唱道:"我不知道这个小孩是不是一个礼物,但我知道我的生活不再原地踏步……"一个小孩是神秘的存在,跟星星一样奇异、一样发光,跟水果一样新鲜,花一样芬芳。是的,一个小孩就是一个神秘的存在。自从你来到这个世界,我似乎迷失了自己。日子是忙碌的,在你的吃、喝、拉、撒,在我给你喂奶、换尿布、哄你睡中展开,小被兜一次次打开,又一次次把你的小身体包裹好。你是那么弱小,手和脚蜷缩在一起,那小手紧紧地握成一个拳,那细细的皱皮的小手指像牙签似的,小手心是那么单薄,手心里的纹路深深的,像一条条小沟渠。觉得你像一个瓷娃娃,一不小心就会把你弄伤,时时有一种莫名的担忧充溢在心头,我不知道什么时候才能把你养得像哥哥那样,成为一个活泼健壮的少年。

日子一天天滑过,你一天天在变化着,我知道,我没有什么好忧愁的,更找不到忧愁的理由。是的。时间,时间将会站在我们这边。只要多给我点时间,你一天天长大,我对你的爱源源不断地流淌,就流成我的快乐之旅。

你的每一个日子中有我,我的每一个日子里有你,我们已经是那样地密不可分。每次喜欢看你醒来的样子,在睡眼惺忪中,你努力睁开你的眼睛,似醒非醒的样子,眼皮向上一抬,这时的你变成了好看的双眼皮,眼睛也大了圆了。但你依然是个单眼皮的小男孩,只有当你生病感冒或发烧时,你才会变成双眼皮,我希望你长得帅,但更希望你健康。

你小小的嘴巴张开着,口水时常湿了胸口的衣襟下;你牙牙学语时,口齿间努力含糊不清蹦出词;你蹒跚学步时,跌跌撞撞、险象环生;你生病哭闹时,那分分钟折腾着我们的每一个焦虑的白天和夜晚……所有的一切,都融入了光阴的故事里,你从婴儿渐渐地长成了一个幼儿。

你越来越可爱懂事了,你越来越喜欢问为什么了,你越来越有自己的想法了,那些碟片,那些光盘,迪士尼的《猫和老鼠》,那个机灵老鼠和笨猫的故事,常把你逗得在沙发上蹦呀跳呀。《加菲猫》的鬼点子真多,让你无法抗拒她可爱的眼神、搞怪的动作,那陪你度过了多少欢乐的时光。在你的睡梦中肯定还有个飞来飞去的小飞侠,还有那句史密斯的口头禅:"是的,长官。"每月一期的《巧虎》给你带来的益智游戏、有趣故事、科学小实验,让我成了你最好的玩伴……你在努力地认识这个世界,在努力地认识自己,所有的这些都陪伴你的成长。宝贝,陪着你成长,让我重回生命最初的时光,让我在你的童心里得到了补偿。

只是我很遗憾,还是漏掉了那么多的精彩时光,我没有捕捉住写下来。人的记忆是有限的,我丢失了很多很多。只是我很庆幸,我见证了你成长的每一个过程。

出生篇

一

小墨,你比预产期早了两天来到这个世界,2006年12月21日,离圣诞节还有三天,那是个阳光充足但依然寒冷的冬日,下午2点26分……迷糊中,医生把你托在手中给我看了一下,只见你的小身体泛着一层淡紫色的水光,全身似乎贴着一层黏黏糊糊的薄膜。医生把你包在一个睡袋里放在桌子上。我扭过头一看,你努力睁开小眼睛,红红的小嘴巴,尖尖的下巴,头发黏糊糊的,你爸爸抑制不住兴奋,把你仔细地看了又看,还给你拍了照片。接着,他迫不及待地把这喜讯一一告诉亲朋好友。

出生一个月后,你已获得了很多雅号:"刁阿二""嗲阿二""丘阿二"……你的刁蛮样,已经让全家焦头烂额、束手无策了。你用任何乐队都难以演奏的啼哭变奏曲,向我们示威,向我们表示你的不合作,向我们表示你是个与众不同的宝宝。只要我们把你放在小床上,那么只有几分钟,甚至短到几秒钟,你就可以在小床里脚蹬拳打,哇哇大哭。我和外婆用尽了各种方法哄你或摇你,你都不肯停止哭泣。当掀开你的小被子,只要一只手托起你的小身子,你就立即停止了啼哭。如果坐着抱你,你也会时不时大哭一场,站起来把你竖着抱,还得不停地走来走去。妈妈说你是"激进分子",要不停地游荡,爸爸说你将来估计要做"总理",因为要"纵"着你走。

这些天就在不停地哄你睡,又不停地把你抱起,在你时断时续的哭声和睡眠中,时间匆匆而过。一天下来,真让人筋疲力尽,在你的哭声中,在你小小的打呼噜声中,在逗你哄你的呢喃声中……我迷失了自己,迷失在你的分分秒秒中。为了让你我都能睡一会儿，睡得安稳一些，我干脆抱着你睡，有时我依靠在床上，把你的小身子放在我的肚皮上，就像袋鼠妈妈一样把你这只小袋鼠装在了口袋里，然后我们像叠罗汉一样地盖上被子。当你不舒服扭动身子、皱眉眯眼的时候，我就把身体像摇篮一样摇动，你在摇晃中又渐渐睡去。

你是个特别警觉的孩子，家里只要弄出一点响声，你就会惊动了，在小床里一颤一抖的，有时"啊呜啊呜"地哭出来。所以全家人都成了"地下党"，只能打手势，使眼色，交头接耳窃窃私语，家里每天在出演"特高课在行动"。

所有来看你的亲戚都说，你确确实实是个"嗲囡囡"。外婆说，她这把年纪，带过这么多个小孩，没见过这么难带的小孩。我想可能你就是那种高需求的宝贝，缺乏安全感的小孩，要听着妈妈的心跳声才能入睡吧。

尽管你是个如此难伺候的"小主"，但我依然无条件地爱你，谁叫你是我三十六岁本命年收到的最好礼物呢？

二

说实话，从你刚出生我第一眼看你时，对你的外貌我竟有点小小的失落，你真说不上是个漂亮的小孩。眼睛并不大，小鼻梁似乎也没爸爸那样挺拔，那尖尖的下巴应该得了我的真传吧。有时觉得你还没有哥哥出生时好看呢！

出生时没几天，我发现你身上特别干燥，皮肤皱皱的，几天后身上的皮肤像一大片一大片的鱼鳞覆盖着，又像是龟裂的树皮，有的已经翘了起来，给人一种紧绷的疼痛感。我看着你又小又嫩的小手小脚上裂开的皮肤，觉得心里好难受。所以每次给你换尿布时，就给你的手臂和腿上涂上一些婴儿润肤露，希望你会舒服一点。过几天给你换衣服时，发现你身上的皮肤一大片一大片地掉下来，脱皮的地方露出了嫩嫩的光滑的肌肤。为此，我请教了许多医生和熟人,大家都说新生儿脱皮是很正常的现象,但我还是有些不放心,总担心是你在妈妈肚子里吸收的营养不够,因为在我眼里,你是一个多么弱小的小生命啊!

随着你身上脱皮,你脸上也渐渐地脱皮了,一小片一小片,有的粘在皮肤上久久不会自行脱落,爸爸总是忍不住用手把你脸上的皮屑拿掉,他常说:"多难看呀,小脸毛糙得很。"我知道他爱美心切,我总是阻止他这样做,怕伤了你嫩皮肤。大约过了一个月,你身上和脸上基本光滑干净了。随着时间的推移,你的小脸蛋渐渐长胖了,脸上的轮廓更像爸爸了,四方方的。你的眼睫毛渐渐地从眼皮里跳出来,刚开始没几根,渐渐多了长了,弯弯地翘起来,像一把小蒲扇盖住了眼皮,真好看。我有时自娱自乐地说:"要是有谁想借我家小团的眼睫毛,我们可不借。"

但你依然是个单眼皮的小婴儿。

小墨是个敏感的宝宝,也是个高需求的宝宝,出生以后就很难带,带他特别辛苦,非常考验妈妈的耐心和精力,很多晚上在他的哭闹中我根本无法睡上一觉。他会用哭声表达他的需要,他会在妈妈的搂抱中感受母爱与安全,每时每刻都盼望着母乳的喂哺,来满足他的生理需求,满足他的"皮肤饥饿"和"情感饥饿"。在日夜照顾他的分分秒秒之中,在观察他、倾听他、触摸他之时,希望能给他更多的安全感,从而获得满足与安宁。

记得著名心理学家弗洛伊德说过一句话:一个在妈妈怀里受宠的孩子终生都会保持一种征服欲,那种成功的自信往往带来真正的成功。

英国心理学家克莱因也说过,婴儿最早面对的是母亲,一个婴儿与母亲的关系是一切关系的基础。因此,可见对于婴儿来说母亲对他的影响是多么大,一个人格健全的孩子,离不开早期来自母亲的关怀——无微不至的照料和无条件的爱。

第一次去外婆家

小墨，我的小宝贝，我的新宝贝（我时常这样呼唤你），因为你的到来，哥哥和爸爸只能退居让位。你出生不满三个月，我第一次带你去外婆家。爸爸说乡下的空气新鲜，有利于你的成长。我想换一个环境，你或许会变得乖一些吧。外婆家，我出生的地方，这里留着我的根，也留着你的血脉。

外婆家三间平房的门前是一片砖地，砖地久经岁月的磨砺，杂草时不时从砖缝里钻出来，外公只能时常去拔草，所以整片砖地还是比较整洁的。砖地前是一条小路，以前用砂石和水泥板铺成的，紧挨着池塘，坍塌得不成样子。最有趣的是邻居们见缝插针地种一些瓜果，藤蔓爬满了水泥板小路，虽然路不成路，但郁郁葱葱的一片，倒也别有一番风姿。

站在砖地上，环望四周，池塘、村舍、树木、房屋，这一切似乎没有多大的变化，偏僻的乡村依然偏僻，古老的土地依然在沉睡中……

来了两三天，你慢慢适应了乡村安静的环境。抱着你在场地上晒晒太阳，听听鸟鸣，看看野花野草，虽然你还不懂这些，但我依然想让你去感受那些大自然的声音，让你远离汽车、工厂、商店的嘈杂和喧哗。你白天的睡觉状态似乎有所好转，能睡上一段时间，但还是容易惊醒，只要周围的声音响一点，甚至一声咳嗽也能把你吵醒，所以经常咳嗽的外公不止一次遭到了外婆的训斥，让他咳嗽时远离你。所有的亲戚都来看你，抱你的人也多了，睡醒后你就睁大眼睛看着陌生的一切。

晚上你的表现还真不错，九点半就睡了，睡前一段时间是你最开心的时刻，脱去了小棉衣小棉裤，脱去了这些束缚，你活泼多了，手脚不停地动着，抓着各种东西。我拉着你的小手，逗你玩，你也会盯着我，回应我，"哦呜哦鸣"说着谁也不懂的语言,有时嘴角一翘,咧嘴笑了。

睡在老家,我似乎回到了从前那段年少时光,那些乡村的夏夜,那些纳凉的夜晚,有一个翩翩少年沿着门前的小路,踩着我双眼的余光,踩着我的心跳,走进我梦幻般的期待中……小墨,你知道吗?那个大男孩就是你爸爸年轻的模样,命运多么奇妙,二十年后,命运把我们紧紧地连在了一起,而你,就是上苍给我们的最好的礼物。

带着宝宝走出家门,适应不同的环境,跟他讲话,让他看月亮和星空,听虫鸣鸟叫,去感知自然界的一切。从最初认识奶瓶到玩具等,从认识母亲、父亲及其他家人,到感知身边环境中的人和事,产生更多的情感链接,适时供给大脑丰富的"精神食粮"。因为宝宝一出生,就开始在探索这个世界。

拍百日照

小墨满一百天,又逢星期六,按照苏州传统要拍"百日照"。

"百",这个字在中国人的眼里是一个喜庆、吉利的数字,百天的宝宝在民间来讲,不讲百天,而是讲"百岁",寓意宝宝一生健康成长,吉祥顺利。拍百天照绝对是现如今宝宝过百天的重要仪式,我们用这样的方式记录下宝宝成长的这一个瞬间留作纪念,也是为了给家人亲戚朋友一起分享这种喜悦。

早上我联系好了"巴黎娃娃"摄影社。下午就打车去了干将路上的"巴黎娃娃"。

前一晚,你这小不点没好好睡觉,到了店里却想睡,我只能先把你哄睡了,希望等你睡醒后能配合得好一点。

摄影室里面开了空调,有些闷热,我们把你的衣服脱下,你肉嘟嘟的小身子不停地扭动着,我们给你穿上摄影室里的时髦背带裤,戴上尖角帽,你的样子好玩极了。旁边另一个七个月大的宝宝也在拍照,几位阿姨围着他又哄又笑,发出各种有趣的声音逗他笑。只见闪光灯不停地闪烁着。

这个小宝宝刚拍好,我们闪亮登场了,你被阿姨抱着放进了藤篮里,半躺在毯子里,我们逗你,你勉强地笑了。接着让你趴在里面抬起头,刚拍了一两张,你就皱了皱眉,哇地哭了。只能抱起来喂奶给你吃,刚放下又哭了。此时,里面更热了,你的小脸也涨得通红,你更不舒服了,哭得越来越凶了,看来今天是拍不成了,我们只能打道回府。

第一次没拍成,四天过后再去,这次我吸取教训,让你吃饱睡醒。下午玩了一会儿,看你有睡意,决定让你睡在我身上,因为知道你这宝贝一放进小床又不能安心入睡,所以只能我来配合你了。所以到了下午三点我们才到了摄影店。

今天你的表现不错,换了三套衣服,几个大人伺候你这小爷,还有点手忙脚乱。刚开始,你还是蛮配合的,无论我们怎么"折腾",都"逆来顺受""泰然处之",扭头撅屁股皆听指挥。刚脱下衣裳时,立马"嘿嘿"笑起来,大概以为要"洗澡澡";穿上粗粗的毛线服,虽有些不舒服,"抗议"两下也就作罢。最后一套小刺猬的服装最好玩了,戴上棕色的刺猬毛,你的小脸圆乎乎的更像个小姑娘了,可爱极了。你睡在毯子上,侧着身子,把小拳头放进嘴里吮吸,被摄影师抓拍到了,还让你趴在小鹿身上,你努力抬起自己的小脑袋,眼睛睁得圆圆的。

终于拿到相册了,全家围在一起看,被你的小模样逗笑了,只是好几张你都咧开了嘴巴,伸着舌头,还有的流着口水,最有趣的那张,戴着黑白格子的帽子,两只小拳头紧握着,撇着嘴,皱着眉,哭得"咬牙切齿",一个名副其实的"小翁眼",遗传了你老爸眉毛打结的凶面相。爸爸看了,乐呵呵地说,以后长大了,让这个小子看看他这副"愤怒"的模样!

拍百日照尽管把我折腾得够呛,但总算给你留下了人生第一套艺术照,还有你的小手印、小脚印,你的胎发绣成的生肖狗……这种种只是为了留下你成长的足迹,留住你美好的记忆,这或许就是父母对孩子全力以赴的爱。

出生后满了一百天的宝宝因为眼睛视线会跟着物体移动,听觉也已经很好了,表情比刚出生时要丰富得多,而且多数宝宝都已经会趴着了,所以满了一百天后拍出来的写真照片是最最可爱的时候。很多爸爸妈妈会选择去拍百日照,给自己可爱的宝宝留下一个美好的回忆。去影楼拍摄一套百日照,做成一个相册或者为宝宝做一个照片墙,等宝宝长大后或者懂事的时候,让他看看自己百天时是那样可爱。当再次回看自己照片的时候,内心别有一番滋味。同时父母对宝宝成长的一种关怀之情也被定格。这种定格了的亲子之爱,当会时时提醒父母自身作为第一任老师的身份吧!

我家小墨

小墨刚满十五个月,脱去臃肿的冬衣,在阳春三月的阳光下,在小区中心公园的草坪上,他迈着两只小脚丫,可称得上"快步如飞"了,尽管奔跑时像个醉汉,像一只北极的小企鹅,他也敢去追比他大两三倍的牧羊犬。曾几何时,我怀中的小婴儿,常常日夜哭闹的小婴儿,让我担惊受怕的小婴儿,怎么一下子就成了有模有样的小男孩了。望着他略显四方的小脸,望着他无邪的笑容,我的心澄澈而满足。

(一)小墨的吃

四个月不到,小墨已不肯离开饭桌了,要是大人抱着他离开正热闹地围桌吃饭的人们,他会扭着身子"嗯、嗯"地叫着,把身子扭向吃饭的人,并盯着你的嘴巴。你的筷子还没伸到他嘴边,他已经张开了小嘴,咂巴着,那种馋样让人忍俊不禁。等他的小手会抓东西时,任何他身边可以抓到的东西都塞进了他的嘴巴,玩具、书本、尿布、电话线,你衣服上的一粒纽扣、一根带子……都成了他的食物,舔着、啃着、咬着,一边流着口水,胸口总是一片湿地。等他会爬时,整个家都成了他的运动场,屋子里的任何东西逃不过他的手掌,一张碟片、一只拖鞋、一支铅笔、一辆小汽车……不仅是他的玩具,也是他的食品,你的目光得时时不离他的小手,及时抢夺下他口中的战利品。地板上的瓜子壳、饭粒、泥巴,当他的小手指无法灵活而顺利地抓住时,就把整个身子趴在地板上,尖着嘴巴去嘬……

这么个小墨,他对正当的吃兴趣可并不浓(当然奶瓶除外),从两三个月开始喂时,用哭来表示他的没胃口,一顿没吃几口,眼泪鼻涕倒流了不少,小脸憋得涨红,并时不时伴着可怜又可怕的打嗝,使得你再也不忍心再塞下去。四五个月了,他不停地左右移动他的小脑袋,避开小调羹的正面攻击,闭紧嘴表示抗议,你的嘴张得已成了"O"形,他还没有松口,任你如何威逼利诱,他也决不妥协。等到再稍懂事,那就得看他的心情啦。看他吃得高兴,就手疾眼快地喂,恨不能把一小碗稀饭一口倒进他的嘴里。他不高兴吃或被其他事吸引了注意了,就把刚到嘴的全部吐出来,喂一口,吐一口,再喂,再吐。胸襟前、饭桌旁、地板上,汤汤水水,饭粒菜渣,一片狼藉。还冷不丁皱着眉头,小脸成柿饼样"阿嚏"一声,饭粒碎末和着唾沫星子和鼻涕眼泪,一齐向你喷射而来,大有铺天盖地之势,溅得你满头满脸,惹得你乱蹦乱跳,嗷嗷大叫,他看着你的怪模样张开八颗牙的嘴"咯咯咯"地笑,那笑声还够爽朗的。

"吃"是要不停地转移阵地的。从小墨会爬开始,沙发上、大门口、阳台上,你得移步换景,从客厅到书房到卧室甚至卫生间,亦步亦趋跟在这爬行者的后面,看他什么时候大开尊口,你得学会从不同的角度把调羹准确无误地塞进他的嘴巴,喂的时候要看人、看狗、看云,要唱儿歌、扭秧歌、做鬼脸,等你十八般武艺都使尽,饭还没喂完一半,你几乎怒发冲冠地想把他的饭碗从四楼的阳台砸下去,此时,你得冷静,冷静,再冷静,并在心里默诵关于"爱"的名句:"爱是恒久忍耐","爱是不轻易发怒"……并不时地安慰自己真正使一个人有成就的,是无穷的耐心。每成功地喂完一次饭,你的毅力和恒心就提升了一步,也说明你离大成就就近了一步。

(二)小墨的睡

关于小墨的"睡",用他老爸的话来说"世上少有"。大约出生半个月后,小墨就不肯好好地睡在他的小床里了,尽管这小不点被裹得严严实实的只露出个小脑袋,但他依然扭动着他的脑袋"嗯呀嗯呀"地哭,只要把他抱到身上,一会儿他就睡得很香很沉。再放进小床,故技重施,如此三番五次,小墨在小床里睡的时间短得只能用"秒"来计算,有时狠下心来,不去理他,他只哭得喉咙嘶哑小脸成酱紫色,只哭得你坐立不安六神无主。急忙上网请教、翻《育儿百科》,对照下来小墨可能属敏感型婴儿,要听着妈妈的心跳才能安然入睡。那就抱呗,有时几乎一整天都呼呼地睡在你的身上,抱着这个"甜蜜的负担"跟着周华健的歌声无奈地唱着:"你这样一个小囡,让我欢喜让我忧,让我甘心为了你,付出我所有……"

就这样,三个月前小墨白天睡觉几乎都在大人身上。而晚上的睡也好不到哪儿去。记得除夕夜,他还不满两个月,他又哭闹着不肯安稳地睡,他老爸半靠着床背把他放在自己肚皮上,不停地摇晃着身体,此时裹在被子里的小墨成了只小袋鼠,在袋鼠爸爸既平坦又柔软的"摇篮"里不一会儿就睡着了,没多久袋鼠爸爸也发出了响亮的呼噜声,而小袋鼠随着他爸爸的呼吸一起一伏睡得更香了,望着这"父子沉睡图"我不禁哑然失笑。这一晚载入他老爸并不灿烂的"育儿史册"中最光辉的一页,成了他稀有舐犊之情中最可炫耀的资本。

小墨的睡相姿态可谓是千奇百怪匪夷所思。一个晚上他可以不停变换睡姿,长则一两个小时,短则十几分钟,甚至几分钟,不把你折腾得够呛决不罢休。最常见的是睡梦中翻几个身,"哇"的一声哭出来,随后小手一撑,屁股一撅,闭着眼,摇晃着向任何一个方向倒去,或横向枕头,或仰面被上,或扑到你身上,或撞向你额头,让你眼冒金花睡意全消。翻身坐起,抱着让他"物归原处",不一会儿,不是他的小脚踹向你的心窝,就是你的脖子已成了他的枕头,大有"掐死你的温柔"之势,尽管你的脖子已喘不过气,你还得继续温柔下去,唯恐你的不配合导致他的抗议。小墨的"经典珍藏版"睡姿就是:双膝跪着,屁股翘起,上身趴着,整个身子成"弓"字形,这样的姿势竟然也能睡上一两个小时。我想这样的本事除了我家小墨是世上少有的,不信,你试试看!

（三）小墨的爬

　　八个月大时,小墨开始他的爬行生活,因为知道爬对于婴儿体能和智力的发展有着重要的作用,我们比较注重训练他的爬。小墨稳稳地坐在地板上,我们在他面前不远处放着玩具之类的东西,他身子前倾伸手去抓却够不着,有时一不小心还会吃个"狗趴屎",就惊吓得哇哇哭一场。渐渐地,他会双手撑地挪动他的屁股和双腿向前移动,然后就抓住了面前的东西。接着他掌握了爬行的基本姿势,单膝跪地一腿盘曲,双手向前爬,膝盖着地的一条腿拖着盘曲的另一条腿也快速地挪移。遇到危险或障碍时,双手一撑屁股往后一坐,靠盘曲的腿一下子就稳住了身体,坐直了,所以小墨几乎没有摔倒过。但每次看到他这样爬行,总使我想起小时候有一回在禾苗长得半人高的稻田里钓青蛙,一只瘸了腿的大青蛙从禾苗丛里突然窜出来,跳起来时明显看到它那条折了的腿晃荡着,它那鬼样子吓得我头皮发麻,赶快撤离了那条田埂,它因此也逃过了一劫。

　　小墨的爬行总使我想起三条腿的青蛙,也使我担心他那条盘曲不爬的腿会不会因没有相应的锻炼而发育不良。没多久就证明我的担忧是多余的,小墨很快就学会了双膝爬行,而且爬起来既快又稳。当他尝到了爬的自由和快乐时,也越来越多地挣脱了大人的束缚和掌控,努力拓展自己的活动空间。他经常从大人的身上扭着身子溜到地板上,我行我素,爬得不亦乐乎。你一不留神,就可能找不到他的小身影,此时他或许钻在餐桌下用心拾着饭粒,或许正躲在门背后努力拔着插头,或许小手正专注地抠着卫生间的地漏,想从这深不可测的小洞里掏出些什么宝贝……总之,小墨爬到哪里就把危险带到哪里,所以家里也多了许多封锁区,厨房间、卫生间的门是不敢开着的,成了小墨的禁区。可能凡事都这样,越是禁止的越有着无穷的诱惑,所以这两个地方成了小墨向往之地,他常常因进不去而哭闹,只要你一疏忽忘了关门他就飞快爬过去，那兴奋的样子你都不忍心去剥夺他小小的胜利，接着就听到锅碗瓢盆乒乒乓乓的喧闹声，让人误以为第三次世界大战爆发了。

有一次，一转身不见了小墨，正急着去找时，忽听到卫生间里他急促而紧张的哭声，你被吓得心都到嗓子眼了，飞奔而去，只见站在浴缸边的小墨眉心都打了结，一脸鼻涕眼泪，一脸的紧张恐惧，大张着嘴，小手不停地从嘴边抓着，难受的样子似乎喉咙里被什么东西卡住了，急着检查他的嘴巴，只见嘴边粘着许多淡黄色的小碎粒，研究了半天才恍然大悟，是肥皂屑，原来小墨把肥皂当蛋糕吃了，又是教他吐又是给他擦，弄得你啼笑皆非，看来这肥皂的味道确实不怎么好。

小墨爬行技术越来越高超，推进着他从爬行到直立的进程。不管他爬到哪里，只要能抓住些什么可支撑的东西，就能使自己站立起来，随之而来的是小墨的活动能量也越来越大，每到一处所向披靡。凡是能被他抓到并构成危险的东西只能不断迁徙，或藏着掖着或束之高阁。我家住的是"跃层式"公寓，所谓的"楼中楼"，两间卧室和家里其他地方不在同一层面，卧室高出客厅60厘米左右，这样就有了一个小楼梯，楼梯不高只有三级。小墨的爬行技术在三级楼梯上得到了充分的锻炼，只见他两只小手先后撑在台阶上，然后一只膝盖提上去，再把双手往上攀一层，另一只膝盖又提上去，这样两只膝盖就上了一层。刚开始爬楼梯时摇摇晃晃的，看得你胆战心惊，没多久他就爬得熟练之极，有一次去乡下，几十级的楼梯一口气爬了上去。小墨爬上后无法下来，只能在楼梯口"啊啊"地叫唤，接着我们教他下楼梯。教了几遍，他竟然在楼梯口知道转身把屁股对楼梯，然后一只脚先伸下来试探着，当够到了台阶再把另一只脚也伸下来，脚下一层手再下一层，这样稳稳地爬了下来。这时，小墨才刚满十个月。

当我们佯装着追他时，他便爬得又快又欢，还不时回过头来看你，发出兴奋紧张的尖叫声，还夹着一片急促轻快的"啪啪"声，这是小墨双手拍击地

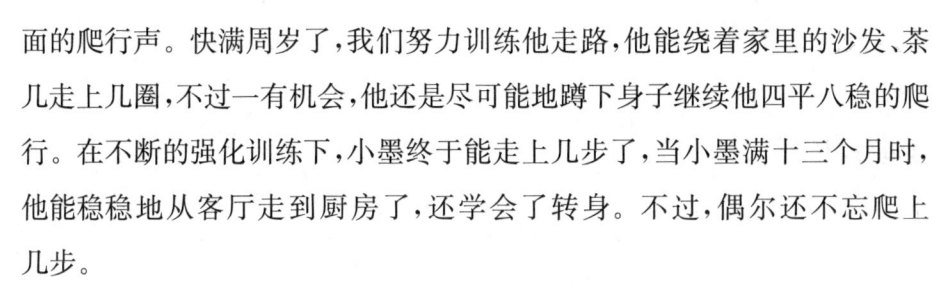

面的爬行声。快满周岁了，我们努力训练他走路，他能绕着家里的沙发、茶几走上几圈，不过一有机会，他还是尽可能地蹲下身子继续他四平八稳的爬行。在不断的强化训练下，小墨终于能走上几步了，当小墨满十三个月时，他能稳稳地从客厅走到厨房了，还学会了转身。不过，偶尔还不忘爬上几步。

现在，小墨终于把他的两只小手彻底地解放出来了，从爬行到直立行走，小墨用了五个月，就完成了人类历史上从类人猿到人的进化。

养育孩子是一条既有乐趣又无比艰辛的道路，似乎还永无止境，要有足够的耐心。父母是孩子的第一任老师，也是最好的老师，在他们生命最初的三年，我们就是他们的全世界。每个妈妈都在学习和实践中成长，特别是新手妈妈，带娃中会遇到很多的困难，有时会束手无策，这时往往耐心不够，情绪也上来了。你可以生气、愤怒，但当情绪来时，调整下自己的呼吸，或者故意延迟几分钟冷静下，再面对孩子。平常有时间了，做点自己喜欢的事情。除了孩子，把聚焦点往其他地方放一放。做点瑜伽运动，找朋友聊天倾诉，让平日的情绪通过其他途径发泄。在这段时间里，我也为带小墨而觉得辛苦，有时也会烦躁，刚好读到民国时期几位大作家写的文章，如朱自清、丰子恺等写的育儿故事，描写生动有趣，写出了小儿的各种情态。想想名人也要带孩子，也会有各种家庭琐碎事，看看他们以苦为乐的精神，心中也释然了，内心获得了一种精神力量。

小墨和车

小墨已二十二个月了，他能把扭扭车开得飞快，在客厅的桌椅和沙发间灵活地穿梭。他的方向感特好，在狭窄的地方也不会撞到墙上或花盆，他还会把双脚搁在车上，身子扭动车子便开动起来。在我们的喝彩声中，他开得更卖力了，双手握紧方向盘，昂起头两眼朝天看，转弯时身子倾斜，做飞车特技表演，一个快速急转弯，嘀！好一个漂亮的漂移！他因此赢得了全家的喝彩声，此时他也会停车跟我们一起鼓掌，眼睛笑得弯弯成月儿形，张着他的大嘴巴"呵呵呵"地流下口水，这流着口水的小男孩竟然一脸得意。小墨还喜欢玩"警察抓逃犯"的游戏，很多时候我便成了被他飞车追杀的逃犯，小墨小手一挥："妈妈，逃！"此时我只能牺牲我教师的光辉形象，张牙舞爪地逃窜起来。小墨把扭扭车开得飞快，只见他两脚用力地蹬地，待车速慢下来他再用力一蹬，家里一片轮胎划过地砖的"吱吱"声。我边逃边作惊恐状，小墨追赶着不时发出紧张快乐的尖叫声。

对车的喜爱或许是男孩的天性吧，也可能是小墨没出生就每天跟车打交道的缘故吧。小墨对车的悟性极佳，十几个月大他在儿童医院挂吊水时，就把护士阿姨的推车推得溜转。家里的几辆玩具车有的已断胳膊少腿，有的经受了他的百般折磨，还继续为他服务。但小墨已不再满足于小打小闹了，每次他老爸回家，他总是会拿起老爸的车钥匙："钥匙，汽车，爸爸，外外……"说着含糊不清的话，拉着他爸的手要开门往外走。有时实在缠不过他，只能带他去小区里兜一圈，他竟然也能有模有样地转起方向盘来。

今天，他老爸在网上为他邮购的"法拉利"跑车送到家，中午我抱着小墨下去试车。当他老爸从车上把他的红色小车搬下来时，小墨的双眼露出惊奇而疑惑的神色。当我把他抱入他的遥控车里,他顿时兴奋起来,开心地转动方向盘,似乎这才知道车是属于他的。"法拉利"的音乐响起来了,小墨急急地想开动车子。他老爸一手握着遥控器,一手帮他调座位,教他踩油门,先教他自己开动车子,小墨的小脚还不懂怎么用力,车子就开开停停,双手也不懂打方向,有时一个劲往一个方向,车子就打转起来,有时他用开扭扭车的方法左右不停转动方向盘,车子便摇晃起来。他老爸用遥控器帮他开,前进、后退、转弯……小墨一脸的高兴,还不时地把身子侧卧一边,看前轮后胎的转动情况,俨然成了一名F1赛车手。

玩了半个多小时,小墨还不肯离开他的新车,在我们的软硬兼施下,他无奈地被我们抱上楼。我想,一个真正的车手就这样诞生了。

有早教专家提出,陪孩子玩就是最好的家教。据美国心理中心网报告,发表在《发育与精神病理学》期刊上的一项最新研究显示,父母多与孩子一起玩耍、交流,有利于孩子的心理健康,减少他们出现人格障碍的风险。还可以根据孩子的性格选择互动游戏。面对好动的孩子,家长可以选择静态游戏,如积木、拼图等,帮助孩子修正好动的个性;面对表达能力弱的孩子,家长可以陪他讲故事,通过复述、提问等方法提高孩子的语言能力;面对性格孤僻的孩子,家长可以选择动态玩具,如声控玩具汽车等,让孩子在追逐汽车的过程中,产生愉快和自信的感觉,逐渐变得活泼开朗起来。

小墨踏影子

每个家庭都有自己的生活方式。多年住在公寓房里，我家便养成了"闭关自守"的家居生活方式，在家的日子几乎是从客厅到卧室到卫生间再到客厅，绕过黄昏到清晨，绕过白昼到黑夜。吃喝拉撒，喜怒哀乐，这百来个平方的空间承载着全家人的大部分时光。

小墨生长在这样的家庭，自然而然在外面玩乐的时间较少。虽然他也时常要闹着到外面去玩，但因为家庭生活的潜移默化，他也渐渐地习惯于待在家里了，尽管每天把家搞得像个战场，我们也认可了，这小人儿的能量总得有个发泄的地方啊。

晚上难得抽空带他去观赏夜景，对于小墨来说只能说是认识夜景，他因此会说"大树""月亮""路灯"之类的。今晚难得他老爸有雅兴带他一起溜达。空旷的小区行人很少，不时遇见两三个邻居聚在车库旁或小店门口在闲聊着，路旁的大片荒地已被开垦成一垄一垄的菜地。小墨在铺得并不平整的水泥路上奔跑着，小脚灵活地跳跃着往前跑着，他的小身影在路灯的照射下，忽长忽短，忽胖忽瘦，忽清晰忽模糊，忽成点忽成线，不停地变幻着。"小墨，你看地上是什么？是影子。"我指着地上的影子告诉小墨，"这是爸爸的影子，这是妈妈的影子，这是囡囡的影子。"小墨似懂非懂地看着，咿呀地学着："囡囡的影子，妈妈的影子……"接着我跟他说："我们来玩踏影子玩，好吗？"小墨不知是什么事，只是在路旁开心玩耍着，我先做示范："妈妈踩到小墨的影子啦！"我边说边踩住他的影子，然后再用力地踩几下，小墨急急地看着他的影子，下意识地跑开，避开我的踩踏。接着我再追上他的影子，然后我教他一起去踩他老爸的影子，小墨似乎马上领悟这个游戏的玩法。开

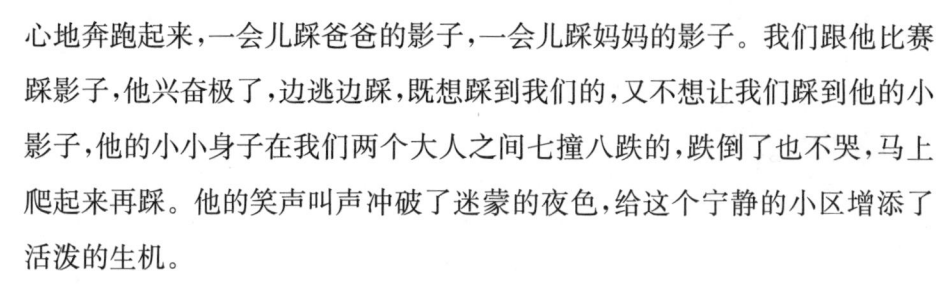

心地奔跑起来,一会儿踩爸爸的影子,一会儿踩妈妈的影子。我们跟他比赛踩影子,他兴奋极了,边逃边踩,既想踩到我们的,又不想让我们踩到他的小影子,他的小小身子在我们两个大人之间七撞八跌的,跌倒了也不哭,马上爬起来再踩。他的笑声叫声冲破了迷蒙的夜色,给这个宁静的小区增添了活泼的生机。

边跑边玩,我们三个影子也不停地变换着,当走到路灯下影子成点时,小墨也努力地找着,当走到高楼旁房子遮住了路灯,黑得不见影子时,小墨急得叫嚷起来:"影子,影子……"踩着忽淡忽浓的影子回家,快到家门口时,小墨还在研究自己的影子,他忽而转身往后跑,扭头还在看自己的影子,还带着哭腔喊道:"妈妈,拿脱,妈妈,拿脱……"开始我们都没听懂他的意思,看着他惶恐的样子,奔跑的神态,我恍然大悟,原来小墨要甩掉他的影子,看影子一直跟着他就紧张得哭了,我们看着他的样子都笑了,我随手一把抱起他:"看,小墨,影子不见了。"小墨这才放心地跟我们回家了。

小墨甩掉影子的精彩一刻将永远定格在我的记忆中,和他许多成长故事一样快乐着我的心。

其实怕黑、怕影子在孩子中是非常普遍的一个现象,对于很多年幼的孩子来说,看得见、抓不着的影子,是一种神秘又可怕的事物。它时而长,时而短,时而大,时而小,时而消失无踪,时而又出现好几个,这都让暂时还无法准确区分现实和虚幻的孩子感到新奇,但也会感到疑惑甚至恐惧。

只需要用恰当的方法引导孩子正确认识影子,了解影子的成因、特点及其用途,就能帮助孩子发展观察力及探索力。

小墨的"雷"语

小墨已过两周岁半了,话也越来越多了,每天得装个几箩筐。尽管他说话时舌头抵着牙齿说得含糊不清,但依然不减他说话的兴趣,每天叽叽喳喳的,像只鼓噪的小青蛙,有时还冷不丁发出几声尖叫,简直比世界男高音帕瓦罗蒂的声调还要高出几个调门,直震得你耳朵发麻。遇到有陌生的客人来访,你还得充当翻译,把联合国暂时还没承认的语言翻译给客人,以便小墨能跟他们更好地沟通,发展好双边关系。

这两天小墨学会了在遥控器里装电池,他把遥控器里的电池用手抠出来,实在抠不出来,他就用力把遥控器摔在沙发上,总有办法把它们弄出来的。然后再装进去,一本正经地说:"囡囡研究研究,屁股对弹簧。"研究了一番,把电池平底面的"屁股"先塞进去,再用力一按,电池就装好了。小墨把那温奶器的线左绕右绕,想绕在底座里:"囡囡再研究研究啊……"研究了半天都没法装,就撒手不管了。中午吃饭,小墨坐在他叠罗汉式的椅子上,对我说:"囡囡会汰碗哉,妈妈就不要汰碗哉!"呵,好大的口气。小墨很热衷于打电话,家里一有电话他必抢着先接,只要一有机会拿到我们的手机,就把键盘按得嘀嘀乱响,还装模作样地打着电话。拿不到真电话,玩具手机、遥控器,甚至他哥哥的计算器,也能当作电话,玩得不亦乐乎。"喂,爸爸,嗯……啊……哦……囡囡啊忙拉里……嗯,拜拜!"笑眯眯地在客厅里踱着方步,边走边聊,好一副业务忙碌的气派。打完了爸爸的电话,还不忘给表哥、表姐、外公、舅舅们打上一通"嗯啊"电话。

每当外公回去,小墨必说"阿爹,路上当心点,路上当心"或"阿爹路上当心点,有摩托车的,不要撞啊",当外公已走下了几层楼梯,小墨还扯着嗓子对着楼下喊:"阿爹,路上当心点,黄鱼车踏得慢点噢。"这把两老感动得一塌糊涂。哈!幸亏小墨的话含糊不清,不然准会把整幢楼都感动了。看到我在换衣服,小墨小手轻轻拍着我的衣服,抬起小脸蛋眯缝着眼睛说:"妈妈的衣服漂亮得了!"一副谄媚的样子。全家围着桌子热闹地吃着晚饭,小墨突然冒出一句:"妈妈烧个菜菜好吃得了,好吃得不得了!"语句夸张,表情丰富,把一桌人都逗笑了。当然我不在家的他就说阿婆烧的菜好吃得不得了,这马屁精懂得拍马屁要拍到点子上,这可是自学成才的。

看到花他就说玫瑰花,因为小墨就记住这个花名,然后问他玫瑰花送谁呀,他就说送给"大家婆""小家婆"("家婆"苏州方言,指老婆)。当他不听话或闯祸,我生气不理他时,他瞧着我的脸色,过一会儿嬉皮笑脸地粘过来,抱着我的腿说"囡囡欢喜妈妈",或会爬到我身上,紧紧搂着我的头,小手拍着我的背:"欢喜妈妈,欢喜妈妈。"在他的花言巧语下,我也不能再跟他板脸啦。看到我们夸奖他,他也竖起大拇指夸自己一句:"very good!"

我们常把小墨当小猴逗着玩,但还不定谁逗谁呢!

在成长过程中,孩子会一步一步从模仿走向独立,每天看你刷牙、穿衣,便逐渐学习这些技能,一旦意识到"我能做""我能行",他就变得独立起来了。给孩子提供一些他自己能够使用的物品,他可以很自豪地尝试独立做事。孩子首先接触的是家庭环境,所以首先模仿的也就是身边的人和事物。而模仿的对象首先是爸爸妈妈。因此,家人的很多动作都会影响到孩子。在一个相亲相爱的和谐家庭里,孩子会获得更多爱的能量,为养成良好的心理品质奠定基础。

小墨一丁点儿大的人,已经知道关心周围的人,说一些甜言蜜语,这和家庭环境是分不开的。

小墨醉酒记

昨天小墨喝醉了,虽说不上酩酊大醉,也算得上醉得一塌糊涂。

小墨刚到三岁半,我想如果袁家祖上有家谱的话,查证下来估计能算是年龄最小的醉汉啦。

傍晚我正在厨房间忙乎着,小墨一边缠着我一边打开冰箱倒腾着,一会儿说要喝可乐,一会儿在找酸奶,一会儿又说喝啤酒,我边训斥边把他赶出厨房。后来也就没去注意他,也不知他什么时候安静下来的。待老墨下班回家,小墨正一个人坐在餐桌边美滋滋地喝着一罐饮料。起先也没在意,再一看,小墨脸红得不正常呀,小眼睛红得水汪汪的,眯缝了起来。抓过罐头一看哪里是雪碧,原来是一罐足以跟雪碧以假乱真的啤酒,再看啤酒已所剩无几。老墨和我立即组建了临时调查小组:这罐啤酒从何而来,谁把它打开的?原来大儿子和他表哥打篮球后,想把啤酒当饮料喝,没喝几口就放在客厅茶几上了。"城门失火,殃及池鱼",大儿子和他表哥也被训斥了一番。

没一会儿,小墨醉态百出,脸红得像烧熟的虾,头上冒汗,眼也睁不开,闹着要睡觉,刚睡下又嚷着肚子难受,大家轮流帮他捋肚皮。在饭桌上喝着酒的老墨对我说:"你没喝醉过,不知道醉酒的难受哦!"颇有"英雄惜英雄"的无奈。我们一顿晚饭下来,小墨在半睡半醒中哭闹着。晚饭后,我抱着他坐在沙发上,捋着他的肚子,小墨趴在我肩上,突然哇哇呕吐起来,让我措手不及,衣服上、沙发上、地上,吐了个一塌糊涂,酒气熏天。

等我清理完毕,这小醉汉已趴在沙发上睡着了。老墨加班回家,我便埋怨:"都是你看世界杯惹的祸,说什么边喝边看世界杯,是人生一大乐事,你看你还没惬意儿子先醉了。"老公也挺冤,说买时也以为是雪碧,谁叫商家的包装设计这么相似,大有假冒伪劣误导消费者之嫌,说着说着气愤得要投诉商家,看来心疼儿子了。

小墨醉酒要引发一场官司,这倒是我始料未及的。

小墨醉酒,确实是家长看护不当,误食引起。但也是因为大人平时喜欢逗引孩子喝酒,或者家里来了客人高兴,都会起哄让孩子尝两口。有时忘了把酒放好,让孩子找出来一时好奇喝了大半……喝醉呕吐肯定会对孩子造成伤害!儿童正处于生长发育时期,大脑的功能与结构也处于发育阶段,如果儿童喝酒,酒精会随血液进入大脑,对其神经细胞以及脑细胞产生一定程度的抑制或损害,使儿童的大脑功能受到伤害,导致神经发育受阻,进而影响其认知能力和行为能力,导致儿童智力发育迟缓,注意力分散,记忆力减退等,还有可能会出现失眠,多梦、幻觉等精神障碍疾病。应该引起家长的重视。

小墨的"俄狄浦斯情结"

按弗洛伊德的人格分析理论,小墨正处于人格成长的第三个阶段,他的俄狄浦斯情结(恋母情结)表现比较突出。

暑假开始了,小墨更有理由像个糯米团子一样黏着我,从早上睁眼到晚上闭眼,我的一举一动都在他的掌控之中,不管我在哪里,只要我的身影不在小墨的视线之中,他就急着边喊边满世界地找:"妈妈,你在哪里?你在底楼吗?你在二楼吗?你在干什么?"有时说起他在光盘中学到的普通话:"妈妈,你等等我。"或者"妈妈,你干吗呀?"反正我俩已成了一根绳子上的蚂蚱,同呼吸共命运啦。

小墨的黏人表现是不胜枚举的,只要你一坐下,他就像狗皮膏药一样贴上你了,或爬上你的膝盖,或搂着你的脖子,或靠着你的胸口,或枕着你的大腿,怎么舒服怎么来,要是你的脚想搁一下在椅子上,那小墨准把你的腿当秋千荡,要是你盘腿坐在沙发上,他也盘腿往你怀里一蹲,活像一幅"母子猴嬉戏图"……有时他老爸看得有点气不平了,就问他你干吗老缠着妈妈,小墨扯着喉咙理直气壮地说:"团团欢喜妈妈呀!"

他老是把"喜欢"说成"欢喜"。由于他的过度"欢喜",因此他老爸就成了灰太狼,小墨就是足智多谋的喜羊羊,有时小墨把积木桶上的塑料盖子当成平底锅砸他老爸,有时看到我这红太狼在欺负他老爸,他也迅速跑过来,抡起小拳头咬着牙用力捶他老爸的胸口,只听到他老爸哇哇惨叫:"这小子乘机报复呀!"

最近小墨的马屁功几乎到了炉火纯青的地步,"好妈妈""要好妈妈"经常挂在嘴上,这两天还学会了个新词"漂亮妈妈"。昨天我擦了点香水,不料被小墨这狗鼻子闻到了,他嗅了嗅鼻子,作陶醉状:"好香啊,妈妈变成香妈妈啦!"

小墨的恋母情结表现得比较突出,幼儿时期,和爸爸不亲,甚至排斥爸爸,希望他不要在家,不要和妈妈坐在一起,有一次竟哭诉爸爸对他不好。造成这样的局面,一方面由于爸爸工作忙陪伴得少,很少陪他玩或做游戏,有时小墨不听话或哭闹时,爸爸缺乏耐心去安慰他,有时会训斥他,甚至打他。

恋母情结又称作俄狄浦斯情结,是西格蒙德·弗洛伊德借用古希腊剧作家索福克勒斯的神话故事《俄狄浦斯王》的情节而自撰的术语概念。

恋母情结是儿童早期的一种心理现象,描述的是儿童(尤其是男孩)在某个发展阶段对母亲产生强烈的情感依恋和占有欲,同时对父亲产生敌意和竞争感,是儿童初步认识父母及肯定他们关系的基础上,形成自我意识和自我家庭地位意识的阶段产生的。不管人们是否承认,它都普遍存在于我们的生活中。当发现孩子有明显倾向时,父母之间要沟通协调,多让爸爸参与孩子的养育和陪伴,建立良好的父子关系,也为孩子长大后更有男子气概做好心理铺垫。

童言无忌

上幼儿园快两个月的小墨，正努力地把对自己的称呼从"囡囡"转成"我"，看来小墨的"自我"意识在他的人格成长中逐步地确立起来了。

某日携小墨一同去超市购物，待我去收银台付账时，只见小墨快速奔向货架，并扯着嗓子对我喊："妈妈，快来买，这儿有苏菲，你最喜欢的。"他这一喊把几位售货员阿姨逗得哈哈大笑，看来卫生巾的广告已深入人心，童叟无欺呀。

小墨学会了几首唐诗，有时含糊不清地背给我听，每次背到"床前明月光，疑是地上霜"，他总会用小手指着我："你是地上霜，还说我是地上霜嘞？"末尾还拖着个鼻音"哼"，一脸的不服气。他怎么分得清"你"和"疑"呢，搞混了，哈！小墨的幽默就在于此。

有一天中午喂小墨吃饭时，小墨一本正经地对我说："妈妈是爸爸的老婆，又不是我的老婆。"看来小墨终于搞清了关系，摆正了心态。

有时大人问一些敏感问题："小墨，你到底喜欢爸爸呢还是妈妈？"小墨不是两者兼顾谁也不得罪，就是顾左右而言他，不直面回答。小小年纪就懂得虚虚实实，来个雾里看花。或问他谁最喜欢你，他就会说："爸爸喜欢妈妈，妈妈喜欢我，我喜欢阿婆（苏州方言，外婆），阿婆喜欢哥哥。"好一个"爱之食物链"，估计绕到最后是：哥哥喜欢爸爸。

上了学的小墨，每天放学回家，额头总被贴得五彩缤纷，这是老师奖励的"小苹果""小五星""小红旗"或"小卡通"。小墨总是不舍得摘下来，一直到洗脸，才无可奈何地被大人取下来。一天，见小墨额头只贴了一个奖品，问他怎么回事呀，小墨不假思索地说："老师说的，贴两个太浪费啦！"第二天我因好奇去问老师,两位老师笑着告诉我没这样说呀。

看来小墨的童言并不"无忌",还是"有忌"的呀。

儿童天真无邪,讲话诚实,纵有不吉之言,亦无须见怪。童言无忌对家长来说也有好处,可以了解孩子不在自己身边时发生的一些事情,万一孩子受到了伤害,家长也能马上知道,并做出应对措施。孩子还小,还不懂得如何看他人的脸色,不懂得根据别人的心情来判断该不该说的话,有时也会让家长尴尬。

小墨的童言无忌确实是好玩有趣,天真幼稚的话语给家庭带来了欢乐。另一方面,从积极角度看童言也反映了儿童的真实心态。谁能指责那个说皇帝没穿衣服的孩子呢?

小墨的理由

早上,我下楼时,小墨已在吃早饭,当然是外婆一边喂一边哄着。我刚在餐桌边坐下端起碗,只听小墨在自言自语:"今天我不要去学校。"见我没接他茬,看了我一下,又说:"我今天不去学校啦,我要待在家里。"我觉得很奇怪,这学期,小墨对上学已习惯啦,似乎没出现过这样的情景。忍不住问他:"你为什么不想去学校呀?""因为……"小墨一时语塞,随后又说,"因为,生病了。"我于是问:"谁生病了呀?"我猜想,小墨是想找生病的理由留在家里,不料,小墨接口说:"小朋友们生病了,他们都生病了呀,学校里就我一个人呀,我也不去了。"小墨真是找了个笑掉大牙的理由呀,我笑着对他说:"小孩可不能瞎说话的哦,哪里有小朋友都生病的,好多小朋友都去上学啦,老师也在等我们小墨去学校呢!"

小墨见一招不行连忙换一招,小手指着他的脑袋:"妈妈,我这里痛,我脑子里的一根小骨头痛!"见我一副不信他的样子,又按着小肚子说:"我肚子里小骨头痛。"还装出一副愁眉苦脸的样子。理由换得这么快,我可以肯定他在伪装了。我还是不死心,主要想问出是不是我昨天去幼儿园参加了家长亲子活动,对他的表现作了评价,引起了他对上学的抗拒,再问他,这次他说:"因为我昨天跟小朋友打架啦,今天去还要打架的。"哇!小墨你可真拽呀,竟能编出这么多可爱又可笑的理由。"我家小墨是最乖的,怎么会打架呢,今天我去问问老师你说的是不是真的。"小墨黔驴技穷了,干脆耍赖,我连哄带骗他也不肯去。最后没法,只能出示他老爸这张王牌:"好,你再不跟妈妈上车,我打电话让你爸爸来接。"小墨一听打电话给他老爸,急叫着:"不要打,不要打给爸爸。""那你要不要跟我去上学了?""不去就不去,去就去。"小墨总算给自己找了个台阶,乖乖地跟我去上学了。快到学校了,小墨为了表示他爱上学,对我说:"妈妈,星期六、星期天我也要来上学。"我及时表扬他:"小墨真爱学习,但星期六、星期天老师和小朋友都在家休息,你也不用上学的呀。""好的,那我也在家休息。"

昨天上午,当我上完一节课,匆匆赶到幼儿园,已快九点半。轻轻走进小(一)班教室,四周已坐满了家长,陈老师正在讲着故事。我扫视了一下教室,小朋友的座位排成了"U"形,我很快找到了小墨,他坐在教室西墙的一排小桌子的最边上,正面对着讲台,但眼睛不在看老师,把马甲上的帽子套在了头上,扭着身子自顾自玩着,而其他小朋友大多听得很认真。没一会儿小墨看见我了,对我笑着,还是自顾自玩着。接下来的一节数学课——"4的认识",小墨表现还不错,很认真地听,总把小手举得高高的,还回答了:"草地上有四只小白兔。"老师还没叫上他,就急着上台表演:"老师我也有两条鱼。"被老师赶了下来,他也急着要拿两条鱼去喂两只猫。可惜我忘了带相机,没能把那群可爱的孩子拍下来,我发现小墨比在家更显可爱。

在音乐课上,老师一弹琴,其他小朋友都坐着,小墨则旁若无人地转着圈,跳起了"小司机开火车"的舞蹈,接下来他一直弄着衣服拉链,跪在小椅子上翘着屁股很不认真。

回家后,我跟小墨总结了他上课的表现,徐老师课上很乖,但陈老师课上不怎么乖,没认真唱歌。小墨不服气地低声说:"陈老师也说我很棒的。"所以,我怀疑小墨不肯去学校,是否和我对他的评价有关呢?

小墨这些奇葩逃学理由背后,其实是孩子需要沟通的诉求。当幼儿出现不愿意入园现象,老师和家长应该先孩子沟通谈心,尽可能了解所有与幼儿园相关的情况找出原因,有可能是家长的言行给了孩子不愉快的体验,就像我在听课后对小墨的评价。家长和教师要注意开导幼儿,不要觉得孩子是"坏孩子",或是批评、指责孩子的"懒惰、退缩、撒谎"等,不要采用简单的恐吓的办法,迫使孩子去上学,以免加重孩子的心理创伤。而是要正面引导,培养孩子对幼儿园的喜爱与信任,调动他们上学的积极性。

小墨的温情

我家小墨有时嗲得如女孩子,家里另外两个大男人都说是受了我的影响。我从遗传、环境、教育,从内因和外因等逐个进行分析,也没有得出什么结论。总而言之,小墨有发嗲资本,谁叫他和哥哥姐姐相差了十多岁,谁叫他是他老爸中年得子千呼万唤才得来的呢?谁叫他是我三十六岁本命年的意外之宝呢!

小墨上中班了,越发人模狗样的。他随时随地会说出让你心醉的话:"妈妈你实在太可爱了,我太喜欢你了。"不管是在看动画片时,或者在陪他玩耍时,或者是送他上学的路上,冷不丁就冒出这句。有时搂着我温柔地说:"妈妈,你的衣服太漂亮,你越来越像公主啦!"小墨说得脸不红心不跳,也不怕你肉麻得全身起鸡皮疙瘩。"妈妈,这实在是太完美啦!"不知是在《猫和老鼠》还是《米老鼠和唐老鸭》中学到的经典台词。最近,只要你吩咐他做什么事,或在训斥他,他就举起右手敬礼:"是的,长官!"因为这几天小墨刚好迷恋上了《小飞侠彼得·潘》,一遍又一遍地看,这是海盗船长胡克手下的口头禅。"小墨,叫妈妈好听一点的。"小墨有口无心地说:"心肝宝贝!"眼睛盯着电视。"你说谁呀?"故意逗他。"妈妈是我的心肝宝贝哇!"星期天我还赖在床上,小墨已吃好了早饭冲上三楼:"妈妈,你怎么还不起床呀?"爬上床来,小手拍着我的背:"小乖乖,起床吧。"我蒙在被子里差一点笑崩。

小墨的温情着实令人感动。暑假里,我妈患胆结石住院开刀。几位家人在一旁聊着,看到外婆从手术室里出来,脸色苍白,小墨说:"阿婆(外婆)好可怜,你们不要吵了。"老妈出院后,我带两个儿子去乡下看望。午后,小墨见外婆在躺椅上睡着了,不知从哪里拿了件衣服,盖在了外婆身上,让老人家开心无比。那次去安吉,坐在牛车上见赶牛的人抽打那牛,小墨急着叫道:"别打它了,别打它了……"前几天,幼儿园家长开放日,邻桌一小女孩因没有记号笔画画哭了起来,其他小朋友都忙着自己的事,小墨对着她说:"你别哭呀,你别哭了呀。"小墨的同情心让我感到欣慰。有时他老爸故意逗他,把我抱在怀里,小墨见状,从背后紧紧地抱住我的双腿:"我也喜欢妈妈。"这一幕,让人难忘。

在孩子的成长过程中,家长要关注的东西很多,我想,在孩子幼小的心灵里播下一颗爱的种子,比什么都重要。

孩子的一颗善良友爱的心,除了先天禀赋,与教育、环境有着不可分割的联系。

家长在日常生活中要注意观察孩子的表现,一旦发现孩子的友善行为,就要及时地亲吻、拥抱或赞扬孩子,也可以采取奖励孩子小礼物等方式鼓励他,受到鼓励的孩子比较容易重复类似的友好行为。经常陪孩子到大自然玩耍,观察自然界四季更替和动植物的生长,教会孩子与大自然的花草、动物和谐相处,能培养孩子热爱自然、热爱生命的美好情操。凡此,都是让孩子内心滋养爱心的方式。

小墨的"不胜其烦"

年岁渐长,小墨的"跳蚤"样没什么收敛,似乎变本加厉了,家里的床和沙发是他的蹦蹦床,走路也是左蹦右跳,可能也是他越发"苗条"的原因之一吧。他的话依然是得装几箩筐,令人不胜其烦。大人讲话他在一旁抢着说,常常把他老爸作为竞争对手,有时我还得有两只耳朵左右逢源的本事。他的问题也千奇百怪,有的问题还真有点"高科技"(他的专用词),例如比萨斜塔和虎丘塔哪个斜得更厉害,哪个更古老;男人为什么长胡子,而女人不长……有时的问题简单无聊,有一次他爸爸说:你这问题问得太弱智了,小墨就抗议:"爸爸,不是'弱智'是'幼稚',哼,这也不懂!"小墨用词的准确性令我们真有点瞠目结舌呀!

要说小墨在这三年最大的收获是他识字量和阅读量的增大,我的手机信息、微信、QQ聊天,他抢着看,并把它大声读出来。对一些说明书也能感兴趣地去看,玩具的组装、小实验的步骤,都能认认真真地看和研究,开车路上闪过的广告牌和店名也能隔三岔五地念出来,有时也能人模狗样地看近一个小时的书,当然遇到不认识的字往往读成别字或干脆跳过去,例如把"李公堤"读成"李公提","天悦会所"读成"天说会所",把"披头散发"读成"破头散发"……你认为难度较大的字,有时小墨却能准确地读出,如"罚你""涡轮""羞红"等等。

这个暑假,小墨自编自导自演了一首MTV:"从前有个妈妈,妈妈最爱的就是她爱爸爸,爸爸最爱的就是他爱妈妈!"他老爸说意思正确,但语句不通。小墨每天又蹦又跳又笑地无数遍地唱这首歌,几乎把我们全家唱得头都大了,耳朵都起茧子了。有时我们无奈地求他:小墨,你换点别的唱唱吧。

作为孩子人生中的第一老师,爸爸妈妈的感情决定了一个家庭的色彩是冷色还是暖色。家庭对孩子的潜移默化,有水滴石穿的力量,然而这种力量往往被忙于生活、疲于工作的大人所忽视。

父母的亲密关系是孩子的情绪按钮,影响着孩子的人际关系模式,影响着孩子对自己、他人、世界的认识。对孩子最好的教育,就是爸爸爱妈妈,父母之间如果感情和谐恩爱,孩子的性格、行为,以及成年以后的婚恋观,也会因之而积极向上,往好的方向发展。

温馨美好的家庭生活就是孩子成长的沃土。

你是我的小苹果

当筷子兄弟的《小苹果》风靡大街小巷的时候,小墨也加入了这个狂热的队伍。每当电视里传出《小苹果》那欢快激越的节奏,出现两个大男人又蹦又跳的画面时,小墨也手舞足蹈起来:"你是我的小呀小苹果,怎么爱你都不嫌多……"小墨跟着音乐在客厅跳动着他的小身子,学着电视里的大男孩,耸肩、扭胯、挥手,唱得不亦乐乎,一边唱一边挤眉弄眼地夸大了五官的表情,特别是唱到"火,火,火"时张大嘴巴,扯着嗓子,又唱又笑,几乎上气不接下气,竭力渲染他的兴奋。他激动的模样也感染着我们一家子,整个家庭都沉浸在欢快的音乐和小墨的表演中。

有一次小墨又对着电视机在唱《小苹果》了,甩着他的细胳膊细腿蹦跳着,一激动他把自己的短裤拉了下来,扭着个光屁股唱,这一幕被他老爸用手机拍下了视频,一家人看了笑得不行!小墨,你是来搞笑的吗?

上了一年级的小墨会写字了,他常会自己制作卡片并写上祝福语送给我。母亲节快到了,小墨拿到了《巧虎》里赠送的贺卡,不忘写上几个字:"妈妈辛苦了,我不会再让你操心了,我会做个好孩子。I Love you!"有一次做完回家作业,他拿出一张白纸,工工整整地写着:"妈妈,谢谢你多年照顾我,我长大了一定要努力学习来报答你——袁子墨给妈妈的信。"小小人儿已有感恩之心,看得我好感动,像好多晒娃的妈妈一样,我拍了照,微信朋友圈一发,点赞无数。老爸的生日到了,小墨用彩纸制作一张生日卡,写上:"祝帅气的爸爸生日快乐,每天多一些笑容,少一些操心,工作越来越顺利!!!——您的儿子袁子墨"连用三个感叹号表示他的祝福之大,还不忘署上自己的大名。这首《小苹果》的流行给小墨带来了创作的灵感,有一天晚上,他在纸上认真地写着、画着,写完后把纸递给我看:"妈妈,我也写了一首"小苹果",我把题目改成了《好妈妈》。"我一看,一行行字像诗歌一样排列着:"好妈妈,你是我的好呀好妈妈,好得就像一朵玫瑰花,每天亲亲你,抱抱你,真的好幸福,天下第一好妈妈!"其中一个字写错后留下了修改的痕迹,歌词下面画了一幅画:一间屋子,屋顶上一个大大的烟囱冒着炊烟,屋里一个扎着马尾辫的妈妈和一个小孩紧紧拥抱着,旁边写着:"妈妈,我爱你!"看着这张书画,我不由得想起一句橱柜广告语:"有家有爱有欧派!"我笑着夸奖他:"小墨,你好厉害哦,还会写歌词。"小墨开心地唱起来这首《好妈妈》。"小墨,房子里怎么只画了两个人,爸爸和哥哥呢?""哦,这是我写给妈妈的呀,爸爸和哥哥反正也不重要的。"小墨怎么如此厚此薄彼呢?

自从创作了这首《好妈妈》,每次听到《小苹果》的音乐,小墨就和筷子兄弟抢着唱各自的歌词,唱到"亲亲你,抱抱你"时,小墨就奔过来,亲亲我,抱抱我,因为是自己的杰作,小墨唱得更加眉飞色舞了。甚至引起了老爸的不满:"哼,你这小子,干吗不唱个好爸爸呢?就知道拍你妈妈的马屁!"哈哈,是不是小墨已深谙"挟天子以令诸侯"的道理,只要把老妈搞定,老爸就不在话下了!

小小的人儿用这样的方式表达着他的爱,表达着他的快乐,他用稚嫩的小手书写着自己的心声,画着温馨的家园,唱着快乐的歌曲,多么想欢快的"小苹果"伴着小墨的每一个日子,就像歌中所唱:"有你阳光更灿烂,有你黑夜不黑暗,你是白云我是蓝天,春天和你漫步在盛开的花丛间,夏天夜晚陪你一起看星星眨眼,秋天黄昏你徜徉在金色麦田,冬天雪花飞舞有你……"

小墨用各种方式表达着对妈妈的爱,画画,写字、唱歌、拥抱等,一首自编自演的《好妈妈》让我感到无比幸福,养育路上的辛苦似乎已随风而去。每一个孩子,都是父母的小苹果,散发着甜甜的香味。这小苹果在用心培育、用爱浇灌中慢慢地成长,而这小苹果又将爱的芳香洒满整个家庭。我记录着小墨的成长故事,这些故事也温暖着我的生活!

自出生以来,妈妈就成了孩子世界中最重要的角色。孩子不仅依赖母亲的照顾与呵护,还能通过歌声和声调来传递他们的情感。在心理学上,这种现象被称为"依附理论"。

孩子唱歌是一种非常自然和直接的情感表达方式。孩子对着妈妈唱歌时表现出一种纯粹的幸福感和满足感,这种独特的情感反馈不仅仅是语言的表达,更多的是一种对于母爱的回应。

孩子对妈妈唱歌,实际上是表达着他们对于妈妈的依恋和爱。

折纸大王

小墨对手工特别感兴趣,在读幼儿园时,只要有手工课,就算生病也不肯请假在家。"妈妈,我要去学校,我不要请假,因为今天有手工课的。"可见,小墨对手工的喜爱程度。

小墨对折纸几乎到了痴迷的程度,一下课就折、放学回家折、双休日当然更是折个不亦乐乎。毫不夸张地说,小墨学习用品消耗之最非彩纸莫属,隔三岔五地买彩纸,把我都弄烦了,干脆在淘宝上帮他买了十几袋,大的,小的,正方形的,长方形的,应有尽有。我想,这样在放学路上买纸的事可以消停一个学期了吧。

有教育专家称:"那些勤于动手的孩子比别的孩子有更强的逻辑思维能力和实际操作能力,孩子在快乐的折叠中完成智力的开发。操作能力的培养并非一朝一夕,需要我们用心呵护,反之,孩子这方面的天赋就会埋没,这将是一件多么遗憾的事呀!"读了专家的话我不但要用心呵护小墨这方面的兴趣,更要做好后勤保障工作,不能让小墨的成长留下很多遗憾。

小船、纸飞机、报纸帽、会跳的小青蛙等折纸对小墨来说已是小儿科了。记得有一次他在学校图书馆看到了一本《全世界聪明孩子都在用的折纸书》,真是如获至宝,马上向图书馆老师借回家。这本书成了小墨整个儿时最重要的课外书,几乎随身携带。有一次我去学校前面创新楼找小墨,只见小墨的桌子旁围着五六个小朋友,男孩女孩都有,每人手里拿着各色纸在跟小墨学折纸。我总算知道彩纸用得这么快的原因了。小朋友们挨挨挤挤簇拥在一起,有的折不像,在叫:"袁子墨,你这个哈巴狗折好了送给我。"另一个也接着叫:"我也要,也帮我折一个。"小墨俨然成了小师傅,领着这么多徒弟，应该蛮有成就感吧！

每到双休日，中庭的藤桌上堆放着小墨的折纸用具，除了彩纸，还有剪刀、胶水、尺子等工具。对待折纸，小墨是认真的。只见他仔细研究着书上的步骤，然后跟着指示一步一步地折。小墨开始折了，他先拿出一张长方形的褐色纸，宽的一面对折，再把长方形的两个角向中心对折，又把多余的部分向上折，成了一个鱼形模样。接着把右边的两个尖角打开，变成一个菱形，再慢慢地将右边超出部分的尖角往下折，多出来一条小尾巴。一张纸在小墨的手里翻来覆去无数回，看得我眼都花了。渐渐地，小墨手里的纸有了大象的形状，我走过去一看，书上标着每一个步骤，折成一个大象竟然要四十个步骤！哇，还真考验孩子的观察力和耐心。小墨折了近一个小时，总算把大象折好了，小墨拿出彩笔，在大象的长鼻子上方画上了两只大眼睛。看着自己手中的艺术品，小墨的兴奋溢于言表："妈妈，你看这只大象好不好，它的长鼻子可以做很多事情呢！"我跷起大拇指给他一个大大的赞。小墨把大象放在桌上，可是大象站不稳倒下了，我说："小墨，你把大象的两条腿撑开点，它就能站立起来了。"小墨在我的指点下，让大象站在桌子上了。接着他又低着头研究，哪里还需改进，让大象更加栩栩如生。

有了这本折纸书，小墨的作品更多了。有时我坐在沙发上看书，不一会儿，小墨过来了："妈妈，我送一个钻戒给你。"只见小墨拿了个大大的绿色折纸钻戒往我手上套，只是钻戒太大了，没法戴。"小墨，折钻戒最好用金色的纸，这样大的戒指就把你老爸送给我的比下去了，以后我只戴你送我的戒指了。"小墨开心地又去折其他东西了。

当然，小墨在折的过程中，经常会返工，有时纸皱得不行，就换新纸重来。记得有一次，小墨不知要折什么东西，折了好久都折不像，一会儿跺脚，一会儿叫嚷，一会儿扔东西，反正痛苦得不行，我也帮他看说明上怎么写的，但是对于手工一窍不通的我，根本没有小墨的水平，真是爱莫能助呀。"小墨，要不，明天去请教美术顾老师吧，她肯定会折的。""我不要，我要今天就折好的……"小墨叫嚷着,鼻涕眼泪都出来了,折腾了一个多小时,还是折不像,只能气呼呼地甩手不管了。第二天一放学,小墨来到我办公室,拿出折纸书缠着顾老师教他。在顾老师的指导下,终于会折了,最后还不忘表扬一下:"顾老师到底是美术老师,好厉害噢!"

小墨的折纸作品越来越多了,手镯、果品盒、风车、弹弓和篮球筐,兔子坐在小船里、郁金香插在花瓶里,真可说上丰富多彩。特别是郁金香花,他采用双色纸折,里面是黄色的,外面是红色和紫色的,再配上蓝色的六角形花瓶,真的非常漂亮,这经常是小墨送给我的节日礼物,在生日、教师节、母亲节等。"妈妈,我这郁金香花送给你,祝你母亲节快乐!"小墨用他灵巧的小手创造这美好的事物,表达着美好的情感。印象深刻的是,有一次小墨拿了一张报纸到三楼,在我们床边的小电脑桌上折孔雀,下午的阳光透过窗户轻轻柔柔地洒进房间,洒在小墨小小的身上,照在他红扑扑的脸上,他那专注的神情似乎忘了周围的一切。大约花了近两个小时,他折成了一只孔雀,因为报纸上有各色花纹,所以纸孔雀形象逼真,获得家人的一致夸奖。

吃饭时,小墨用餐巾纸扭几下,一朵白色的玫瑰花就递给我:"妈妈送你一朵玫瑰花";吃完了糖,糖纸在小墨手里不一会儿成了一个跳舞的小女孩;当我在嗑瓜子时,小墨冷不丁递上一个纸质垃圾盒……

小墨的折纸作品很多,我把它们一一装进了大纸盒,连同小墨的美好童年生活一起装了进去。在他的成长岁月里,这些彩色的作品带着他天真美好的情感,如同灵巧的双手上长出翅膀,飞向蓝天……

小墨的手工作品是他童年时代心灵手巧的见证,留下了许多美好的画面,是童年往事中最灿烂的印记。

孩子用手工制作的方法对想象中的东西进行创造,在从虚到实的过程中发展观察力、记忆力、想象力和创造力。孩子独立完成一件手工作品是需要手脑齐用的,在这个过程中他会遇到很多的问题,如果能坚持做完,也是一种毅力的表现，应该给予表扬和肯定，让孩子建立自信心。

孩子需要体验创造的意义，在手工制作的过程中，是要调动所有的感官的，不仅是左右手的协调，还有手与脑的配合，从而促进脑的发育，形成认识的飞跃。

对折纸的酷爱，不仅培养了小墨静下心来做事的习惯，还丰富了他的生活，让他的童年充满欢乐。

第二季

童年时代

引 言

我把小学六年的生活归为小墨的童年时代。童年在众作家的笔下是那样美好和难忘,但我总觉得自己笔下的文字是那么苍白无力,终究是无法抵达小墨生命中最绚烂的时光。我用一双母亲的眼睛去观察他,用一颗母亲的心去感受他,记录他童年生活中那些有趣温馨的、那些载着欢笑与泪水的时光,给他的生命留下最初的痕迹。我是这样想的,也是这样做的。我虽然无法把小墨的童年描绘成多姿多彩的画卷,也无法写出像星星一样发光的语言,但他的生命必因我的参与而丰盈,他的成长故事必将点缀属于他的天空,因为我的爱与陪伴一直都在,不管是从前、现在还是将来。

小墨的童年没有玩泥巴,没有数星星,也没有套知了,很少有在野外撒欢奔跑的时光,00后的孩子更多地被圈养在了家里和学校。慢慢长大的小墨显得有点娇气,怕风又怕雨,不爱外出不爱运动,放风筝,溜旱冰,学游泳,骑自行车,算是他的体育爱好吧,打篮球、踢足球似乎与他无缘,他瘦瘦的体型有点弱不禁风的样子。

小学时段的小墨个性活泼、兴趣广泛,有趣可爱,阳光温暖且成绩优秀,他说过的话,做过的事,有好多令我印象深刻。

小学开学的第一天,他把自己的膝盖摔破了皮,回家后写了一篇日记,画了新学校的样子。小学的最后一天,是我陪着他到春申中学(小升初衔接班)的班主任那里拿他的资料,因为初中他要转学了。

这六年中,他学画画学书法学钢琴,学新概念英语,学奥数,当然这些都是在我的要求下学的,虽然每次有新的课外学习课程,小墨总是不乐意的,但每次他都能坚持下来,不半途而废,也算是一个好品质。而折纸、搭积木是他的爱好,无须我们提醒,常常很投入,甚至有点入迷,我把他的手工作品都保存了下来,连同那些美好的时光一起珍藏起来。

在学校里,小墨也出过一些风头,参加过好多表演,当过几次全校性的节目主持人,发表过一些文章,获过好多奖,还获得过苏州市的"阳光少年""阅读之星"等荣誉。但他把自己的顽皮也发挥得淋漓尽致,在同学中的雅号是"原子弹",也听到他好多捣蛋的糗事,他的自由散漫、不受约束也让他尝到了惩罚。

考进五升六小学衔接班"重点班"是小墨的高光时刻,35人的小班里,小墨获得过"状元""榜眼""探花"。他的照片和大名多次出现在学校围墙的宣传栏中,成了"别人家的孩子",让身为父母的我们感到无上荣光。但他也常常给我们带来"惊吓",他的各种违反纪律的事情也让老师们头疼。

六年的时光说短不短,说长不长,小墨从懵懂的幼儿长成了瘦瘦的少年,个性依然丰富,甜言蜜语依然温暖,学习没有对小墨构成什么压力,家里很少鸡飞狗跳的场景,更多的是母慈子孝的时光。因为,他有着自己的小洒脱小聪明,轻松自在,无忧无虑。

小墨经典语录

今天中午,我忙着准备中饭,小墨和他老爸在看《非诚勿扰》,父子俩在讨论这期的心动女生有没有牵手成功之类的事。我在沙发坐定,问小墨:"什么叫牵手成功呀?"小墨不假思索地回答:"就是结婚呗,娶老婆哇!"接着冷不丁说:"要是我娶的老婆像妈妈这样漂亮就好了!"这样投巧直白的马屁直令我们晕倒!

春节期间我和他老爸在欧洲游玩,到法国的第二天,我算了一下时差,我们早晨,国内约是下午一两点,就打了电话给家里,后来小墨接电话了,我照例问他想我了没有,小墨的童声传来了:"我好想妈妈,你们什么时候回来呀……"他老爸也凑到电话旁问他同样的问题,小墨嘟囔着:"不怎么想,反正爸爸也不那么重要。"直把他爸气得差点晕倒,咬牙切齿:"这小子,我再也不想理他了。"老爸欧洲之行的兴奋之情,因小墨的这句话多少打了点折扣,小墨真是深谙"不能积极给对方以痛苦,就要消极地减少他的快乐"之道呀。小墨的这句经典语录,成了这个春节期间亲友之间的谈资。

三月的一天放学后,我在厨房忙着做饭,小墨从二楼哥哥的书房下来,满脸不乐意:"哥哥怎么可以这样对我呢?"我想发生了什么严重的事呀,经询问,原来哥哥把他的那份薯片吃掉了不少,小墨直说哥哥小气。后来又惹哥哥生气了,怕哥哥不陪他下棋,那我说你去向哥哥道个歉吧,小墨又上楼去了,下来后哭丧着脸:"我已经安慰哥哥了呀,他还说不陪我下棋呢,我还把薯片给他吃呢。"小墨善于认错善于改变,识时务者为俊杰,因此,小墨总能扭转乾坤,反败为胜,谁能经得起他的诚恳道歉,甜言蜜语呢?有一次,小墨在婚宴上弄丢了一包中华香烟,哥哥也因此一起挨批了。小墨跑到客厅,搂着哥哥:"哥哥,我们只能相依为命了,因为都被妈妈骂了。"接着又来到餐厅对我说:"妈妈,那香烟我就赔钱给你吧,反正我存了一千元。"说着就在他的小钱包里拿了五十元给我,我被他搞得忍俊不禁。很多时候,他抱抱我,说我胖,看看我不开心,忙嬉皮笑脸:"不胖不胖正好,妈妈很漂亮的。"有时他的马屁都让你顶不住呀!

四月,他老爸患急性阑尾炎住院多天,我陪护时,打电话给小墨,让他跟爸爸说几句话。"爸爸,你还活着吗?"小墨的问候语真是石破天惊呀,把他老爸愣住了,气得简直回不过神,真是雪上加霜,病上加病。连我也被批评:"还是语文老师的妈,儿子说话都没教会,我不知老师怎么选他去参加作文比赛……"小墨你怎能"童言无忌"到如此地步,我也无语了……

五月,哥哥即将去加拿大读书了,小墨时常忧心忡忡:"哥哥要乘飞机,可不要像马航MH370一样失联。"看我瞪眼说他乌鸦嘴,马上改口:"哥哥的飞机可不会像马航一样的""哥哥还有几天就要出国,我会想他的""哥哥你出国读书,不要带个外国女朋友,我又不认识""哥哥出国后,就我一个人挨打啦"……难道我们是家暴的父母吗?小墨你可毁了爸妈的清誉啊。

读了一年级,小墨,你的语言感情丰富了些,但你的幼稚单纯依旧。

孩子的世界纯真而美好,他们常常语出惊人,说些让大人们都大为吃惊的话。小墨的话语,单纯可爱有趣,善于直接表达情感需求。我把它们记录下来,成为他成长中的趣事。

小墨和他的"女友"们

自从三年级办公室传开小墨的"金马桶"之说后,老师们遇见他就会笑着问:"小墨,你什么时候带我们去参观一下你们家里的金马桶呀,或者把你家的马桶盖拿来送我们行不行,那我们也发财啦!"后来我问小墨才知道,他说他把迪拜帆船酒店的金马桶"搬进"了家里!哈哈,这小子的异想天开把牛吹大了!

小墨这件颇有"太平洋浪头"的吹牛之事,是由他要好的小伙伴薛玥那里传开的。这小女孩是同事的女儿,也是小墨从幼儿园开始的同学,机灵活泼的小女孩算是小墨的死党派玩伴,也被同事们戏称小墨的女友!两人常常一起玩耍,相互监督,彼此到老师那里打打小报告!小墨不乖时,常被薛玥拎耳朵教训,小墨虽然顽劣,但对女孩颇有君子风度,打不还手,骂不还口。

暑假里,两个小伙伴约好到彼此家里串门,扎着羊角辫的薛玥被爸爸送到我家,俩人玩得开心极了!先做几道数学题,再一起观赏笼子里的鹦鹉,小墨还去钢琴房表演了一下,最后小墨从哥哥的书房里拿出一个透明的塑料瓶子,来到楼下,从里面掏出一把五颜六色的小星星,凑在薛玥的耳畔,悄悄说:"这是我哥哥的女朋友送给他的生日礼物,里面装的是满天星,我不能多给你,不然哥哥暑假回来会发现的……"我看着他人小鬼大的样子,哑然失笑,看来小墨小小年纪颇懂得献殷勤,是借花献佛的高手啊!

如果大人们开玩笑说:"小墨,你到底有几个女朋友?"小墨露出缺牙的嘴,毫不避嫌地说:"只有两个哇!"当然另一个就是住同一小区的同学萱萱。萱萱有着白皙的皮肤,一头漂亮的黄头发,竟然是天然的颜色,背地里我们称她"小黄毛"。两人放学后骑着各自的小自行车在小区里疯转,比速度,比爬坡，但小墨骑车不是萱萱的对手，常常败北！

　　周末的时候，小墨和萱萱有时约好一起搭积木做手工，有时就在家里躲猫猫，遇到一方赖皮或互不相让，就闹小矛盾，直到一方噘着嘴巴赌气回家！

　　记得小墨有一次因没有兑现承诺，哭闹了一场。他答应送一个手环招财猫给薛玥，回家后找了半天没找到，第二天上学也不肯去，哭着说："呜呜，那个招财猫找不到，我答应今天送给薛玥的！"一早心急火燎赶着上班的我没时间也没心情帮他找，就提议要不改送其他小玩意，小墨坚持说不行。我知道他为小小男子汉的承诺没兑现而焦虑委屈，劝说了好久，说下次买来再送，小墨终于哭哭啼啼地跟我去学校了！

　　后来去角直古镇玩，一家人特别留意那些小玩意，终于在街角一位老奶奶的摊位上找到了。一条条红线上系着各色各样的陶瓷小猫，套在手上既俏皮又可爱，据说是今年流行的首饰。我们买了好几个，他爸笑着对小墨说："你给薛玥和萱萱每人送一个，如果到十八岁时，哪个女孩还留着，那么她就是你的女朋友了！"一年级的小墨对所谓的女朋友哪有什么概念呀，第二天上学高高兴兴送礼物去了。

　　孩子的童年生活是色彩斑斓的，混沌天真而又狡黠异常，像一匹顽皮的小兽，放任无羁地奔向向往中的草原。他们天真无邪的心在亲情、友情的熏陶下渐渐成长。小墨和这些可爱女孩的故事，必将留在童年的生活中，在记忆深处弥漫开去！

　　在小墨很小的时候，我们就特别尊重他与朋友的约定，理解他因自己的承诺没有完成的难过，没有忽视和否认他的痛苦，而是和他一起想办法如何去弥补，让他感受到我们对他的尊重和理解，这也是在培养孩子信守承诺的良好品质。

都是"哈根达斯"惹的祸

　　暑假里,小墨开始了新一轮的兴趣班——书法班学习。从幼儿园中班的暑假开始,在美术张老师那里学画画,那时的目的只有一个——培养小墨的"静"。理想很丰满,现实却骨感。小墨如猴子般的活蹦乱跳的个性并没有收敛多少。但时间长了,每周一次的画画还是有些成效的。小墨喜欢上了画画,从刚开始的屁股坐不住,到能认认真真地画完一幅画,虽然有时把油画棒的颜色涂满双手,水粉沾上了衣袖。画画也算不上细致,但在老师的辅导下,还是得了一个"艺术之星"全国少年儿童书画大赛的美术一等奖,让他很有成就感。总之,他学一样爱一样的性格还是颇让我们感到安慰的。

　　三年级暑假开始,我决定让他放弃画画学书法,练练字,小墨一开始并不乐意,听我一解释,他还是决定了转向,本来"书画一家"嘛。

　　老师把暑假的书法班安排在傍晚的六点到七点半。早早吃好晚饭,我们把小墨送往古镇一景的"熙馀草堂"旁的书法班。回来时,我和他爸决定在春申湖畔散散步,顺便去酒店的咖啡厅坐了一会儿,我点了个哈根达斯冰激凌,拍了照往微信群里一发。

　　接小墨回家,恰好大儿子同学聚会回来了,一家人刚坐定在客厅沙发上,哥哥笑着问弟弟:"小墨,哈根达斯冰激凌好不好吃呀?"小墨一脸茫然望着哥哥:"什么哈根达斯冰激凌呀?"我赶紧向大儿子使眼色,大儿子没有领悟我的意思:"不是老妈在微信群里发了照片,你们在吃哈根达斯吗?"看来为时已晚,小墨恍然大悟:"妈妈,原来你们去吃哈根达斯啦,为什么我没吃到呀?"这时他的声音已经变调了,我急忙解释:"你在练字时,我们散步没劲,顺便等接你时去吃的。"这话更是捅了马蜂窝,小墨委屈得不行,一边哭一边叫嚷："我在辛辛苦苦练字,你们竟然偷偷吃好东西,还不告诉我……"越哭越委屈:"你们太没良心了,你们就知道自己吃好东西,你们根本没想到我……"哥哥在一旁看着小墨又是跳又是哭的样子,忍不住笑了,说:"我也没吃到哇。"我说:"爸爸和哥哥都没吃到,就妈妈一个人吃了,是爸爸买给我吃的呀。""那你们为什么不跟我说呀,偷偷吃,根本没想到我,爸爸就想到给你买,他就没想到我,我难道不是他的亲儿子吗……"小墨哭得鼻涕眼泪一大把,一会儿趴在沙发上哭,一会儿跳着脚控诉,我们三个大人看着他的样子都笑得不行。"你们还笑,你们还幸灾乐祸……"小墨的伤心没得到同情,更加愤怒了。哥哥拿出手机要拍他的视频,小墨急着跳起来追着叫着哥哥,抢他手机,不让拍。

我看没辙："小墨,那我们现在带你再去吃,行不行?""我现在不想吃了,你们为什么没想到我……"从小墨的呜咽中,我渐渐体会出小墨除了美味没吃到的难过,更多的是被人忽视的痛苦,"三千宠爱于一身"的家庭地位的动摇,这或许是他最不能接受的。他老爸笑着劝他:"你不是老说最爱妈妈嘛,我们三个男人都没吃,男人都要懂得谦让,妈妈吃了,我们不能吃醋的哇……"我们三个一边劝慰,一边答应下次一定不偷偷行动,有好东西一定先给小墨吃,在我们唱双簧般的劝慰下,小墨慢慢平复了他的情绪,但我知道,他的痛苦还没有完全消除……

"哈根达斯"惹的祸,让我深刻体会到,不管大人还是孩子,被人忽视,都是心灵无法言说的痛。

与"乐高"的不解之缘

小墨是个手工高手,这话一点也不假。他的手工作品可以专门放个陈列柜!

没读幼儿园之前,小墨与"乐高"积木就结下了不解之缘。

记得小墨成功搭建第一辆"消防车"时刚满三岁。那是他姐姐送给他的生日礼物——一盒乐高积木,当时我们认为要过几年才能给小墨搭,所以把它放进了客厅的鞋柜里。有一天,我在三楼书房编辑校刊,不知怎的,小墨找到了那盒积木,拿到了楼上,在我的阻止声中他已经打开了包装盒。他接着把那些大大小小的零件一股脑地倒在我们的床上。我为了让他不来烦我,就让他去瞎折腾吧。

我在电脑前忙碌着,小墨把一半小身子趴在床上,小手"稀里哗啦"翻弄着那些塑料玩意儿。过了好久,我很惊讶这小东西怎么那么安静,走过去一看,小墨一边看着那本说明书,一边按着书上的步骤在搭积木了,已经搭好了底座。他一边看书上的积木样子,再从一堆大大小小的灰色的、红色的、白色的积木中选出颜色大小匹配的零件,再按说明书上的步骤一块块地搭建起来,孔眼对好后,用小手用力摁紧,生怕掉下来。我真有点惊讶了:"小墨,你好厉害哦,会搭积木了!"他那么专注在他的工程搭建中,对我的表扬也不予理睬。

就这样母子俩各做各的事,互不干扰。但我还是一边打字一边观察着小墨的动静,看他会不会虎头蛇尾,三分钟热度。不料,小墨已完全沉浸在他的搭建中了,渐渐地,两三个小时过去了,那辆消防车已搭好了一半,二十八页的说明书已翻到了十五页了。小墨在我的呼唤声中依依不舍地下楼吃晚饭了,但临走时,还不忘抱着那个盒子和他的半成品。

一吃好晚饭,小墨迫不及待地到客厅的茶几上继续完成他的作品,利用一晚上的时间,把一辆红白灰镶嵌的消防车搭好了。车子上有门窗,有云梯,有灭火器,驾驶室里还有两名戴着头盔的消防员,真是惟妙惟肖啊!我看盒子里还有大约二十几个零件,可能是多余的,也可能是小墨漏掉的。这辆消防车迎来了全家人的啧啧赞叹,小墨也开心地围着消防车左看右看。他老爸加班回来看到后,也赞不绝口,说这么小能看懂说明书,有耐心搭建已是不容易了,还给这辆消防车拍了好多照,说是给儿子一个留念。

从此,小墨对手工越来越喜爱了,我们帮他在网上买乐高积木,生日时亲戚送乐高积木,还有塑料泡沫的、木质的积木,小墨搭得不亦乐乎。从搭积木中他不仅享受到了在零件变成成品的过程中获得的成就感,也从中了解到了很多知识。他知道了许多世界有名的建筑,比如中国天安门、天坛,法国的凯旋门,英国的伦敦塔等。并且知道了凯旋门上有各种浮雕,伦敦桥的桥面是可以移动分开的……

上了小学以后,小墨已不满足于那些几个小时或一天就能搞定的简单积木了,他想搭需要几千个零件的可以遥控的机械了。一年级第二学期期末,小墨得了金奖,暑假时爸爸就奖励了他一个"遥控装卸车"。望着三袋一千四百多个大大小小各色各样的零件,望着三本厚厚的说明书,我直摇头表示我的怀疑:"小墨,我估计你这次很难搭成功,而且要让这个车子开动起来,这真不是件容易的事哦!"但小墨已信心满满地开始拆掉包装袋,把这些积木按大小分别装在三个塑料盒里,便于寻找。

浩大的工程开始了,小墨按说明书的步骤一个个零件搭起来,一投入进去,小墨就会废寝忘食。我担心他不知搭到什么时候,有时就帮他打下手,按书上的规格找好积木,这样小墨找零件的时间就节省下来了。有时母子俩为找一个不常用的小零件翻遍了三个塑料盒,很多时候还对不上号。记得装卸车搭建到关键处,要找一个发动机旁能旋转的轮子,好不容易找到了一个,装上去,轮子太大被卡住,发动机无法转起来。小墨急得跺脚直叫,两人找遍了中庭的角角落落,最后终于在桌角边找到了那个小一号的轮子。轮子找对了,接好线,发动机转起来了,小墨高兴地跳起来:"这几天没白费功夫,装卸车快搭成功了,太谢谢妈妈,因为你帮了我大忙了。"哈哈,小墨的马屁功永远不会过时。

经过四五天的努力,一辆高大的绿色装卸车终于完工了,小墨按着遥控器,车子开动了,车厢会翻下来铲东西,每次有亲戚朋友来,小墨总要得意地展示一下他的作品。

这辆遥控车的组装顺利完成给了小墨更大的信心。后来我们又给他买了一辆更复杂、零件更多的遥控飞机,小墨利用空余时间,几天就搭好了。去年暑假,哥哥从加拿大回来,又给他带了乐高积木——《星球大战》的飞船,这对读四年级的小墨来说已是轻而易举的事了。

现在,小墨把他的这些宝贝,放进了哥哥的书橱里,各式木质手枪、各式建筑、各种交通工具一一陈列,有好朋友来访,就拿出来展示一下。

小墨与积木的不解之缘,不但让他动手动脑,也培养了他持之以恒的品质。我想孩子的一些有益的爱好,离不开家长的支持、陪伴和欣赏,这样的亲子互动会给孩子带来心灵的丰盈和智慧的成长。

第一次被采访

当小墨班主任王老师跟我说,下周学校德育处有一个苏州广播电视台的读书活动要在他们四(5)班开展,让袁子墨准备发言。当时我也没放在心上,后来活动推迟了。五一小长假前他们班感染诺如病毒,班内十来个孩子上吐下泻的,所以小长假后再放两天假。这个假期结束就是苏州电台的读书活动了,准备的时间有点仓促。

老师让小墨准备他的读后感《夏洛的网》作为采访时的发言,当然还需要他临场发挥,因为不知道节目主持人会问些什么问题。晚上,我让小墨准备一下,如果用全篇读后感肯定太长,也难背诵,加上采访时也不需要长篇大论的。小墨作苦瓜脸状:"妈妈,我不想上台发言,我口才又不好,讲错了怎么办?"我知道他不够自信,内心也有些胆怯,只能照例安慰他,讲错也没关系,老师信任你,说明你行的。当小墨一再忸怩不肯做准备,那也只能恩威并重,说你行你就行,不行也行,没什么好商量的。怕他磨蹭也怕他抓不到点子,发言稿我就代劳了。接着,小墨开始先读再背发言稿,老爸让他练台风,再用手机拍摄录像。当说到一半时小墨似乎忘了台词,他张嘴拱鼻的经典怪样也被他爸爸拍摄了下来,我们家族"大锅饭"微信群里看了都笑得不行,还被他表哥截屏做成了一个搞怪"表情包"。

第二天,小墨早上从二楼跑到我四楼办公室两次,嚷嚷:"妈妈,等会儿就要开始了,我不想讲呀,怎么办……"我也不过多理会他,让他自己化解这种焦虑和紧张。放学了,小墨告诉我他第一个上台发言了,自我感觉还不错,后来又告诉我,他撒了个谎,当节目主持人问他"生活中有没有像夏洛这样的朋友帮助你?",他编了一个故事说自己有一次掉进池塘,朋友拿竹竿来救他，并去叫了大人。他低声对我说，不要告诉别人，丢脸的。听小墨的语气，似乎对自己的表现不怎么满意，认为自己没有说出一个更真实的事例，自己撒谎了，有隐隐的羞愧感，这是一种负面的自我评价情绪。面对这种情况，我当即鼓励他，没有准备当场作回答是蛮难的，你能说出这个故事已经很不错了，很好地表现了"友谊"这一主题，以后有机会多参加多锻炼，你会越来越棒的。

后来我终于弄清楚了，这是苏州电台新闻广播 FM 91.1 的"亲亲故事会校园行"活动来我校录制的一档节目，主持人是苏聆姐姐。后来王老师告诉我，小墨总体表现得不错，就是读错了一个字：把"羊圈（juàn）"读成"羊圈（quān）"。后来老师发信息，让家长在星期天上午十点听这档节目。那天正好在东山玩，游玩的路上，听到了小墨的采访发言，还真不赖。

第一次被采访，第一次上电台，小墨也算是学校的小名人了！

其实孩子在成长的路上，难免会对没有经历过的事表露出退缩、畏难、不情愿等情绪，很庆幸在孩子表达出畏难的时候，我很好地理解和接住了孩子的情绪，并鼓励他去尝试，其实并不是他不想做，只是担心做不好。如果他的担忧能得到妈妈的理解和接纳，那么他就会有极大的力量和勇气去面对那个当下的挑战，而且结束后无论他做得好坏与否，我们都要及时地予以认可，让孩子感受到自己的努力被看见，自己的成果是有人和他一起庆贺的，那么孩子就会有勇气面对今后人生路上的困难和挑战。

习作发表了

三月,小墨的习作第一次发表在《姑苏晚报》上,题目是《你太有才了》,这篇文章原来是他们四年级语文教材上的一篇习作,要求围绕"一句话"来写,小墨的构思不错:围绕妈妈的一句话"你太有才了"选择了两个事例,从批评和表扬正反两方面来讲述,妈妈的这句话给他留下的深刻影响。我把他的题目"一句话"改成"你太有才了",事例也做了一下调整,很真实的例子。当我把当天的报纸拿给小墨时,他还是蛮高兴的,兴冲冲地拿去给班主任王老师看,但并不是十分激动,我想估计是因为妈妈修改过,多少有点水分的缘故吧。

我还是免不了虚荣,把他的习作和报纸拍了照,发在朋友圈里。朋友们的点赞还真有趣:"小墨的确有才""太有才了""文如其人哇""这是在夸妈妈,培养得太有才了""好棒的孩子""小墨这么优秀,女朋友会蜂拥而至的"……哈哈,也算收获了不少谬赞啊!

没多久,小墨去年的那篇获奖作文《唯园,我美丽的家园》也发表在我们自己的《春申湖》杂志上了,还真是好事连连呢。四月,小墨写的《春申湖》参加"苏州市蒲公英作文大赛"获一等奖,被选去市里再参加特等奖的比赛,去市里前,小墨还是有点心虚:"妈妈,我肯定评不到特等奖的,因为我的作文有你帮助才得一等奖的,干脆不要去了。"小墨还是相当有自知之明的,看来以后真不能帮他多修改了。4月24日,小墨这篇《春申湖》还是发表在《苏州日报》。

因为寒假期间,学校年轻的教导员打电话来督促我帮小墨多投稿,多发表一些文章,争取参加相城区或苏州市"阅读之星"的评选,可能认为我这个做教师的妈算有些文笔吧,给我一些鼓励。

上个星期又有区里的"童谣征文",班主任要小墨努力写一篇,母子合作,写了一首,绝对原创。

小墨基本的文笔不错,可要在写文章方面真正有所成绩,更需努力!

五月天

五月到,真热闹
朵朵花儿对我笑
柳树垂下绿丝绦
枝头喜鹊喳喳叫
小区春光多美妙

五月到,真热闹
碧绿荷叶水上漂
岸边青蛙呱呱叫
蜻蜓弯下小蛮腰
池塘微波晴方好

五月到,真热闹
小朋友们爱郊游
游山玩水自拍照
踏青烧烤多逍遥
你追我赶齐欢笑

五月天,真热闹
霓虹灯光闪闪亮
广场舞蹈音乐闹

快三慢四吉特巴

强身健体真正好

幸福生活乐陶陶

（过了一学期，评比结果出来了，童谣获相城区文明办最高奖项"优胜奖"，小墨还获得了凤凰书城三百元书卡作为奖品。）

我也在反思，在小墨的学习和比赛上，我是否做得太多了，常常担心他完成不好，会主动参与到他的学习中，这或许也是作为教师妈妈的职业弊端。陪伴他学习的过程中，妈妈把控帮扶的度也很重要，既引领他去观察和思考，又要培养他写作的兴趣，让他的灵感和点子得到充分的发挥，让他在自我探索中获得价值感，促使他更多自主学习。

小墨和皮皮

皮皮是一条泰迪狗的名字,也是刚来我们家不到一个月的新成员。五一前夕,外甥打电话给我,问我们家要不要一只泰迪狗,因他老婆怀孕了,只能把它送人。那条狗来过我家一次,身上的毛都被剃光了,像一只小猴,尖嘴猴腮,瘦巴巴的。我想泰迪是宠物狗,又小巧,小墨应该会要的。小墨一向胆小,每次小区里遇到凶悍的大狗,他总会躲在我们身后,有时为了避开,情愿绕道而行,他因此常被他老爸训斥,说他缺少男孩的勇气,没出息。曾经他姐姐要送他一只金毛,但他看了照片,觉得那狗太大,看着害怕,不想要。但他前年又对我说想养只小狗,我没有理睬,对他说:"养你这条小狗已经够我烦心了,哪有时间和精力弄其他小狗呀,等妈妈退休了再说吧。"

这次,我问小墨要不要那只泰迪狗,他虽然不是十分激动,但还是想养了。小墨的童年中养过金鱼、小乌龟、小仓鼠、鹦鹉……这些小动物也常常成为他现在写作文的素材。一转眼,小墨都要从童年进入少年时期了,在他的成长过程中,没养过狗,我总觉得有点遗憾的。因为狗是最通人性的,最懂感情的动物,是人类最亲密的伙伴,而养狗也会培养孩子的爱心和责任感。基于这些想法,我认为养一条小狗也是非常有必要的,最后全家一致通过这个提案。

皮皮刚到我们家的第一晚,我们把它的狗笼放在家里中庭,把它关进狗笼里,它惨叫了一晚。小墨半夜起来了两次,跑到我们房间说:"小狗叫得我睡不着觉了。"他还说半夜起来给狗吃火腿肠,以为它肚子饿。但小墨的爱心依然没能减轻皮皮的痛苦,它依然狂叫。没奈何,为了让父子俩能再睡一会,我就早早起来去小区遛狗了。

我们对小墨说,如果皮皮再这么惨叫一晚的话,我们只能送还给表哥那里了,小墨说不想送走。第二天是假日,或许是全家陪皮皮玩了一天,晚上,把它睡觉时的蒲团放进了铁笼,这一晚,皮皮竟一声没叫,我们全家睡了个安稳觉。当然最开心的是小墨了,因为皮皮不用送走了。

小墨说,以后每天放学写好毛笔字,他就去后院把皮皮放出来,带它去拉屎撒尿。早上让爸爸去遛狗,如果双休日,皮皮待在家里一整天,中午再去遛一次。我说这样的安排不错,以后皮皮就包在你和爸爸身上了,哈哈,它就是你的妹妹。

前天放学后,小墨写好毛笔字,带皮皮出去了。回来后告诉我,带皮皮出去这么多次,看到它第一次拉屎,似乎蛮有成就感的。放学时,皮皮听到我们回家的声音,就在后院上蹿下跳的,把前爪趴在玻璃门上望我们,一边不停地"呜呜"叫。小墨拿了个拖把大声吓唬它:"别叫,再叫不放你出来!"我对小墨说皮皮知道你回家了,它就迫不及待要出来呀,你要温柔点的。皮皮进屋后,小墨见皮皮不肯吃它的狗粮,就把狗粮一颗颗拿在手里,引它过来吃。晚上小墨弹好琴,把皮皮抱在身上,指指自己的腿:"皮皮,睡在我腿上。"皮皮没有反应过来,我说:"小墨,你得跟它说苏州话。"小墨操着夹生的苏州话:"皮皮,困啦我脚浪(睡在我脚上)。"皮皮真的把头依偎在小墨的腿上,小墨兴奋地说:"皮皮真听得懂我的话!"

从小墨很小开始,我就陪着他一起养许多小动物。养过几次鸟,鹦鹉、芙蓉鸟等;养过小金鱼、小乌龟、小仓鼠;养过蚕,看着蚕从卵到幼虫,看着它们吐丝、结茧、化成蛹,最后变成飞蛾的全过程。小动物是孩子的好伙伴,孩子会经常与小动物说话,它们是孩子秘密的接受者和分享者。孩子与小动物一起分享内心的情感,很大程度上也是弥补了孩子的一些情感需求。另一方面养小动物可以帮助孩子学会尊重生命,通过养小动物,孩子能够了解生命的生长、繁衍、衰老和死亡,认识生命的宝贵。

你不理我，地球还是会转的

"哼，你不理我，地球还是会转的！"小墨，你用一句话击败了我。这句富有生活哲理的话出自一个四年级的男生之口，多少让我有点猝不及防；出自一个常说最爱妈妈的小男孩之口，更让我的心碎得掉了一地渣。

放学后，我照例急匆匆地在厨房间进行了一场硝烟之战，烧了三个菜，小墨照例在我的连唤三声越来越高分贝中上了饭桌。"妈妈，你对我实在太好了，给我盛这么少的饭。"嬉皮笑脸的老样子，对他的恭维话我已是无动于衷了，每次吃饭对小墨来说，不是享受而是折磨，每次恶狠狠地说要饿他三顿的话已是浮云了。

今天烧了冬瓜排骨汤，我偷偷地伸手给在我身边蹿来跳去的皮皮吃点肉，父子俩都不允许。我又给它吃了点，小墨跳起来大吼大叫："妈妈，叫你不要给皮皮吃肉，你还给。它不肯吃狗粮的，以后毛也会变色的……"说着，离开了饭桌，准备来踢皮皮，嚷着："谁叫你这么馋，不许吃肉。"我忙挡住小墨："是妈妈给它吃的，你干吗去打皮皮呀！"小墨怒火冲天："那我打你哇。"我瞪他一眼："你敢打妈妈，太没王法了！"小墨气呼呼地把手中的筷子往饭桌上一扔，转身进了旁边的房间："哼，我不想理妈妈，这么不听话。"我也装作很生气的样子："我也不想理你，我理皮皮这小狗也不理你这条小狗，以后你不要来烦我哦。"小墨说："哼，你不理就不理，地球还是会转的。"小墨你能说出这种话，真把我雷到了。

一会儿，小墨又上饭桌吃饭了，我故意跟他老爸讲话，不理他。晚饭后，我坐在桌边也不收拾饭桌，叹气地说："我以后不烧晚饭也不洗碗了，反正我不做，地球还是会转的。"小墨看我真生气了，急急地转到餐桌这边，搂着我：

"妈妈,对不起,你不要让我洗碗,我不惹你生气了!""你不是说不来烦我了……"小墨像哄孩子似的:"好了,好了,真的对不起,我刚才说话太冲动了,以后我不惹你生气的,你靠在我肩上,靠在我肩上……"说着,硬把我的头搂在他那单薄的小肩膀上,我差一点笑出来了,小墨,你这套软皮糖功,我也是服了。

晚上,我坐在沙发上,小墨对我说:"妈妈,我们和好吧。"我说:"我不想和你和好,因为你说的话伤了我的心。"小墨一边搂着我,一边把脸紧紧贴着我的脸,还亲亲我。"你是最好最美的妈妈……"小墨,老妈我真被你这一套所向披靡的糖衣炮弹炸晕了。只能无奈地对他老爸说:"以后你这儿子,哄女孩是一等一的高手啊,真是青菜一篮胜一篮!"

小墨小小年纪,能屈能伸,这一点让我也自叹不如。他可能也会有一些不好的情绪,但遇事不会轻易发脾气,更不会大吵大闹,他的坏情绪从来不会过夜,转瞬间他就能多云转晴,甚至会顾及你的情绪,来安抚你,从这一点来看,小墨是个情绪稳定的孩子,这一点让我颇感欣慰。

妈妈救救我

吃好晚饭，收拾完厨房，刚在客厅沙发坐下，就听到在二楼上厕所的小墨在叫我，刚开始没听清楚他在叫啥，问了才听清："妈妈，来救救我！"啥事？这么夸张！我和他爸爸不约而同地说："肯定上厕所没卫生纸，叫我送去！"我走上楼，看见半开的卫生间，小墨光着屁股站在台盆旁。"妈妈我流鼻血了，好多呀！"小墨呜咽着说。一看，卫生间的地上一堆沾满血的卫生纸，小墨站着，双手用纸巾捂着鼻子，手上脸上都是血，盆里也有好多沾血的卫生纸，血还在不停地流着。我急忙把毛巾打湿，去捂着他的鼻子，一边让他抬起头。"不行的呀，我的鼻子涨得很，止不住的……血这么多……"小墨惊恐地哭着，我一边不停地洗毛巾，捂鼻子，一边安慰他："流鼻血，没什么可怕的，等会儿止住了，就没关系的。""不行的，要去医院的，我的鼻子会堵住的，不能呼吸，血流进肺里，要有危险的……"小墨边哭边说，眉心打结，语气焦躁。看着他这样子，我有点生气的："没这么严重的，小孩子流鼻血很正常的，停了就没关系的，不一定要去医院。"小墨跺着脚，哭出来："一定要去医院的，你们就是无所谓，你们就是不担心我……"

我一下楼就对他老爸说，这次非去医院不可了，可能这次流血厉害，这小家伙心里害怕了。小墨下楼后，我们都跟小墨解释流鼻血不是特别危险的，主要是鼻炎的原因引起的，不要老是挖鼻孔、揉鼻子。小墨说："我没有挖鼻子呀，我在网上看到的，有的流鼻血，就是因为肺、心脏什么的不好引起的……"这个小学究，看了点课外知识，一知半解的，自己把自己吓得够呛。最后还是决定带他去医院，我知道小墨紧张，去了医院他就安心了。他爸爸说："你这小子，太胆小了，以后遇到什么危险，要拿出点男子汉的勇气啊。"

我知道对这么小的孩子跟他谈论男子汉气概也很抽象的,他无法用意志去克服他的胆怯,对死亡的恐惧或许是与生俱来的。

七点开车出发去医院,镇上医院晚上没有五官科的,只能去苏州大医院。刚转弯到广济路,想到第一人民医院不看小孩的病,再掉头开上中环去园区儿童医院。到医院急症处挂好号,照医生的指引上了十二楼。一位女医生接待了我们,医生照了照小墨的鼻子,原来里面有淤血块,让他用力擤鼻子,小墨擤出了好多血块,鼻子舒服了好多,医生再用棉球蘸了药水,塞进鼻孔,给小墨配了瓶滴鼻子的药水。

回家的路上,小墨终于安心地在车上睡着了。到家后,小墨说:"谢谢爸爸妈妈带我去医院,辛苦你们了!"他总是懂得表达,懂得感恩,让我心生温暖。洗完澡,小墨说:"妈妈,你一直对我这么好!"我说:"当然对你好呀,你要是有危险,爸爸妈妈第一个担心哇,因为我们知道流鼻血没你想象的危险呀!"小墨趴在我们床上:"妈妈,我想和你谈谈心。"我说:"好呀,谈什么呢?"小墨腼腆地说:"现在我又不知说些什么了!""如果有心里话想说,不知怎么说的话,可以用写信的形式跟我说,这样也可以说出你的心里话呀。"小墨笑着亲了亲我,下楼睡觉去了。

可能孩子想说很多感受,想说他获得了温暖和安全,只是不知怎么表达罢了。

第一次当节目主持人

六一节前夕,小墨告诉我,他被选为节目主持人,主持学校四年级的"成长仪式",他说"我可是自告奋勇举手自荐的,被老师选中了",还不无自豪地告诉我:"张校长也要来参加我们的成长礼了。"我当即就表扬了他,有时觉得小墨不怎么自信,也常常会退缩,现在这方面有了进步。

这几天回来,小墨拿出他的主持稿,要背给我听,我也只能临时充当了他的搭档,陪他练习。他一句,我一句,当然我是照本宣科,小墨边看边背,练习了几次,基本能把稿子背出来了。小墨告诉我,这个活动安排在六一儿童节这天,在学校六一庆祝活动结束后举行。

这几天天气很热,六一这天更加闷热,我问了学校德育处的老师,知道学校决定上午八点左右就开始四年级的成长礼活动,恰好这时我没课,正好去看看他们的活动,当然更主要的是去看小墨的表现。小墨一早上就穿上了去年钢琴比赛时穿的那套衣服,系上了黑色小领结,穿上了黑色皮鞋。哈,一副小绅士的派头。

来到操场上,其他班的学生还没下来,只有他们四(5)班的学生在王老师的指导下在临时搭建的小舞台上排练节目,小墨和另一个穿着礼服的小女生拿着文件夹在一旁边玩边练,我及时给两位小主持人拍照留念。小墨的脸上已微微出汗,我让他把里面的短袖脱下了,他也不肯,幸亏我带了一杯水下来给他喝。过了二十分钟左右,其他班的孩子在老师的带领下陆陆续续地来到操场上,操场上顿时像来了一大群小麻雀,叽叽喳喳,热闹非凡。

两位小主持人来到舞台前,活动开始了。小墨接过老师给他的话筒:"敬爱的老师们!"女生:"亲爱的同学们!"合:"大家上午好!"小墨:"和煦的阳光洒落在我们的身上。"女生:"温柔的清风拂过我们的脸庞。"两位小主持人有声有色地主持着,小墨表现不错,声音响亮,语言也颇有节奏感。接下来就是各班级表演节目,有《幸福拍手歌》,手语表演《感恩的心》,张贴"爱的絮语"……轮到小墨班表演诗朗诵《我十岁了》,两位小主持人也加入班级的表演:"十岁,有爸爸妈妈的挚爱,我幸福成长;十岁,有老师的引领,我掌握真知;十岁,有同学的陪伴,我们体验快乐……"虽然天气闷热,小朋友表演得都很投入,我不时地拿出手机拍下一张张照片,还有德育处的几位老师也在给活动拍照留念。

活动接近尾声,只听小墨拿起话筒:"下面请大家以热烈的掌声欢迎尊敬的张校长给我们送上最真挚的祝福。"说完,便跑向在草坪边上等候的张校长,把话筒递给了她……

一次"成长礼"给孩子们一次难忘的记忆,第一次主持大型节目,小墨获得了荣誉感,作为家长的我也感到自豪。每一次小墨参加这样的活动,我都会给他鼓励和指导。小墨参加了区里的"三话比赛"(普通话、苏州话、英语),主持过开学典礼、"苏州冯梦龙旅游节开幕式",还参加过学校的讲故事比赛、庆六一朗诵活动等各类活动,这些大大小小的活动参与,增强了小墨的自信心和自我认可感,同时也提升了他的思辨能力。

既是家长又是老师的我,确实给了小墨很多的帮助,也努力争取更多的机会,让他去尝试去历练,我想这时候孩子更需要家长的扶持,才能更有勇气面对每一次挑战。

妈妈，我太爱你了

在多伦多的一个月中，如果说异国他乡的孤寂让我有了想早点回国的念头，但除了孤寂，"打败"我内心宁静的还有小墨的爱的泛滥。

老爸待了十天回国了，哥哥学校里的事也忙碌起来了。家里只剩下我和小墨了，显得冷清多了，小墨又没有一个玩伴，确实有点无聊。特别是异国他乡，语言不通，没有朋友，也不大敢出门，怕迷路。小墨从早到晚地粘着我，幸亏有只iPad，小墨戴着耳机，不知是在看动画片还是在听音乐。很多时候，他会冲过来用他的细胳膊抱住我："妈妈，这是我今天的第五抱了。"有时又说："你太胖了，要减肥了，我抱不住了。"看我瞪着他，马上改口："不算很胖，真正好。"特别是他从早到晚无数遍地说："妈妈，我太爱你了""妈妈，我真的爱你"……简直成了话痨。

小墨窝在柔软的懒人沙发上看电视，一本正经地对我说："妈妈，我爱你，就像老鼠爱大米！"走在路上，小墨指指红绿灯，眼睛盯着我的脸："你知道为什么绿灯亮了？妈妈，因为我爱你。"坐在小区凉亭的铁椅子上，小墨抬头看看天空："妈妈，为什么天空这么蓝，云朵这么白，因为我爱你"，"为什么这么多飞机飞过，因为它们知道我爱你"。我又好气又好笑地说："小墨，你的话要有点逻辑性啊！"多伦多的傍晚七八点钟太阳还高高挂在天空，我们有时趁夕阳还未落下，出门去附近的商业区。走着走着，小墨停下来，对我嬉皮笑脸地说："妈妈，我要告诉你一件事。"我皱了皱眉，问他是不是刚才又放了个屁，因为小墨老是这样搞怪。"不是的，我想告诉你，你要记住哦，妈妈，我爱你！"他忽然一本正经的样子真让我猝不及防啊！

来到麦当劳点餐，小墨不敢跟外国服务员用英文交流，还美其名曰："妈妈,你去点吧,我让你多锻炼锻炼,就是因为我爱你。"我说:"小墨,我知道你很爱妈妈,我也很爱你,但求求你你别说了,再无数遍地说,我快要晕倒了。"小墨还是一遍遍地说,时不时来一句毫无头绪的话:"妈妈,我爱你无法自拔。"还亲亲我的脸或亲亲我的手,有时拿起哥哥的吉他,乱弹乱唱:"妈妈,我为什么这么爱你,因为你是我的好妈妈,聪明又美丽,又会做家务,又会管儿子,啦啦啦……"动作夸张,表情丰富,噪声满屋。

我在三楼整理房间,小墨上楼认真地说:"妈妈,请你记住一句话,我永远爱你哦!""好的,我记住了,小墨,妈妈也爱你。"闲来没事,我让小墨每天做几道奥数题,小墨边做边说:"1+1等于我爱妈妈,2+2等于我太爱妈妈。3+3等于我太太爱妈妈……"小墨啊,你快别说了,我的耳朵生茧子了,你的爱真让我抓狂。"小墨,你既然这么爱妈妈,就用行动表示吧,厨房里的碗帮妈妈洗吧。"小墨挤眉弄眼:"妈妈,我永远爱你,我爱你只用语言表达,不用行动表达。"

小墨,你的爱已泛滥成灾,每天几乎上百遍无头绪地说,简直到了无理取闹的地步了,我真想早点买机票回去了。小墨,你的爱让我忍无可忍啊!是不是因为内心深处缺乏安全感,特别是在异国他乡身边只有一个亲人,让十岁的小墨变得如此滑稽可笑、情感泛滥呢?

不管怎样,或许这是我这辈子听得最多的爱的誓言吧。

家庭会议

今天,我决定跟小墨心平气和地谈谈,随着小墨年级的上升,我对他学习的关注似乎也越来越多,和好多家长一样,焦虑也越来越多。小墨读五年级了,开学还不到一个月,我怎么觉得好累呀,嘴巴都溃疡几天了。学校的工作这学期还行,反而在小墨身上花的心思很重,似乎他的每一件事都要我去操心,操心他的胃口,操心他的学习,操心他的各类补习,操心他的顽皮,操心他的浮躁……总之,真是操不完的心。

五年级了,小墨的事更多了,学习任务也重了,他担任节目主持人(学校开学典礼的节目主持人也让他出了风头),还要参加学校组织的冯梦龙旅游节的演出排练,以及区或市阅读之星的评比,全家一起准备评比的各种材料。所以他每天忙得很,以前能在学校里完成的作业,现在要带到家里完成,在家里练毛笔字或弹琴等,既不能保质又不能保量。最重要的是学习态度上的问题开始渐露端倪,比如时间上的磨蹭,学习上的浮躁。低年级时对自己的学习要求蛮高的,专心程度也不错。怎么会年岁渐长,反而不如小时候呢?有时老师也反映小墨学习不够踏实。是不是玩心更重?是不是学得太多?是不是有些被宠溺?我也常常在自我反思,自我纠结,有时不能控制自己的情绪,对他训斥。加上他老爸有时耐心不够,时常训斥甚至责打……心里也隐隐担忧,这样下去或许效果更差,应该改变我们的一些做法,更好地训练孩子的自律和自理能力。

今天吃好晚饭,我决定跟小墨好好谈谈,我坐在餐桌边,让小墨站在我的身旁,先反思一下自己最近的学习状况,特别是昨晚做作业时的表现。他站着,目光游移,神态有点不自在,说:"作业做得不好,字也不够端正,上课的纪律也有问题……"我说:"你说得很对,说明你知道自己存在的问题,这些就是学习的态度,如果一个孩子的学习态度不端正,学习方法不正确,怎么能取得好成绩呢?那还有哪些方面存在问题呢?"小墨在思考,除了学习态度,学习的方法也有问题呀。"比如昨天做作业时浪费了好多时间,做分心的或无为的动作。"我适当提醒他。小墨想起了我昨晚上对他的批评,说:"我不能边做作业边玩积木,还有翻了好几次《课课通》,中间卷铅笔也浪费时间。"接着我和他分析了他在时间上的浪费,告诉他只有紧凑安排、专心高效做完重要的任务,才可以多出时间玩搭积木或做其他自己喜欢的事,不然作业做不好,玩也没玩到。

在我的启发下,小墨和我一起讨论了第三个问题:自我管理时间。每天安排好自己完成作业的顺序和每项作业大约的时间,不要妈妈一再督促提醒,例如每天晚上准备好第二天要穿的衣服,要带的东西,不要到早上才急急忙忙地寻找,这就是所谓的"自我管理"。

最后第四个问题,我问小墨:"你平时一直把最爱妈妈挂在嘴上,你认为最爱妈妈应该表现在哪里呢?"小墨支支吾吾说不上来。"爱妈妈应该表现在懂事,能做到自己的事自己做,让妈妈少操心,大家都很愉快,我希望看到你越来越好,这样妈妈才会越来越开心。"小墨认真地点了点头……

交流结束后,小墨说了今天晚上的学习安排,接下来的写毛笔字、读英语、弹钢琴,完成得不错,看出了他的用心。

我不知道这四个方案对小墨能起到怎样的作用,能维持多久的效果,当然其中更需要的是我们的坚守,我们的改进。天下没有怎样做好父母的武林秘诀,更没有一蹴而成的育儿绝招。每个父母培育孩子都是在摸着石头过河,不能确切地知道自己的方法的正确性和有效性。正如许多家庭教育的文章中说的:世间万物,做错的事可以重来,唯独孩子的教育不能。成长只有一次,错过了就无法挽回。养育孩子,也是父母的一场修行。

小墨被揍记

记得听过这样一个小故事,有一位五六岁的小男孩去商场玩,在商场的旋转木马上不肯下来,家人和商场工作人员先后多次去劝说都无效。这时有人想到商场有一位儿童心理专家,便请他出场。只见这位威严的心理专家来到小孩面前,低下头悄悄跟孩子说了句话,这小孩一骨碌地下来了。大家都围着心理专家好奇地问了同样的问题:"你用什么方法让这孩子听话的?"心理专家说:"我对他说,再不下来要打你。"

所以我在某些时候也很相信:"不服从语言,只能服从于行动!"虽然当今社会提倡表扬鼓励教育法,但我认为适当的体罚还是必要的。在小墨的成长过程中,印象深刻的就有那么三次。

小墨大约三岁,早上在三楼卫生间里玩水,被我阻止并训斥了。小墨不肯跟我下楼,还歇斯底里地大声哭。我没有理睬,下楼做我的家务。小墨越哭越凶了,想以此引起我的注意,估计想让我哄他。这次我可和他较上了劲,任他惊天动地地哭,不予理睬。我在楼梯口大声吼道:"小墨,再不停止哭,妈妈拿鸡毛掸子打你的屁股了!"我的吼声根本没有震慑力,小墨的哭声依然充溢着家。听得我火从心起,心里暗暗发怒:看我做完事怎么收拾你。但还是有点不放心,便指示大儿子去楼上看看弟弟,看能否想办法哄住他。不一会儿,大儿子匆匆下楼说:"老妈,我完不成你的任务,要不,你自己去看吧,我拿他没辙,我想开门进去抱他,他竟然把卫生间的门反锁了,这小子还拿个拖把从窗户里伸出来想打我。"哥哥搞不定,我这老妈只有沉住气,不能因小墨的哭闹而举械投降,以后就很难降伏了。哭了好一会儿,小墨的声音渐渐低了,但还在呜咽,我听到了他下楼细碎的脚步声。等他刚走到底楼,我拿了鸡毛掸子,朝他的腿上打去:"叫你哭叫你任性,你以后越是哭得响,妈妈就打得越厉害。"小墨看我动真格了,边哭边撒开小脚绕着餐桌逃跑,但小腿上、屁股上还是被我打了几棒,他一边跳一边用手挡。挨了揍,小墨不敢哭闹了。过了一会儿,只见他从卫生间拿了个拖把:"哼,妈妈不乖,囡囡也要打你。"我眼一瞪,试试看,你敢打妈妈!小墨看着我余怒未消的脸,最后还是不敢造次。

孩子越任性父母越不能怕烦而顺从他,不能让他小小年纪骄纵无礼,更不能让孩子养成无理取闹的个性。

读中班时,小墨也常使小性子,有时老师也要向我告状。有一次闹大了,竟打老师了。原因是小墨在教室里扔垃圾,不小心滑了一跤,被小朋友笑了,他或许觉得丢了面子了吧,就去打那个小朋友,被老师知道批评了,他就扭住老师哭闹撒泼打老师了。回家后,我一脸严肃地让小墨说今天在学校做了什么不乖的事,小墨知道纸包不住火了,只好承认了打人事件。我让他面壁思过,站一个小时,好好反省反省。并警告我妈和老墨,谁也别帮他求情。小墨边哭边站在客厅的鞋柜处,面对墙,背对我。因为晚饭也没吃到,加上身体本来有点不舒服,站了半个小时左右,小墨瘦小的身体开始有点摇晃了。他老爸动了恻隐之心:"你这小东西,快到妈妈这里来认错吧,求妈妈原谅,早点吃晚饭吧。"看着在墙边摇晃的小墨,终究有点不忍心了。我让他过来,站在我面前,小墨躲闪着眼神,忍着眼泪,皱巴着小脸,哽咽说:"妈妈,我知道错了,下次不打小朋友和老师了,要讲礼貌了。"

去年,读四年级的小墨被我狠揍了一顿,直到现在小墨还不时提起他这件"笋干笃蹄髈"的事呢。小墨越大越调皮,真到了"狗不理"的年龄,因他的捣蛋搞笑哗众取宠在班级还得了个"原子弹"的绰号。我因此常从老师和别的小朋友那里听到不少他的糗事。有好几次都觉得事情还没到要揍他的地步,基本处于训斥警告的阶段,诸如说一些以后再听到此类事情一定严打之类的吓唬话。小墨认错的态度总是诚恳得让你不忍下手。但这小子真是:

"虚心接受,屡教不改。"

那天下班前,我去教室看他,王老师告诉我一件很令人生气的事,语文课上老师在讲课,他竟插科打诨,扰乱课堂纪律,王老师生气地把他"请"到教室门口"站岗",并到办公室写保证书。我一听,知道小墨的调皮已到了任性猖狂的地步,再不好好修理,这小子真是"和尚打伞——无法无天"了。再不管教,我这老师的颜面搁哪儿去呀!让我怎么去理直气壮地站在讲台上教育别人的孩子呀!

一路上,我只顾开车,一句话也不吭,也没像以往那样"老三篇"说教,小墨似乎已嗅到了弥漫的火药味,也不敢像平时那样聒噪。他似乎已感受到"山雨欲来风满楼"的沉闷和紧张。停好车,母子俩先后进屋,小墨识趣地拎着书包走到中庭的桌子旁,打开书包准备写作业,我一声厉喝:"到沙发边上,拉下裤子,趴在沙发上!"小墨畏缩地瞅了瞅我,走到沙发旁,身子前趴,拉下了外面的罩裤。"全部拉下来!"小墨只能拉下全部的裤子,露出一个没几两肉的瘦屁股。我从旁边拿了根蓝色的塑料拖把,把手柄的一头提起来狠命地打,一边打一边怒气冲冲地骂:"看你这没王法的家伙,看你这不懂事的……"这时的我真如《红楼梦》中的贾政了,真是更能体会到一位望子成龙的父亲的愤怒和绝望了。"行为偏僻乖张,哪管世人诽谤……天下无能第一,古今不肖无双!"贾政内心深处还是器重宝玉,指望他光宗耀祖的,宝玉的种种行径让他连气带怒又恨铁不成钢,数罪并罚,将宝玉毒打。眼下的小墨和贾宝玉的处境有得一比,加上知道自己错了,又没人劝阻,不敢放声大哭,只能抽泣着。我每打一下,趴在沙发上的小墨就发出"哦哦"的低叫声。也是因为他平日里的甜言蜜语,伶俐聪颖,亲戚朋友都夸赞他,他竟浮夸至此,都快成了"小小混世魔王"了,真有点出乎我的意料,让我忍无可忍,鞭笞用刑。打了十来棒,只见屁股已有红的印痕,我让他穿好裤子。他含着泪,走到桌子旁赶忙写起了作业。

气过了头,我忽想起今天是他的生日,他舅妈在乡下已烧好晚饭准备给他过生日。做好家庭作业,憋着气的母子俩出发去外婆家了,饭桌上讲起小墨的这顿"笋干笃蹄髈",一桌子人都笑了,外婆在一旁附和:"不乖,是要打,小孩子不打不成器。"

过后,小墨告诉我屁股痛了几天,我问他,生日的礼物中有一件最特殊的礼物是什么,他低头羞涩地说肯定是妈妈的"笋干笃蹄髈"。那好,作文题目素材都有了——《特殊的"礼物"》。小墨在我的吩咐下,乖乖地写这篇作文。这篇习作在后来的几次考试中被小墨运用了,得到了高分,因为有真情实感呀!小墨说:"我还是要谢谢妈妈的,因为你让我写了这篇作文,语文得了高分。而且这件事我永远难忘的。"

你看,小墨被揍了,还能说谢谢,小墨的滑稽可笑依然如故!但我知道对于小墨来说,挨一顿揍或许说不上有多少领悟,但他渐渐懂得要为自己的错误承担后果;对于我来说,在教育孩子方面还将不断地学习和调整,但我相信言行一致,奖罚分明,适当的"棍棒教育"或许更能促进孩子的健康成长。

爱里面有允许、接纳,爱的另一个面向就是给孩子梳理规则和边界,让孩子知道什么是对什么是错,什么可以做什么坚决不可以。这个过程,其实也是让孩子感受到安全感的一种方式,所以小墨虽然挨打了,但是他仍然感谢妈妈,内心并没有留下阴影或痛苦。因为这样的打,是带着爱的,是基于事实的,是为了树立规则与边界的,同时也是能给小墨内心带来安全感的。

小墨与写作

我利用业余时间断断续续地整理和修改小墨的习作,从他的日记本、作文本中先后挑选出四十几篇习作和四首诗歌。大多是小墨从一年级到四年级的习作,有几篇是五年级写的。其中有部分发表或获奖的作文。先把习作录在电脑上,作适当的修改,按内容的不同分成五辑,共整理出近四万字的《子墨文集》。并用彩色纸打印成册,请广告公司装帧设计,成了一本有模有样的小学生作文集。后来把小墨五六年级的习作也收拾进去,五万多字,再版了《子墨文集》,他的这本小学生作文集在镇妇联的活动中被推广。

整理这本作文集的初衷是想帮小墨留住童年的生活和回忆,试着培养他对写作的兴趣。当然也为了学校推选的苏州市阅读之星评比的需要,甚至想到小升初择校时说不定也能派上些用场。

小墨幼儿园中班开始识字,并阅读适当的幼儿读物。从一年级开始,我先试着让他进行说话练习,我把他的话记录下来,成为他的习作。慢慢地他的识字量增多了,会写的字也多了起来。接着他开始写一些日记,并自我发挥图文结合,在文字下面画画。虽然字还写得歪歪扭扭,因为配上了图(小墨的画画还不错),竟然有点图文并茂的生动。比如一年级开学第一天,他摔了一跤,膝盖破了皮出血了,他回来把这事记了下来,并在下面画了新学校、教室、操场、小朋友等。有一次,我让他去观察我家小院围墙边的紫竹,让他写下来,他写了一篇短文,画了一排紫竹,很形象。去香港迪士尼乐园的作文,他画了"公主城堡"和米奇。乐高积木搭的遥控装卸车完成后,他写了日记,并画了这辆车……小墨的习作就这样开始了。

一二年级的语文薛老师对写作很重视,她要求学生每周写一篇,有的是模仿课文内容写的,有的是课文续写,有的是想象作文,有的是模仿写诗歌,也有让孩子们自由选材……小墨因此在低年级打下了比较结实的基础,加上我的辅导,小墨的习作几乎每次都被老师当作范文在班上朗读,小墨尝到了成功的喜悦。记得有一次因没被老师读到,他回来告诉我当时难过得差点儿哭出来。

进入中年级后,作业量多了,小墨的玩心更大了,他渐渐不肯写我额外布置的作文了,所以写的量不如以前多了,作文进步也不明显。但我每次带他出去玩后,让他写游记,他因为有内容可写,这阶段游记写得多了一点。生活中一些有趣的事,我也让他写下来,有时小墨噘着嘴不肯写,但在我的软硬兼施下,只能勉强服从。因家里养过许多小动物,小院里种过好些盆栽,这些动物和植物成了很好的习作内容。每次我先让小墨进行观察,再让他用口头语言说给我听,我在一旁做适当的补充和修改,这样小墨写起来就比较得心应手了。动物篇有《我家的鹦鹉》《我养的小金鱼》《蚕宝宝成长记》《我家皮皮》,植物篇《紫竹》《含笑花》《风信子》《凤仙花》等,小墨写得还是比较生动的。

四年级下学期是小墨写作上的一个飞跃,因生日那天挨了一顿"笋干笃蹄髈"的惨痛教训,小墨写了一篇《特殊的礼物》,这篇文章被小墨运用在期中语文考试中得了高分。小墨高兴地说:"幸亏妈妈让我写了这篇文章,所以作文只扣了一分。"他尝到了写作的甜头。再加上连续两篇文章发表在《苏州日报》《姑苏晚报》上,让他在同学面前增了光,他对作文的兴趣渐渐提升了。接着他写的《你太有才了》在长三角作文大赛中得了一等奖并发表了,上学期他和我合作的童谣《五月天》在区里的征文大赛中获得"优胜奖",还获得了三百元凤凰书城的书券,小墨很开心,和我去观前新华书店买了不少书。

前两个星期,他爸爸和小墨做了个有趣的实验——火柴挂矿泉水瓶,父子俩为这个实验做了精心的准备,一根火柴挂起了五瓶矿泉水。小墨边做实验边学电视里的主持人一样讲解,爸爸把这过程拍了视频,实验做得很成功。我一回家,父子俩就把视频放给我看,小墨开心得不行。第二天我突然想到让小墨把这次实验写下来,因小墨亲自做了实验,还知道了实验原理,没多久一篇作文就写好了。我帮他投了稿,没几天就在《姑苏晚报·新蕾》上发表了。

小墨的七十多篇习作,内容都来自生活,贴近生活,比较有真情实感。比如这个暑假他去了加拿大多伦多,就写了好几篇游记和日记,其中《游尼亚拉加瀑布》发表于《苏州日报》。因为有生活素材,写起来就不用绞尽脑汁了。回顾这本《子墨文集》的整理、修改、编辑,还是觉得有不少遗憾,还有发生在生活中的许多有趣的、有意思的事因为没有及时记录,随着时间的推移渐渐被淡忘了。

"作文即生活,生活即作文",作文或日记不仅锻炼了孩子的语言表达能力,更留住了孩子的成长岁月。在生活中引导孩子善于观察,用心积累,勤奋写作,这样的话,孩子的写作就不是一个难题。

写到这里我常常会感慨,现在的孩子太辛苦,每天不是学习就是在学习的路上,而人生更大一部分的学习其实是在生活当中的,当我们有了更多的生活体验、情感体验,这些部分能更好地促进孩子校园里的学习。家长可以多带孩子们去体验,去生活,同时用心去观察和记录下来,美好也在你的身边。

琴键上的泪水

小墨从一年级暑假开始学钢琴,到现在差不多四年的时间了。虽然他的接受能力也不错,老师给的任务也不多,但要每天坚持也不易,其中父母的督促和陪伴也是至关重要的。小墨练琴不算认真,但能坚持这么几年,靠的是一家人的付出和坚守。

弹琴要靠悟性、勤奋和坚持,小墨在这三方面都还行。三年级参加了苏州昆剧院举行的少儿钢琴比赛,他弹奏的《石楠玫瑰》获得了不错的成绩。在两百多名小选手中排二十三名,获得三等奖。

小墨对弹琴不算热爱,但在我们的督促下每天还是能弹四十分钟的琴。虽然好多时候也是勉勉强强,但也没有出现不肯弹或放弃的时候,我们也没用过武力征服的手段。我们父母也是以培养他的刻苦精神出发,有一项特长就行,也没有想走艺术之路的想法。

但最近弹琴的痛苦真是出乎我们的意料,今年暑假小墨准备考钢琴七级,王老师也早早布置了考级的曲目。第一首车尔尼的《练习曲》把小墨给难住了,每次弹琴不是发脾气就是流眼泪揉鼻子:"好难,左右手单独弹都不行,两只手怎么合起来呀!"有时他爸爸陪在身边看他弹,他不是蹬脚,就是敲琴键,或者身子趴在琴键上做出无比痛苦的表情。我们被他的这副样子惹得也无比焦躁,没有耐心了。"不会,就慢慢弹,到会课时多问问王老师。"但小墨还是边哭边嚷:"很难呀,我弹不出来的。"琴声似乎也在他无以名状的难过中呜咽,断断续续不成曲调。我们站在他的身旁,瞪眼皱眉地看着他的一举一动,心中的怒火似乎是被闸门拦住的洪水,处在一触即发的地步。

小墨依然怨气冲天,细细的手指不是在触摸而是用力砸着那些黑白键,边哭边弹,那些琴键此刻在他的眼里已经成了鬼魅,成了他发泄痛苦的对象。

爸爸在一旁训斥他不用心怕吃苦,没有面对困难的决心。"你看你弹琴的指法依然每次要提醒要纠正,现在难度大了,手指不灵活,弹起来就更累了……"

我只能打电话给钢琴老师,请教是否现在七级的难度是小墨不能接受的,或许是他五、六级的基础没打好,就像造房子三楼没造好,四楼就无法架构了,因为小墨在学琴这几年中还没出现过这样糟糕的情况呀。王老师也说,七级确实有难度,但慢慢练应该没问题的。

这样痛苦的练习,音乐之美是谈不上了,家里的三人也都成了一首散乱的谱子,弹不出一首和谐的曲子。

现在想想还是当时的我们太着急了,孩子其实在尝试新的事物时有畏难的情绪是很正常的,如果我们用一个尝试的心态,让孩子去试试看,不给任何压力和期待,可能他的状态会更好。不带任何目的地带着孩子去体验和尝试,让孩子能感受其中的乐趣,他就会自发自主地想去学习。就像子墨的写作,有我们的推动,更多的是他自己在其中享受到了乐趣和美好。

妈妈,你成功了

整个四月和五月上旬,大约一个半月的时间,我们一家陷入了忙碌之中。因为我的第一本书《九月的风》出版,更忙碌的是,还要搞一个新书发布会。

小墨关注着我们的一举一动,也常常参与我们的讨论中。关于首发式的种种事项,他也知道不少,当确定了 5 月 13 日母亲节举行新书首发式时,小墨常常用倒计时的方式提醒我:"妈妈,离你人生大事还有二十天了。""妈妈,只有十五天,就是你的盛大日子啦!""妈妈,算算还有八天,就是母亲节了,你激动吗?"……诸如此类的话语常常挂在小墨的嘴边,有时是在上学的路上,有时是去新东方学英语的路上,有时是在我忙着做晚饭的时候,有时冷不丁抱着我……总之,他眉飞色舞,表情丰富,极大地渲染了他对这件事的期待和兴奋之情。

我在客厅和他爸商量着事,小墨在餐厅桌上写着作业,站起来隔着中庭的花花草草:"妈妈要出书了,妈妈,你是我的骄傲。""谢谢小墨,妈妈也以你为傲……"回应了他一句,还不忘提醒他抓紧时间做作业。小墨坐在沙发上亲昵地搂着我:"妈妈,你太伟大了。""哇,小墨,你这也太夸张了吧,出了一本书,就说伟大,有点言过其实了。""妈妈,你是不是也会得个诺贝尔文学奖……"小墨继续发挥着他无与伦比的太平洋幻想……"小墨,你也太离谱了吧,妈妈这辈子都不可能了,要不把这个诺贝尔奖,让你去夺……""妈妈,我是不可能的,我又写不出那么好的文章。"小墨嘟囔着,他似乎知道压力了。

那一段日子,小墨也常常在班级同学面前提起我的新书,还跟班主任金老师诉苦:"最近我妈妈忙得很辛苦,又要去出版社,又要弄她的新书首发式。"我想在这诉苦中,小墨的内心多少有着自豪和炫耀的成分。

首发式的前一天,我忙着签名,几个朋友忙着帮我包扎新书,分类装礼袋,小墨在新书上敲"母亲节快乐"的爱心章:"妈妈,你的新书首发式也有我的功劳,我还敲章了呢。"看看有人帮忙,没多久就自顾自去玩了。晚上,我和他爸爸还在三楼整理文件资料,安排活动事项,小墨从一楼上来了,神秘兮兮地走到我面前,双手反扣在背后。"妈妈,我要送你一个礼物。"小墨双手突然往我面前一伸,"妈妈这是我送你的千纸鹤,祝你人生大事成功。"只见一只粉色的小纸鹤已到了我的手里,他还在搂着我,表达着他的祝福。

首发式那天,我们一早上忙着搬书,忙着布置会场。下午,在忙乱中,小墨也早早和我们一起到春申湖大酒店的大厅。我们一边在调整着场地的布置以及工作人员的到岗安排,一边在"签名售书处"等待着顾客的到来。小墨似乎特别关心售书情况,跑过来看看有没有人来买书:"妈妈,今天不知有多少人来买呢,我们班昨天有好几个同学说要来买书的,因为金老师也在班上说了。"一会儿走过来拍拍我的肩:"妈妈,你是不是很激动……"

离预定售书的时间还不到,春申湖大厅已显热闹了,有两个女孩走过来看我身后宣传版画上的介绍,很兴奋地每人买了一本签名书。不一会儿,我们班的二三十个学生嬉笑着来到大厅我的售书处,也有家长带着孩子来的。我忙不迭地签名,身旁两位工作人员配合着递书、收钱,指点他们扫二维码付款,一时间真有门庭若市、洛阳纸贵的感觉。小墨兴奋地挤进人群,俯着身子凑着我的耳朵:"妈妈,你成功了。"客人朋友渐渐来了,我忙着签名,忙着寒暄,忙着合影,小墨不时跑过来兴奋地对我说:"妈妈,你成功了,竟然有这么多人来买书……"其实他还是担心我的摊位前"门可罗雀",看到这个景象估计出乎了他的意料吧。

活动中安排了小墨献花的一幕,穿着白T恤的小墨在节目主持人的招呼下,来到了舞台,他一边把手里的花献给了我,一边拥抱我,一边对着话筒说：:"妈妈,你辛苦啦,母亲节快乐!"我抱着他单薄的小身子,感到了他微微的紧张。不过经常上台表演和主持节目的小墨,已经算是比较老练的孩子了。

活动尾声处郭霄珍老师的出场给了我意外的惊喜和感动,也给参加新书发布会的朋友们意外的惊喜。87版《红楼梦》是无法超越的经典,而其中史湘云的扮演者郭老师的到来无疑给这场活动带来了光芒,她唱的黄梅戏成了新书发布会的靓丽压轴戏,也给这个千年古镇带来了无比的欣喜。

活动结束后的晚上,我们去酒店看望郭老师,郭老师告诉我,当她表演结束后,小墨走到她跟前说："谢谢阿姨,来参加妈妈的新书首发式。"这孩子真有心哪!听着郭老师对小墨的赞誉,我的心里暖暖的。

活动过后的几天里,全家人还沉浸在激动中,小墨对爸爸说："这次首发式,应该是妈妈人生的巅峰。"哈哈,小墨,你的赞誉总是那么高大上啊!

"妈妈,你成功了!"小墨,因为有你,妈妈离成功更近了一步。

小墨考春申班

今天是星期天,因黄埭中学高考的原因,附近的学校调课,小学连放了三天假。小墨去上课了,我一个人享受难得的清闲时光。早上坐在客厅的沙发上,看《蒋勋说宋词》,在李煜、冯延巳感伤的意境中,慢慢沉浸于宋词"谁道闲情抛弃久,每到春来,惆怅还依旧"的自恋中……

翻到书页中发现一张粉色的卡片,原来是小墨考春申班的准考证——2018级"春申班小学发展情况现场评估证"卡片上是姓名、班级、考场号、座位号、就读学校,报到时间6月3日上午6:30。

想起那天考试的情况,我不由得感叹,这场五升六的选拔赛,竟比昨天刚结束的"家有考生"的高考还要紧张和艰巨啊!孩子从七点考到十一点半,一上午除了考语、数、英三门主课,还有50分的综合试卷。可想而知,连着四张考卷,真是一场智力和体力的严峻考验啊!小墨也颇有压力,最近一直在嘀咕:"我可能考不上春申班的,要是考不上,妈妈你会不会打死我呀……"

临考试的前两天我把搭班的小胡老师请到家,给小墨临时抱佛脚做一些数学方面提纲挈领的题目,我也给他适当做一些语文的古文或灵活的题型,虽然知道不一定有很大的作用,但也可以让小墨在心理上进一步重视这次的考试。老墨刚从《九月的风》首发式的激动中平复下来,一天晚上兴致勃勃地对我说:"世界杯快要开赛了,你得好好陪我看球赛了。"我当即给他一个白眼:"当务之急是儿子的春申班,而不是你的世界杯。世界杯跟我几乎没半毛钱的关系,而春申班可是我们家庭的重中之重啊!"老墨不合时宜的热情被我当头浇了一盆了冷水,只能偃旗息鼓了。

五点半老墨就起床了，他说今天要穿红衣服，预祝儿子考出好成绩，让我最好也穿上旗袍，让儿子旗开得胜，我笑他迷信得可爱。为了让小墨有更好的体力支撑，父子俩去肯德基吃早餐。老墨在微信上发了一张儿子吃早餐的照片，并提示我儿子坐的红凳子，我被他的良苦用心弄得忍俊不禁，看来儿子的这场考试真是非比寻常。

那天我刚好去苏州读心理学课程，上午的课还没结束，老墨就迫不及待地打电话给我，兴奋地说："儿子说不怎么难，考得不错，应该没什么问题，综合题别的小朋友都说难，儿子估计能考四十几分吧……"听老墨的口气儿子似乎是稳操胜券了。虽然前段时间小墨的状态不太好，身体不舒服，脾气不稳定，做事怕吃苦，我们暗地里也担心他的这次考试，但凭着我对他学习情况的了解，凭着多年教师的经验，小墨考进春申班应该是问题不大的，除非像他老爸所说："不要惊喜没有，来个惊吓哦。"确实出乎意料的事谁也不能保证。

和许多家长一样，对于孩子学习的重视，对于孩子择校的焦虑，也是我家今年的一大主题。本打算读完六年级去外面几所名校试试小墨的实力和运气，再不济，因为有学区房，小墨也能读上苏州园区名校星湾学校，这也是我们最早对小墨小升初的规划。但因去年相城区有阳澄班、春申班两个选拔优秀生的小升初衔接班，说白了，也是一场抢生源之战。我们开始留意这两个班的办学情况，多方了解，春申班的教学模式、课程设置、成绩效果等都有较好的口碑，加上就近读书，老师也熟悉，也省去不少路上奔波之苦，园区房子可继续出租，不管是人力物力都能节约很多成本，权衡种种，决定转变思路，让小墨力争考上春申班。苏州最有名的"小伟长"班我们也提交了材料，也收到了入学考试的通知，想想读五年级的小墨要和其他六年级的优秀生竞争，太难了，这样的选拔考试可能会给孩子身心带来太多压力，也不利孩子的发展，权衡之下最后放弃了。

晚上，在QQ上和负责春申中学的刘校长联系后，出乎意料成绩已经出来，她告诉我小墨成绩杠杠的，但具体的成绩不能告知。知道这一大概情况，我们全家松了一口气，猜想小墨成绩应该不错。第二天，春申中学同事发微信告诉我小墨进了前十名，更是让我们激动了，小墨的聪明还算是名副其实吧，在相城区各校优秀生的选拔赛中能有这样的成绩，也是让我们感到满意了。放学回家，小墨开心地问我："妈妈开心吗？"我紧紧抱着他："小墨，你真是太棒了！"

小墨考春申，让我想起了大儿子考启新。相城区的两所初中重点班的设立前后大约相隔十年，都恰好被两个儿子遇上，我们开始的设想都准备选择姑苏区或园区有名的学校读书，最终都选择了身边的学校，有时想想冥冥中有某些巧合吧，当然也源于我们接地气的选择。从生活实践中感悟，学校之间的差距是存在的，但关键是孩子自身的各种能力，舍近求远，劳民伤财，过分盲目地把希望寄托在外部条件，还是不可取的。在整个社会过度地重视孩子的学习成绩，择校之风越演越烈的当下，家长一定要权衡利弊，做出客观全面的评价，更利于家庭和孩子的发展，我想这也需要家长更多理性的思考和选择。

这分数是一场惊吓

开学了,小墨带着自豪进入了春申小升初衔接班的学习(其实就是小学六年级在中学读,跟上中学的节奏),这样的班级受到政府、教育部门、学校的重视,能享受到比较好的教育资源,整个家庭似乎也松了口气。毕竟这是经过激烈竞争的区重点班,能进这个班对孩子和家长来说是很光荣的事,这几年家长的择校之风越吹越猛,各地区、各学校的抢生源之战越演越烈,这样的择优考试已成了当今社会最关注的事,也让家长、老师、学校的压力越来越大。

春申班有晚自习,住得远的学生可住宿,我承担了八年的接送儿子这一任务可以完美地交给老墨了。小墨晚饭也在学校吃,我们的晚餐就可以随意一点了。小墨的作业基本利用晚自习完成,不用我再去操心了,因此顿感轻松了不少。

开学前还得给小墨来几场思想教育,让小墨知道进入这种班要面临的严峻挑战,收敛一下自己的行为,读春申班的都是班级前三名的学生,大家拼的不是智商,而是情商(学习的态度和习惯、学习的意志品质、情绪控制能力、自我管理能力等)。

两个星期刚过,小墨就出状况了。一天晚上放学后,我在三楼电脑前,小墨拿了张试卷给我,表情很是畏缩:"妈妈,数学老师说要家长签名,我错了八题,考了35分。"一听这成绩,我顿时蒙了,难道春申班作业真像传闻中的这么难,拿过考卷一看,真是错了那么多,这分数简直是一场惊吓。我先沉住气,问小墨是不是难度太大,全班都很差。小墨嘟嘟囔囔地说:"班里我考得最差了,有几题都是粗心算错的……"看他的表情知道他紧张了,我气得都不知怎么说他了："看来你最近的学习很成问题呀，虽说班里都是尖子生，但你能考班级倒数第一，我真是服了你了，你还是数学课代表呢！"小墨听我的声调越来越高，还是想为自己找点理由："我不是不会，有的算错了，有的题目没看清。"我不想给他狡辩的机会："成绩说明一切，不要为自己找任何理由了，我以为你进了春申班肯定更加努力了，我下周要去你老师那里了解一下你各方面的表现。"老墨在接他的时候已经知道了，也气得吹胡子瞪眼："这小子，考出这成绩，真是一塌糊涂呀！估计是骄傲自满，自以为是，现在见颜色了哇。"小墨你真给爸妈泼了一头冷水，冷却了我们一个暑假以来的以他为傲的热情，浇灭了我们因他考了区前几名的沾沾自喜。

隔了一天，我还没从小墨的打击中恢复过来，利用下午空课时间，到春申中学会会小墨的班主任。知道小墨的班主任姓陈，数学老师，还没见过面，班级QQ群从开学前就一直很热闹，各种通知各类讨论，我一般很少参与，看一下通知事项，配合学校完成相关事项。今天还是小墨进春申班后我第一次来学校。找到办公室，在以前的同事小马老师的指点下找到了陈老师，一个三十多岁、个子不高、穿着朴实的女老师。一开始，陈老师就告诉我，袁子墨的纪律方面很是存在一些问题的，几乎每天都有违规的事，她还举了一些事例，上课不专心，喜欢讲话，有时故意捣蛋，这样学习效率就不高，分班时，他的学号是班级一号，成绩也是在班级前面的，而且是教师子女，听老师的口吻，这样一个成绩优秀的教师子女这么不乖，估计出乎她的意料吧。

接着我们聊起一些春申班与小学学习情况的不同……英语老师也反映小墨学习得不踏实。

从学校出来，我真觉得自己作为一个教师妈妈是不够称职的，小墨的表现没有收敛，在班级里是让老师头大的学生。当然，在既是家长又是老师的双重身份下，我对春申班老师的期望值也是比较高的，老师自身的修养和教育艺术，似乎和我所期望的还是有差距的。不料我的这次校访竟惊动了春申学校的刘校长,在电话里和我进行了一场关于教学理念和家庭教育的探讨。

这几天我处在各种焦虑中,从给小墨择校(园区的星湾学校和相城的春申学校权衡)是否正确,春申两个班级自由排班(没有把小墨放在熟悉的老师班里)有点后悔,各种纠结各种矛盾,加上小墨从最优生到纪律成绩都较差,有巨大的心理落差,让我真有点到了食不知味、夜不安寝的地步,甚至想转变思路,产生了再去园区读书的想法,我真的也是一个很抓狂的妈妈。

没过几天又一次数学小测验,小墨考了个81分,班级倒数第二,他爸解嘲说:"小墨,还不错,进步了一名,现在你的进步空间很大了,反正再差也不会差到哪儿了。"尽管小墨在我们的批评教育、解题帮助下,成绩恢复了正常水平,第一次月考也在班级十多名,但这两次令人"惊吓"的测验成绩,在他的学习生涯中留下了浓墨重彩的一笔。

现在回过头来看这段,发现作为父母的我们,总是对孩子有所期待和要求,在养育他的过程中害怕他落后,害怕他不够优秀,害怕他成长得不好,总是小心翼翼,以子墨的成绩来决定我们的喜怒哀乐,可能也会给孩子造成一定的压力,认为爸爸妈妈爱的是优秀的、成绩好的"我"而不是全部的"我"。想来也是我们在养育孩子的路上太紧张了,太望子成龙了。学了心理学后,这几年我开始慢慢放下这部分,允许和接纳孩子的落后,这样他也轻松我也轻松,我们的亲子关系更加拉近了。

陪你一起流泪

周五,春申班不上晚自习,4:30放学,刚好也是我下班的时间,我们的新学校和春申中学比邻而居,所以接小墨的事就落在我身上了。

准时来到学校门口,在对面路边空位停好车。家长们大多等候在校门两侧,都伸着脖子张望着,两个小升初衔接班早放学,所以路上还不是很拥堵。不一会儿,孩子们排着队出来了,等到家长们领着孩子差不多都走了,还不见小墨的身影,估计在做值日生吧。快五点了,我就在QQ里"艾特"班主任,班主任回复,等一会儿,和子墨再聊聊。心里一愣,这小子又闯祸了吧。忍不住打通老师的电话问一下原委,果不出所料,陈老师告诉我,小墨最近纪律不好,违规的事很多,所以是班里扣分最多的,现在他也难过了,说明知道自己做得不够好,肯定会进步的。

不一会儿,背着个大书包的小墨出校门了,低垂着头,瘦削的身影更显单薄,走近看,眼圈红红的。我迎了上去,抱了抱他,拉着他的手来到了汽车旁。发动汽车后,我说:"小墨,现在是不是心情很难过?"小墨哽咽着说:"是的,因为我被扣了20分,以后评奖什么的都要看这个评分的。"小墨刚才听到我和老师在打电话便如实告知。"那你为什么会被扣这么多分的?""我有时讲话,有时不遵守纪律什么的,被值日班长记名字的,每记一次扣半分,我扣分最多了……"小墨一边说一边抽泣着。

"唉,妈妈听到了被扣了这么多分,我也难过得想哭了……"知道小墨在班里这样的表现,我的心里真不是滋味,真的也有点流泪了,眼睛也红红的,内心觉得自己这个妈妈没有教育好孩子,或许是从未有过的挫败感让我很是焦灼。小墨读小学以来一直是我们父母的骄傲,亲戚朋友眼中的学霸,虽然小墨一向不是那种安分守己的乖小孩，但总觉得还是可爱型的调皮，现在却在春申班出了名，成了最不乖的学生，这种心理的落差让我情何以堪！

　　回到家，母子俩坐在沙发上，我说："小墨，要不妈妈陪你一起哭一场吧。"小墨露出羞涩的表情："妈妈，不用吧，是我不乖，又不是你的错。"说着靠近我，抱了抱我。"那小墨，你具体讲讲自己在学校里的表现，让我帮你分析分析，怎样改掉自己身上的毛病……"看得出小墨的内心平静舒坦了好多，因为他的委屈痛苦得到了我的理解，也可以说得到了我的共情。接着小墨讲了一些在学校的表现，例如午睡时弄出声音，语文课上喝牛奶，老师讲课时插嘴，做作业时和同桌讲话……听起来都是些缺乏自控力的违纪行为，虽然不是什么严重的错误，但身为老师的我知道，这些表现确实扰乱班级的纪律，影响老师上课，在我课上这样的学生也是会被严厉批评的。班级毕竟是一个集体，集体要有规范，不然上课和学习的效率都会受到影响。姑且不去议论用扣分的方式进行班级管理是否合适，是否压抑孩子的个性发展，但小墨这些行为习惯不仅给班级带来影响，最重要的是影响了自己的学习效率，开学以来的成绩也能说明这些。

　　接下来，我便和小墨探讨："不管是小孩还是大人，我们都应该遵守规范，不然，学生不遵守纪律班级要乱，大人不遵守规则社会也要混乱，为什么十字路口要有红绿灯，如果大家不遵守交通规则那就要出人命，就像哥哥在加拿大违规停车十几分钟就被罚了四百多加币。一个人应该处处严格要求自己，其实踏实懂事的孩子不仅学习效率高，还处处受欢迎，虽然你犯的不是什么大错误，但是能管住自己就是一种能力……"小墨听着，诚恳地说以后要改正自己身上的毛病。

弹琴和谈心

晚上掐着时间开车来到春申中学门口接小墨,路两旁停满了家长接送的车辆,绕到校门口,小墨已在等待。回家后,吃点水果,安排小墨练琴,暑假考了七级以后近两个月的时间,小墨没认真练过琴,忙着开学事宜,忙着适应春申班的学习,忙着挨老师家长的批评……我也忙着写材料,忙着三十年同学会的诗朗诵,忙着小墨十三岁的生日宴……母子俩各种忙,都不轻松。这个星期开始,我要好好放空自己,准备小墨晚自习回家后一个小时的学习安排,周一、周三、周五英语打卡,周二、周四、周六钢琴半小时。

来到二楼客厅,帮小墨开亮台灯,小墨较自觉地来到琴房,我拿了一本《读者》坐在沙发上看起来,读梭罗的《始于阅读,终于行动》,充满灵性的文字,让我有了久违的超脱感。小墨的琴声响起,《车尔尼练习曲》旋律优美,内心涌起愉悦感,小墨弹得很投入,出乎我的意料。接着弹了《哈农》,虽然不是很熟练,怎么今天的乐曲有了张力和弹性。理查德·克莱德曼的《梦中的婚礼》《童年的回忆》,优美的旋律在温暖的灯光下,在静谧的夜晚,融合在梭罗、陀思妥耶夫斯基的文字里,宁静、放松、感动,如海浪一样一波一波涌上了我的心头。

小墨弹完后,转身嬉笑着问我:"妈妈,我弹得怎么样?"我向他竖起了大拇指:"小墨,你今天弹得非常有音乐的感觉哦。""妈妈,谢谢你的夸奖。"小墨走过来拥抱我一下,再坐回钢琴前,说还有一节不熟练再练练。看他合上琴盖,我拍拍身旁的沙发:"小墨,你过来,妈妈想和你分享一下我的感受。"小墨看我慎重的样子,带着有点疑惑的表情,坐到了沙发上,我拉着他的手:"小墨,妈妈想和你分享一下我听你弹琴的感受,我陪了你四年,你今天弹得很用心,也弹出了音乐的感觉,今天我听得很感动很陶醉,甚至触动了内心的情感,在灯光下,一边看书一边听你弹琴,真是非常美妙的事,用心弹的音乐真的能让人放松心情……"小墨有点赧然有点羞涩。"以后如果每天能弹一会儿曲子,其实就是在紧张的学习过后身心的放松,音乐能给人释放情绪,给人宁静愉悦,能帮助你养成静心的习惯……"谈着,小墨也说出自己的心里话了:"是的,老师也说我上课不认真听课,有时我还是管不住自己……""是呀,你已经过了十三岁生日了,以后就是一个少年了,要学会管理自己,要会安排时间,学得轻松有效率,比如预先背诵英语和语文,默写时准确率就高。上课时用心记住老师讲课的要点,快速在心里默背,这样效率就高,花的时间又少,你的学习就会觉得比较轻松……"

窗外是深深的夜色中,钢琴房的灯光下是母子相依相偎的温馨一幕。

三张照片

晚上九点多，手机QQ上一连跳出几张春申班的集体照，是班级下午去苏州山塘街研学的照片。打开一看，是小墨班主任陈老师单独发给我的，小墨在队伍的最左侧，每张照片都做着夸张的动作，在一群穿着整齐校服的孩子中显得很突兀，其他的孩子不是蹲着就是站着，都开心地举着剪刀手，基本保持着四行队列。其中一张小墨整个人几乎飞了起来，右脚撑地，左脚抬起踢出去，双手高举过头顶，一副大鹏展翅的架势，面部表情很是夸张。还有一张他一手撑地，身体倾斜几乎卧倒在地，已远离整个队伍，显得很不协调。一看老师一连发这几张照片，脑海一闪，估计是老师让我看看小墨出格的表现吧！我只能发一个无奈的表情：哎，这孩子不乖，有点无组织无纪律。老师发了条安慰信息：我倒觉得子墨这样蛮好的！

看来小墨还是老样子，喜欢哗众取宠，做这些夸张的动作，是不是也想博人眼球啊？今天是小墨十三岁生日宴，算是本命年的小庆典，邀请了七八个同学，十来桌亲友，一起到酒店搞个生日宴，可谓仪式感带来幸福感！他大表哥给他搭了气球拱门，邀请了小丑表演，他老爸花了几天时间，从几千张照片里筛选出他成长的足迹做成了PPT，在大屏上流动播放。孩子们都送来了礼物，很热闹很开心，就是时间有点匆忙，因为下午学校有外出研学活动，小墨和他春申班的同学一吃好饭就去学校了。小墨是不是真有点人来疯了，把过生日的激动带到了班级？但想想还是与个性有关，尽管孩子的表现只能说活泼调皮，但自由还是要有度，规范还得要遵守。

晚上，小墨晚自习回家，我把老师发过来的照片给小墨看，小墨看到自己的动作也笑了！接着我问他觉得照片拍得怎么样。他说还行呀，我接着问:"你觉得妈妈看到这样的照片有什么想法?"他摇摇头,有点茫然的样子!接着我用手指把照片上他的身影遮挡住:"小墨,你看,如果你不在照片里,这是一张很整齐的集体照片,但你在一旁做这么夸张的动作,又远离队伍,加上没戴红领巾,显得很不协调,是不是有点破坏了照片的整体感觉?集体活动一定要遵守纪律和规则,就像合唱时不能因为想自我表现而故意拔高声音,这样就会因为个别不和谐的音而破坏了整首曲子,这样的合唱就不好听了。而你这样的表现是不是像个故意唱高调的孩子!"小墨听出我在批评他,口气有点不耐烦了:"哎呀,我知道了,以后我会注意的……""小墨,你知道吗?妈妈一看到这照片就想为什么老师单独发给我呢?是不是让我看看你的表现?今天你过了十三岁的生日,这是第一个本命年,这个生日是你成长中的仪式,表示你已是一名少年了,更要懂得规范自己的行为,要遵守公共纪律,不要让自己的言行与集体远离……"小墨忙着准备洗澡,对我的教育露出了一丝不耐烦:"好的,好的,我知道了呀!"

尽管小墨不一定能把我的话全部听进去,但我还是想让他知道,要懂得自我约束,自我控制,过分地张扬自己,并不是受人欢迎的!

夜晚的陪伴

星期五晚上，难得和小墨一起度过母子俩的时光。小墨的个子越长越高，书包越背越重，嬉戏玩耍的时间少了。那段陪他折纸、搭积木、玩大富豪、看《猫和老鼠》的时光一去不复返了。现在的小墨早出晚归，大部分时间陪伴他的是老师、同学和作业。双休日的很多时间也花在了写作业上，难得看会儿电视。而我也总觉得他的时间不够用，也总想着让他提高学习效率，能多睡觉，能多挤出时间玩玩，能回归欢乐的童年时光。

吃好晚饭，开始了母子俩的学习时光，准备帮他复习一下已学过的语文，作为小学高年级语文老师的我也想了解一下他的基础知识掌握情况。小墨期中考试语文考得不理想，竟然没达到班级平均成绩，出乎我的意料，一直认为语文是小墨的强项，看来春申班确实高手如林啊！小墨欣然同意我的建议，并说："妈妈，要不你帮我买《实验班》，那上面的题目有些难度的，练练也好的，三门主课的都买吧。""你每天要晚自习，回家这么晚，也没时间做呀。""我双休日可以做做，或者带到学校晚自习也有时间做的。"小墨的话让我颇感欣慰，还是那个爱学习的小墨。

我先帮他默词语，在两单元里挑选部分重要的，批下来错一个。接下来整理多音字、重点字的意思，课外的积累等，小墨掌握得还不错。当复习到《负荆请罪》这一课时，我让小墨说说《史记》中的成语故事，小墨说了几个三国时代的成语，我提醒小墨《史记》中记载的有没有三国的历史，要看看时间对不对。"哦，对了，司马迁是西汉人，西汉结束才有东汉，三国还在东汉后面，《史记》里没有三国的。"小墨在梳理他的历史知识。"是的，《史记》记载的是黄帝到汉武帝三千年的历史，所以要想想那些由历史故事演变的成语出自哪个朝代,不然就弄错了。"小墨来了兴趣,和我大谈"楚汉之争",刘邦和项羽之间的斗争,还谈到"鸿门宴""虞姬自刎""四面楚歌"等历史事件,还不无得意地说:"妈妈,你看,我的历史知识还行吧?""小墨,你现在的历史知识比妈妈丰富,因为我散文小说看得多,历史书看得少,以后要请教你了。"得到我夸奖的小墨还是实事求是地说:"不过我对隋唐那些历史不太清楚,你帮我买些这方面的历史书。"爱看书也是小墨的一大优点。

灯下的母子在一起学习探讨,这些时光能不能算是高质量的陪伴,我不能确定,但这样的晚上,应该是愉快而有效的。因为有我和他一起探讨,学习不是那么太枯燥了。就像每到冬天,晚上母子俩一起泡脚看书,成了小墨非常期盼的"阅读时光",在二楼小客厅的沙发上,双脚泡在热热的水中,踏在按摩的轮子上,轮子不停地转动,搔着脚心,脚慢慢热了,身子也慢慢热了。在透着暖暖灯光的台灯下,母子俩手捧书卷的画面是温暖而舒适的,窗帘外是沉沉的夜色和寒冷的空气。在静谧的夜色里,一切是如此安静,如同那些文字安静地走进了心灵,走进了彼此的生命里。

学习和读书都需要陪伴,都需要有爱的流动。

又要迟到了

我在三楼整理房间，底楼又传来吼声："跟你说快迟到了，你还有时间发呆？嘴巴含着东西，还不快点吃，你看看钟，都什么时候了，我开车走了，不管你了……"一大早又听到老墨的吼声从底楼传来，顿让我也有了情绪：这个老墨，对儿子就是没耐心，每次让他单独管理儿子的早餐就出现类似情况。大冬天的，小墨每天硬撑着六点多起床，估计还在睡意迷糊中，被老爸这么一吼，精神上还没转过弯来。刚起床，一家子的心情都被儿子的磨蹭、老爸的急躁弄得七零八落的，或愤怒或沮丧，唉，这样的日子还刚开头呢！

自从小墨读了重点班后，早上送、晚上接的任务落在老墨身上了，这样吼的频率也高了，有一次早上被我批评了几句，竟摔门而走，不管儿子了，反正知道我也会带着去学校的。我也因为老墨对儿子的吼叫，心怀不满。幼儿园到小学五年级都是我负责接送，老墨是甩手掌柜，他没有经历接送儿子的焦灼，现在刚开始接管这磨人耐心的工作，就状况百出，常常没有更好的办法，"吼"成了他一大法宝，还是提醒他不能以大人的目标来要求孩子和你同步，对待小墨要有牵着蜗牛去散步的心态，方法比态度更重要。想想自己有时也要吼小墨，也是语言上的巨人，行动上的矮子。没办法，谁叫我做了近三十年的语文老师呢？用大儿子的话来说："我能说什么呀，有理也说不过一个做了二十几年小学班主任的老师哇。"或许真是职业使然，除了两儿子，老墨也成了经常被教育的对象。

现在朋友圈经常看到许多家教的文章《家长该怎样检查孩子的作业》《你所有的焦虑，都源于这个习惯》《人民日报：教育改革要从家长开始》《"爱孩子"也是要"立规矩"》，看了无数的家教文章，喝了无数碗心灵鸡汤，孩子的问题还是层出不穷,做事磨蹭几乎成了这代孩子的共性。小墨磨蹭级别还不算高,他学习还算自觉,作业完成得还蛮快的,从读一年级开始,他的学习没让我们操很多心,低年级时学习积极上进,每次背书什么的总在班里前几个,书写、写作方面常常得到老师的表扬。中高年级后确实对自己有点放松要求了,有时候磨磨蹭蹭,早上起床后,穿衣服磨蹭,吃早饭磨蹭,临出门磨蹭(来回几次找东西)。现在晚自习八点半到家,吃点东西,聊会儿天,上个厕所,有时弹会儿琴,也总是要近十点睡觉,我们的催促声像海里的浪一波又一波,起先是平和的,慢慢急躁了,接着愤怒升级,最后使出绝招——恐吓(棍棒伺候)……真是可怜当今父母被孩子的学习弄得焦头烂额,有时简直无计可施。每次我们愤怒时,小墨虽没到噤若寒蝉的地步,但还是胆怯畏缩,一副可怜样,嘴里嘀咕着:"我知道了,我在改呀!""你这孩子,怎么没有小时候做事那么利索,那么严格了,真是搞不懂。"单吼或男女混合双吼(区分于单打和男女混合双打——揍孩子)后效果甚微,有时我只能发扬民主精神,批评和自我批评相结合,孩子身上的问题肯定与家长有关,这几年太关注孩子的学习,自理能力没有强化,吃苦精神更没有锻炼,自负和娇气渐露端倪。

  前不久,我在朋友圈转发了一篇调侃的文章,有一位家长写道:"亲爱的未来的亲家你好!我女儿有房有保险会游泳,年满18会配车,过年随便去哪家。可以不要彩礼,结婚嫁妆配好,送车送房,包办酒席,礼金全给孩子。唯一要求:能不能现在就接走,把作业都辅导一下,谁家媳妇谁养。"让人在捧腹之余,真是说出了很多家长的心声,这方面夸张的新闻很多:陪孩子做作业中风的、心梗的、脑出血的……家长各种各样地沦陷。"远交近攻"新解:孩子做作业时,离远一点,还能稍微交流交流;离得近了,想不攻击他都难。与这些相比,小墨还真算得上比较乖的孩子,至少在作业方面是不会让我们出现这些状况的。所以常常自我安慰,小墨是听话优秀的,要正面管教,要发掘特长潜力,多一个好习惯就少一个坏习惯。

  静等花开,说说容易,做起来难呀。

本色出演

三月中旬开始,小墨在家就念叨着学校的表演,他们春申(2)班表演课本剧《三打白骨精》,而且他演孙悟空,语气中洋溢着小得意。他告诉我们,期中考试后,学校要举办家长开放日活动,到时要表演给我们看。我和他爸一听,说那你们老师真选对了人。

晚自习结束回到家,小墨就拿起家里那个已没有红黄色包装纸的金箍棒,练习起来。两只手交替着左右位置,转动起来,只是转两圈,棒"哐啷"就掉下地。接着他放慢了手的动作,右手前伸,水平持棍,手心朝下,顺时针转动金箍棒,转到手心朝上握住金箍棒。紧接着,右手与左手交叉逆时针转动。两个动作交替着进行,有点猴棍的味道了。这样,小墨每天回家都要耍上一会儿,动作稍微熟练了一些。有时边练习边哼歌:"白龙马,蹄朝西,驮着唐三藏,跟着仨徒弟……"家里不时有乒乒乓乓的声音。有一次竟带作业回来做,我们便问,晚自习怎么没完成,他说去排练节目了。

期中考试过后,学校下发了告家长书,说下周二是家长开放日活动,要求家长签名确认是否参加。到了开放日那天,我下午上完一堂课匆匆赶去春申中学。活动已经开始了,在校门口领了一张意见表和小墨的一篇打印出来的习作。赶去教室,小墨班正在上一堂主题阅读课,主要围绕丁立梅的散文谈读书心得,分小组进行评比。课上了没多久,我就被美术老师叫出门外,说要接受一个采访。来到走道上,不一会儿一个男的扛着一台摄像机,两个女的拿着话筒对我进行了采访,谈谈孩子进入春申班后的感想!我只能临时抱佛脚,大约构思了一下,随便说几句!不料晚上《苏州日报》的引力播还真登上了我说的一段话:"我家孩子十分顽皮,之前自控力一般,进入春申中学后,周围的同学都很优秀,受环境影响,他也学会了自主学习,尤其在语文阅读上进步很大。"

阅读公开课展示中我一直希望看到小墨的发言,小墨试着举了几次手,但没叫到他,上去发言的同学看似作了充分准备,或许也有安排好的!对于他没发言这个问题,小墨有他的解释:"有些同学老师早就安排的,估计老师认为我说不好,所以没叫我吧……"面对我的质疑,小墨不自信地说。接着家长在各自孩子的引领下,来到楼下走道看学生作品展,学校把他们的社团活动作品做成了一个展示长廊。现场有学生制作的京剧脸谱、书法作品、水墨画作、手抄报、海报等。手工、手抄报展览区都没看到小墨的作品,在学生作文发表展示牌上终于看到了小墨这学期发表的两篇作文。接着小墨兴冲冲地拉我来到书法作品展旁,指着自己的作品说:"妈妈,我的毛笔字也展示出来了!""哦,还好,有两项作品展示,我怕你不要什么都拿不出手哦!""妈妈,你不要要求太高了,还行吧!"小墨真是乐观心态啊!

接着是今天的重头戏,家长孩子来到报告厅看演出,孩子们表演了《卢沟桥烽火》。穿了日本军服的孩子一出场,大家都笑了,孩子们演得很不错,接着还有相声、舞蹈、朗诵等。坐我前排的小墨说,我要去换服装了,我们的节目快到了!

当主持人刚报完节目,换上演出服的师徒四人就紧挨着出场了,看着他们惟妙惟肖的打扮,观众们都笑了,小墨头上戴着金闪闪的紧箍儿,身上穿着黄灿灿的衣服,腰里系了块虎皮,肩上扛着金箍棒,苗条身材还真有几分神似呢,胖胖的"猪八戒"也非常可爱!小墨的表演真的还不错,他曾几次对我说,大家都觉得他演得最好!特别是孙悟空要去化斋时,走了几步,转身蹦跳着来到猪八戒面前,拍打了一下猪八戒的大耳朵:"呆子,好生看好师傅,俺老孙去去就来!"看到这一幕,大家都笑了起来!可惜我坐在最边上,有些看不清楚,幸好小墨的这场《三打白骨精》被录了下来!回家给他老爸看了,也赞他表演得不错,算是本色演出了!

这样的活动确实给了孩子锻炼的机会,给了孩子展示自我的舞台。家长除了关注自己的孩子,更关注孩子在群体中的表现!

给同学们的新年礼物

元旦小墨没收到礼物,他给全班同学每人送了一个礼物,而且这礼物是老师对他的处罚!

这个元旦应该是小墨在小学生涯中度过最难忘的元旦吧!春申班开展了丰富多彩的活动,老师把活动照片发在家长QQ群里,孩子们在观看表演,有几张拍到了小墨。他穿着羽绒服,没穿白衬衫蓝马甲的校服,估计忘穿了,因为大部分孩子都穿上了校服!

前几天,小墨就跟我说:"这次老师让平时纪律不乖的同学买新年礼物给全班同学,我们班有六七个同学要买礼物,我也是其中之一!"看着小墨淡定的样子,我估计他是早认定了自己的不乖!接着说,反正每人买一个巧克力就行了。我说,你们老师这个处罚蛮有创意的哇!看来不乖也是要付出代价哦!

周六下午,我带小墨一起去苏州古旧书店参加市作协的"文学苏州,名家沙龙"的读书会。今天邀请的两位女作家竟然和我同龄,看海报上的简介,都取得了一定的文学成就。一位来自广州的魏微,一位来自长春的金仁顺,一南一北,真可谓来自天南海北了!小墨是活动中最小的读者了,他一边看她们的小说一边听讲座!讲座结束后就是签名赠书,我让小墨自己走到两位女作家身边去签名留念,但小墨避开不肯去!只能我代劳了,获得了两位作家"好好学习""天天向上"的赠言!

活动结束已下午四点多了,在蒙蒙细雨中我和小墨来到了观前街,小墨要去买送同学的新年礼物,还要去新华书店买学习用品,我建议礼物最好不要买零食,因为零食吃完了就没有了,不如买点小纪念品,以后可以作为同学一场的留念呢！小墨一听这建议欣然接受。在书店买好了学习用品，母子俩就淘合适的礼物，看到了一些可爱精致的挂件书签，价格也适中，今天恰逢新华书店12周年店庆，产品都打68折，我们挑选了35张书签，共两百多元！这些挂件书签都装在一个细长的透明塑料盒里，款式新颖独特，那一条条链子夹在白色的卡牌上，像金色的项链一样闪着光泽，而链子的两头各不相同，有挂水晶球的，有挂个棱形吊坠的，有两头分别是一根漂亮的羽毛和一只天鹅的……总之，这小礼物还是蛮有意义的！

晚上回家后，小墨就兴奋地跟我们讲元旦活动，他送礼物这一环节在活动中掀起了一个小高潮，因为是他自己挨个儿给每个同学送的，所以大家都争着抢着找自己喜欢的款式，大家都说，袁子墨你这礼物真不错。连几个老师都和他开玩笑说，你怎么没送老师礼物呀？小墨老实地说："妈妈没说给老师买。"引得老师们都笑了。

这些小小的书签，尽管是一种处罚的形式出现在新年礼物中，但能带给孩子们快乐，带给他们一段难忘的经历，这已超出礼物本身的价值。我想若干年后，这些和小墨同过学的孩子，总会有人记得这个顽皮的不遵守纪律的"原子弹"曾给他们送过精美的书签，或许会有一些书签永远地留在了他们的某本书里，若干年后再翻开，就翻开了年少时的一段时光，翻起那个元旦的快乐往事！

现在小墨把自己那个小天鹅的书签夹在作家金仁顺的《送给我的朋友金枝》这本书里，书签另一头那根绿色的羽毛，在书外飘动着，飘呀飘呀，飘在他调皮夸张的表情中，飘在他挨批评时羞涩的眼神里……

榜上有名

圣诞节前一天,春申班进行了本学期的第三次学科竞赛,俗称月考,每月考一次。前两次的考试中小墨的成绩一直不够理想,都在十名外,没达到我们要求的前十名。这次月考前,小墨还是蛮重视的,也看得出他想发奋一下,让我买课外练习题,还说要带到学校晚自习做,让我对他的这次考试心生期待。

晚上老墨接儿子回家,半路上就给我打了电话:"儿子的成绩出来了,不过你要有心理准备,反正惊喜没有,惊吓是有的。""怎么又考砸了? 不过,我有心理准备的,估计又是平均水平,不会太差吧?"嘴里一边搭着话,心里却在想:老墨这是故弄玄虚吧,说不定儿子这次考得不错呢? 侥幸心理,总是让父母往好的一面去想。

听到楼下汽车"啾"的一声关门声,我从三楼书房下来,听到父子俩一边进门,一边在热闹地谈着,小墨已在往楼上直冲,兴奋地嚷着:"妈妈,我们回来了!"听着小墨兴奋的声音,我心里的猜测有了点把握。"妈妈,你知道我考得怎样吗?"小墨还想卖个关子,老墨已在兴冲冲地告诉我成绩了:"数学129 分,班级第二,英语128,最高 129 分,语文也可以,118.5,班级最高分120,这次每门学科在班级前五哇,应该不错了。""哈哈,刚才爸爸是特意骗你的,说我考得不好。"小墨说着走上楼梯抱住我,仰着头,满脸笑容地问我:"妈妈,这次的成绩你满意了吗?"父子俩的兴奋感溢于言表。看来分数不仅是学生的命根,还是家里的风向标呀,喜怒哀乐随风转呀! 每个学生的家里,是不是都有这样的温度计,随着孩子的分数而变化:孩子考得好,温度上升,全家欢欣鼓舞;考砸了,温度下降,全家皱眉蹙眼。我家虽没到这样的地步,但每次考试,还是担着千愁万绪,作为教师妈妈我虽然也知道成绩不是评价孩子的唯一标准,但小墨的每一次期末考试,我也总是比他紧张,怕考砸,怕评不到奖。小墨成绩一直比较优秀,所以我们对他的期望值一直很高,因为期望高,就容易失落。特别是小墨进了这个班,两次考试都在班级平均分数线徘徊,和他进这个班时学号第一有了落差。

这两个重点班的竞争激励机制,也引起家长和社会的关注,每次月考,学校把这两个小初衔接班考得最好的同学登上光荣榜,配上孩子的照片,另一个班更夸张地运用了科举考试的发榜公示:第一名是状元,第二名是榜眼,第三名是探花。为了激励孩子和家长,学校也是使出高招了。老墨去接儿子,常会看到这个光荣榜,也在我面前嘀咕了几次,儿子榜上无名,隐隐有失落感。看来这次小墨有望"金榜题名"了。

第二天,恰逢我去学校做志愿者家长,晚自习去学校值班,班主任告诉我,袁子墨这次考得不错,班级第二名。过了两天,小墨兴奋地拿回了四张金灿灿的奖状,每张奖状可以加三分,这次一共加了十二分,把前面因违反纪律扣分的损失夺了部分回来。加上前两次"数学之星"的奖状,小墨这学期拿了六张奖状,他告诉我班里同学最多的拿到了十张。

奖状代表的是荣誉,是成功的标志,也代表着辛劳的结晶,不管是成人还是孩子,得到认可和表扬总是令人兴奋和难忘的,也让孩子懂得努力的方向,满满的正能量。

这次小墨榜上有名,希望他走过了一段小挫折,能更好地适应这样的学习环境,发挥更大的学习潜力。我也知道,孩子成绩的起伏将是他未来六年学习生涯的常态,父母要保持客观辩证的心态来迎接孩子带来的各种考验。家长只有陪着他,适当的时候助他一臂之力,帮助他在起伏的波浪中学会自己驾驭这艘学习的小船,自己掌舵,才能助小船驶得更好更远。

重磅来袭

临近期末，期末考试成了家有考生家庭的重中之重，我家也不例外。春申班虽说在中学里上课，但学制还是小学的，所以也要和其他六年级的学生一起参加区统考。1月18号，上午考语文和英语，下午考数学。对于小墨的期末考试，我和他老爸作了不同的猜测，老墨说："儿子最近的状态还是不错的，我想他应该能进班级前五吧。"我却并不十分乐观："这个班的孩子都比较厉害，上次小墨考了第二名，我怕他心里松懈，能进班级前十已不错了，我没那么高的期望。"

这几天，各区的期末考试都在陆续进行中，我们区照例是最晚的，小学要到下周二进行期末考试。朋友圈已纷纷地晒各种有关考试的段子，《期末考试，家长要为孩子减负》《苏州各区期末试题总汇》《本周家长三件事》等。"这个世界最宽广的是海洋，比海洋更宽广的是天空，比天空更宽广的是考试范围，比考试范围更宽广的是看成绩时的胸怀——家长共勉。"呵呵，孩子的考试让许多人成了"雨果"，用富有哲理的名言来宽慰自己。或许很多家长都有一颗"玻璃心"，面对孩子考砸的成绩，要保持淡定，或许真有点难，这场期末考试，将决定这整个家庭过年的心情。

六年级是周五的考试，加上双休日，成绩要过几天才揭晓。22号，我们小学的期末考试结束，下班后我去阳澄湖参加区作协的年会。半路上，老墨的电话打来了："儿子的成绩出来啦，估计这次的'稳瓶'打碎了。"一听这口气，心里一愣，小墨考砸了："那具体成绩呢？""数学98，语文95，英语99。""还行呀，他们班平均成绩呢？"我着急地追问。"我已把信息发给你了，你自己看吧，他们班考得都厉害的，数学有好多一百分，但小墨英语班级第二，语文班级第一,但不知排名多少,不过成绩应该还行的。"老墨这时缓和了口气,这家伙是故意吓唬我的吧。我打开微信,心里估算一下,就算班里的孩子数学和英语都考满分,总分最多是294,小墨292,前三名是没问题的呀。这样一算,心里已有把握了,小墨还是不负众望呀。

吃好晚饭,从阳澄湖回来,车刚从中环西线的高架下来转到太阳路上,这时老墨电话又打来了,脑海一闪:小墨的排名出来了。果不出所料,老墨兴奋的语气已抑不住了:"我刚接到儿子,你知道吗?他排名班级第一!"哇,我也不由得激动了起来,这个消息真是"重磅来袭",在我们的心里炸开了花。

小墨一回家,我就给了他一个大大的拥抱,全家兴高采烈地讨论着这场考试。小墨还有点羞涩地说:"不要把我夸得这么好,同学们都不错的。"是呀,经历了一学期的风风波波,小墨也成熟了不少,"大名鼎鼎的袁子墨"那样稚气轻狂的话语几乎不再出现了。但他不断制造的"惊吓"和"惊喜",让我这当娘的心脏不断得到锤炼,小墨也不无感慨地说:"从开学的第一,到期末的第一,我还是回到了原点。"

我想孩子的话里有着自豪,更有着成长路上心灵的成长。

小升初的抉择

上周的一天晚上，有朋友来家喝茶，闲聊各自孩子的学习情况。她家也是两个孩子，大儿子已在读大四了。老二女儿，白白净净、文静美丽的小姑娘，去年刚上一年级，在她的坚持下选择了民办的外国语学校，今年读二年级，又在家人的反对下回到了镇上的公办学校。也谈到了教学模式的不同，民办学校活动多，孩子锻炼的机会多，学习也比较快乐；公立学校孩子学业重，读书也辛苦。总之，人人都在抱怨现在的教育现状：没减负反而加负，"剧场效应"下，几乎每个家庭都对孩子的学习十分关注，投入大量的人力物力，让孩子上各类兴趣班、各种补习班，假期几乎围着孩子转，家长累，孩子累，当然老师也累……

话题也离不开小墨，自从小墨读了春申班以后，我似乎在这大半学期中内心也没安宁过，不仅关注他的学习，更关注他的纪律，同时也关注学校的管理、老师的教学方法等。身兼教师与母亲的双重角色，我不断地在这两个角色里转换。以妈妈的身份看小墨，确实也算是个可爱懂事的孩子：学习比较自觉，性格活泼，对人有礼貌、懂得关心别人，容易接受父母的批评，当然也有当今孩子身上普遍的做事拖沓、没有时间观念等毛病。而以老师的角色来看小墨：调皮捣蛋，不够踏实，违反纪律（上课讲话、插话甚至喧哗，影响他人），还屡教不改……确实不是乖巧踏实的孩子。所以每次听到老师对他的此类评价，让我也有挫败感。当然小墨常以他的幼稚样来释放他的心理受挫感，尽管他一如既往地嘻嘻哈哈，但我能感觉到经常挨批评的小墨少了以往的自负感，他曾几次想带给语文老师看的那本《子墨文集》，放在书桌上好久了，也没带到学校去。

尽管小墨在渐渐适应着春申班的学习，适应初中老师的教学方式，但我还是放不下自己的担忧，一个曾经颇受亲戚朋友夸奖的孩子，现在总处在负面评价中，对他的自我成长带来怎样的影响，确实很难预测。小墨快进入青春期了，不管是生理还是心理，都在发生着急剧的变化，自我意识在不断增强，孩子的自尊自信、自我认可等和老师家长对他的评价是密不可分的。是不是我太关注孩子，或许小墨并没有什么不适应，只是做妈妈的主观意识引起的焦虑，没有全方位地深入了解孩子。对老师的某些教育方式不认同，让我有了重新择校的想法。

　　恰巧和朋友谈到孩子读怎样的学校，更利于孩子的身心健康发展，让孩子的能力多方面地发展，将来能更好地适应社会的发展。这使我让小墨换校的想法来得有点迫切了，去外国语学校读书，接受比较开放的教学模式，多学一点外语，早一点去锻炼自理能力，如果以后出国留学的话也能早一点适应。这也是我们家庭的规划，本想初中留在身边，到高中去读国际学校。现在看来可能要改变计划，提前实施了。像许多父母一样，内心还是有种种担忧，种种矛盾，这个年龄的孩子离开父母，自理能力和自我管理能力行不行，会不会因缺少家长监管而自我放松，行为上缺少管束？但转念一想，这一年的春申班学习也是为小墨作一个铺垫，小墨可能会适应得好一点。让小墨再去尝试一下，参加外面的择校考试，挑战一下自己。

　　内心有了这个想法，及时行动，多方了解国际学校的情况，在几个朋友的共同推荐下，最后选定了新区的外国语学校和苏州湾的北外外国语学校。上网了解学校概况，电话联系招生办咨询，心中有了大概的方向，再和老墨商量，是否要去尝试。两人一致决定，做好两手准备，考不上外国语重点班，就留在春申班，考上重点班就出去读。接下来，就是网上报名，填写身份信息、家庭情况、学生特长和奖项等，填好表格，网上付费，这几天总算把这事搞定了。

　　其实内心还在纠结中，万一考上是否去读，春申班这边会有怎样的交涉,不知道这样的选择是否更利于小墨的发展。我想就是因为有了选择才会有更多的纠结,如果只有一条路可走,或许生活也简单得多了,烦恼也少了。

这个年龄的孩子无法把控自己的学习和生活,大都依赖于家长,而家长的思维方式、教育理念、成长规划、阅历视野等都将影响孩子的发展。孩子是一棵树苗,他除了顺着自己的天性生长,更需要培育者的精心管理,激发他自己的能量,让他自己学会汲取更多的养分,相信这样能成长得更好。我想起了林清玄的《桃花心木》,文中写作者和种树人的谈话,让作者明白了"不只是树,人也一样,在不确定中生活的人,会锻炼出一颗独立自主的心"。而我是不是那个浇水太多的种树人,使树养成了依赖心,自己不肯努力地扎根汲取更多的养分?

早一点离开父母,小墨是不是会成长得更好?这个我真没有把握。

抉择依然是困难的,甚至痛苦的。

写到这里再次感受到作为一个母亲的不容易,内心时时刻刻记挂着子墨的学习、规划、心理健康、潜能发展等,想着如何才是对他最好的。现在想来,真的有最好吗?什么是最好呢?可能合适才是最好的,而且孩子在成长的道路上经历一些困难和挫折也未必是坏事,人内心的力量和成长也更多地来自逆境和挫折。

小墨考北外

(一) 有梦,就勇敢去追

这次是我的一个灵感或者说是突发奇想,准备给小墨的学习生涯来一个重大调整。一个多月前,我已在做各种攻略,通过朋友、网络了解苏州外国语学校的情况,最后锁定在新区苏州外国语学校和吴江的苏州湾外国语学校(北京外国语大学附属学校,简称"北外")之间选择,一所是老牌民办学校,一所是新兴的外国语学校,两所学校的口碑都不错。先关注学校公众号,对学校进行较全面的了解,也对他们小升初的招生情况进行了解,再通过电话和他们招生办取得联系,心中有了目标,要考就考他们初中部的重点班,一个是英才班,一个是开甲班,当然是竞争激烈的两个班,并在网上给袁子墨报名考试。

而这一切,都是我和老墨悄悄商量,悄悄进行,怕影响小墨的学习,暂时不在他面前提及。

元旦过后的第一个星期天,就是北外的招生说明会,我们决定带着小墨一同前往,让他去见识一下也好。七点多叫他起床,小墨懒懒地说:"妈妈,干吗要去呢,我也不想去考那个学校,而且我在这边读也蛮好的。""哎呀,小墨,又不是一定要你去读,再说也不一定考得上的,主要带你去参观一下苏州湾那边的学校,到时去试试自己的实力也不错。"小墨勉勉强强起床。

八点不到我们就出发了,上西环过苏州湾大桥,四十分钟的路程,来到了这所毗邻太湖、环境幽静的学校。学校整体呈欧式风格,高端大气。停车场和公路两旁已停满了车辆,看来参加招生会的家长真不少。走进报告厅,里面已济济一堂了,在后面几排找到了位置。活动中有微电影形式的学校介绍,有学生的才艺表演,有初中部校长的办学理念、师资队伍、学校成果的各项介绍。小墨一边听讲座,一边在看学校的宣传资料。在会议中我发了两张活动照片给这学校的行政部主任严老师,他是我读心理学时的同学,约好会议结束后见面,他很热情地邀请我一起去学校食堂吃饭。

活动结束,我在前排找到了严主任,进一步了解学校情况。在他的邀请下,一同去食堂吃饭,我笑着对小墨说:"你看,你第一次来这学校,校长就请你吃饭,多有面子呀。""哇,这学校好牛呀!"小墨已在发出惊讶的赞叹了。吃好饭,严主任带领我们去学校各处参观,并一一介绍。小墨一路上感叹:"我一直以为我们春申班蛮好了,跟这学校比相差太远了。""是呀,这学校不仅硬件设施高大上,而且活动丰富多彩,主要学习成绩也很牛,能进这学校的都是学霸呀!"我们在一旁附和着,接着问他:"那你想不想来这所学校读书?""我想来读的,不知考不考得上?"小墨有点担忧了。在参观机器人教室时,小墨对着3D打印等高科技的东西非常感兴趣,这边瞧瞧,那边摸摸。我们一行穿梭在学校的图书馆、教室、美术室、宿舍等,因为学校环境的美和设施的高端而啧啧赞叹。确实,孩子能在这样的环境中学习,是非常舒心的,小墨更是羡慕不已。

下午一点多,我们才离开了学校。一路上还沉浸在这股兴奋中,我趁热打铁:"小墨,如果你要来这里读书,还得好好努力哦,不仅要与相城区学生竞争,甚至要和全国各地的学生竞争哦。"小墨不失时机地说:"父母也要面试的,但我对爸爸妈妈还是有信心的,你看老爸戴了副眼镜,一看就是读书人,妈妈口才那么好,让妈妈多说,爸爸你可以少说点,主要附和一下妈妈就行了。"老墨呵呵:"你这小子,看来还是不放心我,那我就附和你妈吧。"

新的希望再一次燃起,新的挑战再一次来临。北外的校训是"有梦,就勇敢地追",我们全家即将为新的梦想,共同去追。

在小墨的学习生涯中,我们始终有一股力量,让自己的心与之共振的力量,给孩子最适合的环境、最能激发他潜力的环境,这是我内心坚定的信念。

(二) 一场出乎意料的"大跳水"

我在百度上查了一下"大跳水"的含义是指:大盘或某只股票瞬时大幅度迅猛下跌,即走势像高台跳水一样在短时间内直线下降。用"大跳水"来形容小墨的这场北外考试,真是非常贴切的。这场大跳水以猝不及防的姿态给了我们全家一次断崖式的心理落差,更是给了我当头一记闷棍,把我打得几乎回不过神来。

期末考试以后,这几天全家沉浸在小墨考班级第一的兴奋中,似冬日里的暖阳,让人在寒冷中感到丝丝春天般的温暖,我和老墨的心情是甜滋滋的,内心为小墨的争气而骄傲。第三次月考和第四次期末统考,小墨分别以班级第二和第一名的成绩给我们带来惊喜,对小墨的学习又像重新鼓起的风帆充满了信心。对小墨26号参加北外的这次选拔考试,全家都是信心满满的,用老墨的话来说:"我儿子可是冲着重点的开甲班而来的,其他的实验班就没多大意思啦。"

期末成绩出来后的第三天,1月26号就要去北外苏州湾外国语学校参加选拔考试,前天手机上收到了准考证的信息,按学校要求打印并贴上照片,由带队老师带孩子进入考场。一算时间,我们六点必须起床,六点半之前必须出发。小墨六点钟被我们叫醒有点不情不愿的:"我已考上了春申班,干吗还要去外面考呢?""那你想不想去读那所学校呢,我们要去了解一下外面的形势呀?""那我不一定考得上呀!""考不上没关系的,我们就是去锻炼一下,一颗红心两种准备呀,真考不上读春申班也不错的。"

吃好早饭,再检查一下要带的材料,天色才刚晓亮,我们就出发了,地上厚厚的白白的霜,让人感到刺骨的寒冷。这几天是零下的低温,算是这个冬季里最寒冷的天气了,但没有降低父母们"望子成龙"的热情。

我们到学校时 7 点 20 分不到,还不算晚,但操场上已是人山人海了,估计要有一千多个考生吧,其中有一部分是初三的孩子考国际高中的。孩子们排在前,家长们在队伍后面,学校工作人员拿着班牌在队伍前面引导,上次演讲的那位校长已在台上讲话。在寒风肆虐的草坪上等了半个小时,孩子们排着队跟着班牌走向各自的考场。家长们也陆陆续续地离开了操场。三个小时的考试时间,我们也得找个暖和的地方,决定网上查找咖啡店,最后导航到了附近商圈的咖啡馆。我们在玻璃落地窗旁的高凳上坐下,里面的暖气外面的阳光,顿使人感到暖和起来。不一会儿,咖啡店里被陆陆续续进来的客人挤满了。一早上,咖啡馆生意怎么就如此火爆呢?哦,想到有许多也是和我们一样来陪考的家长,这么一想,真有刚才学校操场上看到的几位家长呢。陪考的心情并不轻松,闲聊中不时拿出手机看看时间,推测小墨应该在考哪一门了,不知试卷难度怎样呢……各种不确定,各种飘忽的心情,各种侥幸的揣测……

终于挨到十一点,十一点半考试结束了,我们开车回到了学校,操场上的家长已跟着班牌进入考场去接孩子,我们急急忙忙地找到了 J31 的队伍,在五楼的教室。孩子们陆续出来,都在议论着试卷的难易。看到了小墨,照例一见面就问考得怎样,试卷难不难,小墨说还行,数学的题型大部分老师讲过类似的,有人来不及完成,他做完了,英语有几道题是蒙的。

学校的通知上早就说明,考试成绩会在当晚十点的学校网站上公布,通过的学生的第二天面试。晚上我们也在等成绩,小墨的考试情况还行,通过应该没什么问题。十点不到,老墨就在房间的电脑上登录查询,我心里蛮笃定,在被窝里有点昏昏欲睡了。老墨一边查一边自言自语:"十点已过了几分钟哇,怎么还查不到。""估计还没出来吧。考生那么多,估计来不及批完。"我想老墨还是很焦灼的吧,过了一会儿,他急切地说:"好像出来了,啊,没录取!"听到这话,我一激灵从床上坐起来,睡意全无:"不会吧,小墨没过?

考生里有这么多厉害的孩子。"我几乎不相信,老墨也焦灼地说:"怎么现在网上无法登录了,可能还没弄好吧……"就这样反复操作,还是无法登录,两个人真是面面相觑呀。"照理明天要面试的。成绩今天晚上肯定会出来的,快十一点了,除了网上公布,学校也会有短信和电话通知家长的,看来是没过了。"老墨坐在电脑前沮丧地说。这真是太出乎意料了呀,我们的潜意识里真希望成绩还没出来,网上正确的结果还没公布。最后老墨无奈地去厂里值班了,而我过了一个无眠之夜,希望半夜手机上能收到微信和短信。但直到天亮,网络还是登不上,也没收到学校的任何信息,两人一早上电话联系,在猜测中只能慢慢地接受这个现实。

早上八点,收到了北外学校发来的信息:各位家长您好!因查询人数过多,评估结果查询系统目前处于瘫痪状态,工作人员正在紧急修复中,预计将在1月27日15点以后开放,请家长耐心等待。目前,通过评估的家长已收到了短信和电话,具体的面谈时间以电话和短信为准。没有通过的家长可在系统修复后查询评估成绩……

没有任何侥幸存在,其实结果早已确定,只是我依然不能接受这个事实,无法释怀。小墨在相城区的这个成绩竟没能进入面试,这个落差实在太大了。

上午我就和北外的心理学同学严主任联系,他也关注了小墨的考试情况,中午帮我查出了成绩,语文和数学都没考好,英语考了个高分,在一千二百名考生中,位于三百多名,参加面试的只有一百七十名。小墨对这个结果似乎没有太大的失落,还解嘲地说:"妈妈,考不上不是为你们节约钱了吗?"但他对自己的数学成绩也无法接受。

小墨的这次考试失利,失落最大的其实不是孩子,而是父母,我们对孩子的期望太高,对外面的形势估计不足,这种"大跳水"的结果,让我再一次在焦虑中反思,重新调整,重新规划……

（三）寒假再提升

因为小墨那次出师失利，这个寒假就没有想象中的轻松愉快了。

几度郁闷之后，决定再重整旗鼓，参加三月底北外的第二次考试和四月份新区苏外的考试，我们的目标很清晰，如果考上这两所学校中的一所，小墨就去读，毕竟这两所学校是私立学校中口碑最好的，加上几千学生的参考，也从侧面证明了学校的实力，小墨在重点班这个成绩也未能考上，更说明了录取孩子们的优秀！痛定思痛，不能再当"井底之蛙"了，从源头找根源，来弥补小墨学习上的短板。

等空闲下来，心情也慢慢平静了，我就准备给小墨找题库，找老师辅导，把他的语文和数学提高上去！在六年级QQ群里，翻找以前的题目，真找到了不少语数外的资料，还有一些分类的训练题，竟然看到北外那次考试的试卷，虽然不完整，基本可以看出题型的难易了！打印出来发现，语文课外知识点比较多比较灵活，作文占了一半的分数，数学的题型不算太难，但有陷阱！估计小墨审题不够细致，自以为不难，其实失分很多！

接下来把各科资料整理好，让小墨每天按计划完成，另外请学校同事帮忙辅导一下他的数学，小墨对数学课外辅导不以为然，觉得平时学校已练习很多了，但上了几堂课后，他还是很开心地告诉我："老师讲得蛮好的，我也发现了自己的一些问题！"看来小墨还是爱学习的，也想向更高的目标前进！《哈佛英语》《文学常识》《数学每日一练》等，小墨还是能按时完成，有时和我一起探讨！数学老师也反馈了他的学习情况：小墨做题其实蛮不错的，已经跟他讲了，主要有两个原因，一是有点粗心，二是有时做题不按常规方法去做，有时步骤漏写，心里想到的，却不肯按思路一步一步写出来，直接跳几步，这些都会导致扣分。有时做的题目最后答案是对的，但中间步骤不按常理去做，有些讲不通，所以导致老师批卷不一定会批正确。

谈到再去参考，小墨表现出担忧和不自信，但我们常鼓励他："考不上不要紧的,不是有句话说失败是成功之母吗,不经历这次失败,我们都不知山外有山、人外有人的,我们再去试试,不能因一次失败而放弃呀!"小墨基本接受了我们的建议!

　　针对小墨的这次考试全家都认为未必是坏事,大儿子也说,这样更了解外面的竞争,弟弟能早点出去读书更好,特别是高中准备读国际学校的话,初中去读外国语学校更有利。他去国外留学以后更有感触,确实孩子的能力要全方位提升,仅靠课堂学习是远远不够的。

　　最近常常思考,要让孩子成为什么样的人,确实要有规划,这个年龄的孩子没有这方面的意识,父母的目标意识、眼光见识、时机把握,对一个孩子的成长至关重要!父母是孩子的掌舵者、引领者!

　　在小墨的成长路上,我在努力中……

(四) 重新挑战

　　3月30号,小墨要再次去考北外,这算是我们家庭最近一阶段的头等大事。特别是第一次的失利,让做父母的心有不甘。或许越是得不到越是美好,这所学校似乎带着闪闪的光环在吸引着我们,或许现实没有宣传的那么好,通过第一次尝试,我们也知道了学校确实也是名不虚传的难考。如果第一次轻易考上的话反而会让我们纠结,到底要不要去读,而现在我们更坚定了想去读的决心。所以这次的压力更大,心里更没底,不像第一次那么自以为是。小墨虽然时常表现出无所谓的样子,但我知道他内心还是很想要考上的,当然我们比他更焦虑。

　　虽然寒假里帮他补了点课,做了些拓展习题,但毕竟时间短,而这类选拔赛的题型很活,难度较大。考试前打听到,这次报名的同学近一千个,只录五十个,竞争比第一次更激烈,小墨能否进入面试,这是我们最担心的。

一早上出发，开到苏州湾，往同一条路转弯的车子很多，每辆车子开过，都引起我们的关注，老墨说："估计这些车子都是去送考的。"只要里面坐了个学生模样的孩子，那几乎可以确定是去赴考的，都是小墨的对手，这可能是我们过度关注这场考试了吧。小墨听我们一路上的交流："你们不要老是关注别人是不是去考试的，反正我是考不上的，考不上也没关系呀，春申班也不错的。"我故作轻松地说："是的呀，反正考不上也没关系，我们是来试试的呀。如果能考上最好。"老墨一听，一边开车一边悄悄地对我嘀咕："这小子在降低自己的期望值，给自己找心理平衡。"

在学校外围停好车，我们走到入口，门口接待的工作人员说，这次只能一个家长陪同。哦，看来越来越严格了。我陪小墨来到操场上，和上次一样，操场上已有很多家长孩子在排队，这次小墨的考场是J7。等小墨跟着领队老师进考场后，我和老墨去严主任的办公室坐了一会儿。聊小墨的这次考试，聊学校的一些情况，当然希望及时知道考试的结果。接着我们去学校报告厅，报告厅几乎坐满了人，学校初中部的罗校长正在台上发言，介绍学校的情况，后来总校长尤校长也谈了学校的办学理念、招生要求，并说三类学生是不适合这学校的：一类是只看成绩的，一类是只要轻松读书的，一类是不能吃苦的。

报告厅的会议结束，小墨的考试时间也差不多了。我们就去操场集中，跟着领队老师来到考场，小墨出来了，对我们说这次考试比上一次难，数学和英语都难，语文不知道，但自我感觉作文应该比上次写得好一点。我想一切顺其自然吧。

下午我要去高铁新城参加郭姜燕老师的"小作家成长营"成立仪式，这是一个区政府的文化建设活动，我还要上台做嘉宾，进行微型访谈活动，所以在学校吃好饭就急急忙忙赶回家。

下午活动结束已是三点半了，等老墨来接我的时间，在底楼茶室和郭老师，还有上海少儿出版社的黄总编一起喝茶聊天。

父子俩四点多来接我,一起去石路陪小墨上辅导班,我一下午还是心神不宁的,被小墨的这场考试牵着心。

在石路匆忙吃好晚饭,小墨去上课了。我和老墨就沿着石路步行街往三塘街那边走,一边走一边还是聊小墨的考试,在猜测考试成绩大约什么时候出来,再接不到电话估计又没有进面试哇,要是这样,估计小墨还是实力不够呀,只能面对现实。瞎逛着,也无心欣赏古城傍晚的风光,这时电话一响,心里一惊,一看是严主任打来的,一刹那灵光乍现,难道小墨考进了。一接电话,严主任告诉我,已看到成绩,小墨险进,准备明天的面试吧。连着说"谢谢,谢谢",心里的喜悦已溢于言表,这时真有"范进中举"时的欣喜若狂。这一场考试,考的不仅仅是孩子,考的是一颗老母亲千转百回的心。

终于可以放松一下心情了,进了面试就算是一脚已跨进去了,我们俩压着的一块石头已落下了大半,顿时轻松了好多,心情也愉快了。两个人一路上兴奋地谈着这话题,接着想明天的面试该怎么准备,成绩不是太靠前,还是有许多不确定性。等去接小墨时,告诉他,他也很开心,但表情似乎没有我们激动。

回到家已近九点,忙着准备各种材料,去年复印好的各类资料,写自我推荐信,打印新的证书奖状。幸亏早有准备,幸亏家里有打印复印机,幸亏保存了获奖证书的照片,幸亏小墨的自我介绍有原文……总而言之,机会是给有准备的人的,未雨绸缪总是一个好习惯,我俩一边在兴奋中忙碌,一边不忘自我表扬各自邀功,总之,对小墨的面试还是有一定的信心的。

第二天,还是老时间去学校面试,当然这次参加的学生少多了。小墨准备了英文的自我介绍,一路上还在背诵。小墨带好资料袋跟着老师进了面试场。我们家长也单独接受了面试,当然家长的面试比较简单,问通过什么途径了解学校的,选择学校的理由,以后学校活动和家长安排冲突时家长会怎么做等问题。

接着孩子来到操场上进行体能测试,跑 800 米,小墨在 25 名同学中第

11名,还行的成绩,过后他说幸亏在春申班体育方面多了些训练,不然真跑不动的。

下午三四点接到学校录取通知的电话,同时也收到了学校的短信。

小墨的这次北外考试圆满地落下帷幕。

重新看回这段经历,我会有些反思,对于小墨的成长有积极的影响的部分是我们一直在鼓励小墨勇于尝试,不怕失败,父母是你的后盾,也有兜底的学校读,让孩子能够有比较好的进取心,同时也在反思自己的不足,对于结果的过分在乎在某种程度上也是给小墨带来一定的压力。

一份检讨书

开学一个多星期了,苏州还处于连绵不断的春雨中,湿冷的天气,嗅不到春的气息。

小墨又开始了早出晚归的学习生活,还是穿着羽绒服、羽绒裤,苗条的身材难御寒冷。早上依然在我们的催促声中完成一系列常规工作,吃好早饭,带上水果牛奶,临走还要兜几个圈子,不是忘了眼镜、水杯,就是"临时抱佛脚"地找要带的学习用品、课外书籍等,总之是一个"匆忙"了得,急急忙忙上学,还是没有很好地进行时间管理。晚上一回家,依然楼上楼下找我,热情洋溢地奔向我,抱住我:"亲爱的妈妈,我爱你!"幼稚单纯如六七岁的孩子。一天晚上,我忍不住问他:"小墨,开学后的表现怎样哦?"他笑嘻嘻地:"也无风雨也无晴。""哦,蛮牛的,竟会用诗句了,是不是还想说,'谁怕,一蓑烟雨任平生'。这心态我服了,现在估计连老师也不用怕了哇。"我既夸奖又调侃他。"我觉得自己还行吧,没有特别乖,也没有特别不乖。"小墨算是给自己用的诗句做了进一步解释,估计他猜透了我的心思,关心的是他的在校纪律。

今天早上,我刚到学校,在办公室坐定没一会儿,小墨班主任的电话打来了。一想,是不是小墨又"惹事"了?是不是家长都这样,接到老师的电话都会条件反射式地紧张。接通电话,原来是小墨的声音,说是早上整理书包时把铅笔盒忘家里了。打电话给他老爸,回家找了个遍,也没找到,我只得再打电话给班主任,让小墨在学校里再找找,结果真在书包里找到了。一早上的,就闹这么个乌龙,小墨,真有你的。

晚自习回来,小墨直奔三楼,走到我跟前,盯着我问:"妈妈,你是不是有话要和我说呀?"看着小墨的表情,估计这小子已有所觉察,今天在电话里,班主任老师告诉我,开学后小墨的学习上又显得有点浮躁了,作业错误率也高。"是不是老师跟你说了什么?"看他有点心虚的样子:"你是说早上忘铅笔盒的事吗?这个也没什么好说的,忘记东西谁也免不了,以后细心点。""还有事,是不是老师对你说了?""是呀,正想和你说呢,最近你学习又有点松懈了哇,作业也不认真。""哦,不是这个,老师让把这个给你签名。"说着在裤子口袋里掏出一张折成四折的练习纸。难道还有什么事?真是层出不穷啊,我打开纸一看,原来是一份检讨书:

检讨书——袁子墨

　　今天我在我爸的车里看到了一盒口香糖,禁不住诱惑,一时冲动,便把那盒口香糖带进了学校。

　　下课时冯晟之来到座位前,我想到他曾经也给我吃过口香糖,决定报答他一下,便给了他几颗,谁知他竟这么明目张胆地在上课时吃,结果被老师发现了,而我也被牵连了。

　　当然我也是罪有应得,第一,口香糖是违禁食品,是绝不能带到学校的,而我已触犯了规定;其次,我不但带了过来,还把它给了别人吃,更是罪加一等;第三,我自己还吃了不少,更是不可挠恕的罪行。

　　在此,我感到非常抱歉,希望你们原谅。我保证,我下次再也不带违禁食品了。

2019 年 2 月 27 日

看到这份"检讨书",真是又好气又好笑,气的是他又违反课堂纪律,被老师批评,总是不能严格要求自己;笑的是这份检讨书条理清晰,措辞诚恳。当然先是对小墨一番批评教育,让他端正态度,遵守学校各项规章制度,虽然小墨还在找理由:老师没强调,也没想到同学会课上吃呀等等,但我不认同他的说法,不让他逃避责任。出于职业使然,我指出他这份"检讨书"的错误之处:1. 错别字,检讨的'检'字、饶恕的'饶'字部首写错了;2. 格式错误,署名和日期的顺序,署名要写在文后,日期应该在署名的下面;3. 用词不当,这是一次"违规",不是"犯罪",两个不同的概念,你的错误没有这么严重。

接着,我问小墨:"你觉得让妈妈签这种名,我的心情会如何,你怎么不叫你爸签呢?""老师说让你签的。下次的话让爸爸签。"小墨嗫嚅着。"难道你还想有下一次,如果第二次再有检讨书拿回来,到时我可不客气了,棍棒伺候。"我一声怒喝,小墨不敢吭声了,他知道搞不好真要"男女混合双打"的。

姑且不论这份检讨书对小墨能起到怎样的效果,或者说对于孩子的这类违规事件是否要用这样的方法,作为家长,可以保留不同意见,但在孩子面前,要坚决站在学校和老师的一边,让孩子认识到自己的错误,让孩子懂得必须遵守学校规范。我想作为妈妈,在教育孩子的同时更要注意呵护孩子的心灵,让孩子懂得这仅是一次小小的错误,只是一次违规,没有到达"罪不可恕"的地步,让孩子在不断修正自己的过程中拥有积极乐观的心态,慢慢学会正确地评价自己,学会与这个世界更好地相处。

鱼豆瓣的故事

柴米油盐酱醋茶,何尝不是生活的真谛。几乎每一个妈妈都是家庭"煮妇","熬"的是岁月,"煮"的是亲情。我曾经花了很多时间在做饭这件事情上,买来了菜谱大张旗鼓地研究,虽不敢奢望做出个"满汉全席",却也希望自己能做出"色香味"俱佳的家庭菜肴,为喂好家里三个男人的胃也算是费尽心思,尽管常常有黔驴技穷的时候。每天变着花样为儿子们做饭,希望他们能吃到健康的食物,快乐地成长,也每每在心里告诉自己:纵然未来岁月里,风起云涌浪千重,也为你们仨男人,烹饪蒸煮烧一桌!

大儿子出国多年,聚少离多,现在很少能吃到妈妈做的饭菜,远在异国他乡的他时常想吃我烧的糖醋排骨、鲫鱼豆腐汤、蚂蚁爬树……现在我用心烧菜主要是为了小儿子小墨,因为小墨正在长身体的关键期,他只有双休日在家吃饭,其余时间在校吃饭。小墨从小瘦削,身体单薄,素有"排骨将军"的称号,不管是熟悉的亲戚朋友还是难得见面的人,一看到小墨总会说:"这孩子怎么会这么瘦呀,是不是很挑食的?"每次让我倍感压力,有不称职之嫌,面对亲友的关切和质疑,免不了一番解释,这孩子不挑食,荤素都吃,只是食量不大,可能吸收也不太好,也可能是遗传的因素。有时想如果小墨是棵小树的话,我真恨不得拼命施肥浇水,让他长得壮实一点,或许天下妈妈都有这样一颗"浇灌之心"吧。

为了给小墨改善伙食,每个双休日我都会烧点小墨爱吃又有营养的菜肴。清晨去菜市场买菜,回来系上围裙在厨房里忙开了:洗菜切菜、淘米煮饭。水流声、案板声、摇曳的炉火、蔬菜在油锅里的滋啦作响……颇有点巧妇模样,操一把锅铲,在灶前锅后婉转自如。在厨房里烘焙糕点,煮啤酒鸭,蒸七鲜汤,煲鸡汤、鱼汤、骨头汤,切水果……窗里烟火人间,窗外竹叶摇曳。

曾听小墨说过学校难得吃鱼和虾,他在家的日子我时不时地烧一些鱼虾给他吃。星期六中饭,我清蒸了一条鳜鱼,当热气腾腾的鱼端到小墨面前时,小墨一筷子先把鱼眼睛下的豆瓣肉夹出来,隔着桌子把筷子伸向我:"妈妈,这豆瓣肉给你吃。"而这一幕已成了小墨每次吃鱼的隆重仪式,第一块必夹这块像豆瓣一样的鱼肉,而这鱼肉必定是夹给我吃,或放我碗里,或喂我嘴里,每次都是满满的温暖和幸福。"谢谢儿子,你吃吧!""妈妈,这最好的鱼肉肯定给你吃的,快吃,快吃!"小墨一边说一边把筷子伸到我的嘴边。接着小墨看了看坐在我旁边的老爸,把鱼头抬起,把另一块豆瓣肉也挑了出来,笑嘻嘻地放到了他老爸的碗里:"爸爸,这块给你吧,我估计爸爸要吃醋了。"老爸无奈地说:"总算想到你老爸了。"小墨开心地说:"真被我猜对了。"

鱼豆瓣的故事要从好几年前说起,那时小墨大约还在读一年级吧,有一次吃鱼,我把鱼眼睛下的肉挑出来给小墨吃,并告诉他这块肉是鱼身上最鲜美的地方,因为形状像豆瓣,所以叫豆瓣肉。据说还有这样一个传说。乾隆皇帝六下江南,有一次来到苏州。皇帝御驾亲临,苏州府肯定要使出浑身解数,伺候好皇帝,才能让皇帝龙心大悦。当时苏州最有名的饭店就是松鹤楼了,松鹤楼最有名的厨师就烧了一盆"雪菜豆瓣汤",这"豆瓣"可是从一条条塘鲤鱼的鱼眼睛下挑出来,用上特殊的厨艺烧出来的,皇帝吃后大赞,说从来没吃过这么美味的"豆瓣"。不知小墨有没有记住这个传说,但他记住了鱼身上最好的肉,记住了每次把最好的鱼肉先给妈妈吃。他用这样的方式表达着他的爱,表达着他的孝心。

用餐时光,一家人团坐在一起,享受着美食,是东拉西扯谈天说地的时光,更是一起交流情感与思想的时光,这样的时光弥足珍贵。饭菜的香味里浸润着我对家人的爱,而小墨用他的方式表达着对父母的爱,一块鱼豆瓣就是饭桌上流动的温暖。

台湾著名作家林清玄说:教育就是唤醒孩子内心的种子！是的,父母用爱唤醒孩子内心爱的种子,让孩子感受爱,体验爱,懂得爱,表达爱,这是多么重要的生命课程啊！有爱的孩子,必定是充满阳光的孩子,不管这个孩子将来是否成才,但必定能成人,因为他拥有了爱的能力,就拥有了幸福的源泉,这种爱的能力是盛开在人生路上的花,一路成长一路芬芳,给自己、给周围的人带来快乐美好。

给爸爸的祝福

父亲节没有什么隆重的活动,但老墨还是收获蛮多,特别是小墨给他送来的暖心祝福……

这个父亲节恰逢中考前夕,小墨的春申班因为中考放假要调课,所以这周六周日都上课。

周日父亲节的中午,老墨去接儿子,回来的路上就打我电话,让我听听什么声音,电话声、发动机声,还有路上其他嘈杂声音,我哪听得清什么呀,老墨得意地说:"你没听到吗,儿子在帮我捶背,因为是父亲节,他要伺候我一下,还说爸爸辛苦了。""呵呵,肯定是你提醒了儿子哇。""没有,他主动做的,你还别说,刚才他走出校门,当着那么多人的面就给了我一个大大的拥抱。"老墨的幸福已溢出了手机,溢出了车子,恨不得撒下全世界。哈哈,我的小墨就是情商高,把老爸哄得心花怒放的。

老墨曾在我面前嘀咕了几次:"这小子,现在已像小大人了,我接他时,有时搭他肩膀还甩掉呢,怕难为情了。""唉,怎么他没甩过我的手呢,看来,你和儿子的亲子关系没建立好,谁叫你在他小时候陪伴少,缺少耐心呢,不过现在你陪他的时间多了,他和你的关系也越来越亲密了。"老墨受伤的心总算找到了些安慰。

确实这半年的时间里,小墨说话有时颇有点自己的见解了,有时甚至带点哲理了,也有好多我们不懂的新知识。如果我们对他的某些行为表示不满,训斥几句,他也会不耐烦:"知道了呀,你们别烦了呀!"看来已有青春期的反抗现象了。有时一逮住机会就教训起老爸来。前天晚上,他晚自习回家,看到我还在批考卷,就奔过来,搂着我的肩膀:"妈妈,你好辛苦啊,还在工作呢。"接着对坐在沙发上的老墨说:"你看,爸爸就知道抽烟看电视,也不帮妈妈批考卷。"我说:"小墨,你帮妈妈弄点水果吧。"小墨理直气壮地对着老墨喊:"爸爸,你就不懂照顾妈妈吗?也不给妈妈弄点水果,妈妈总是照顾我们三个男人,我看你真是个不称职的老公。"听着这暖心的话,我真是幸福得一塌糊涂。吃着小墨给我切的西瓜,搂着小墨的苗条身材,感慨地说:"小墨真是妈妈的贴心小外套呀,看来两个大男人是指望不了了,以后只有靠小墨照顾妈妈了。""嘿,那当然,妈妈,我以后肯定会照顾你的,你看爸爸、哥哥,饭都不会烧。以后我要学会烧饭的,到时我给你做饭。"小墨的马屁功一如既往地好。

只要是我们的大日子,小墨总会用他热情的拥抱、甜蜜的祝福,向我们表达他的心声。例如,我的生日,小墨一早上走到我们房间,就扑到我们床上,拥抱一个:"妈妈,祝你生日快乐!"然后一天中,他会说上几次。晚上临睡时,也不忘再说一遍:"妈妈,生日快乐哦。"父亲节的这天晚上,小墨洗好澡,准备下楼睡觉,对在床上看电视的老爸挥一下手:"爸爸,父亲节快乐。"接着转身对我说:"妈妈,晚安!"小墨就是这么用心的孩子。

尽管小墨在老师的眼里不算是乖巧听话的孩子,但在我的眼里,他还是那个内心充满爱、懂得表达爱的快乐男孩。

快乐的剪刀手

照片中的小墨最多、最经典的动作就是剪刀手。个人照、伙伴照、集体照,小墨总会伸出右手的食指和中指,剪刀手或举向天空或竖在头顶或横在下巴,虽没有女孩般可爱,但时常会独树一帜,特别是老师发来班级的集体照,不管是在教室里学习,还是在操场上整队,或者是外出实践活动,很多时候班里只有他一个举着剪刀手,动作夸张,引人注目。

前不久,和小墨一起看了《剪刀手爱德华》这部电影,这个主人公才是真正的剪刀手。在这部充满了压抑黑暗气氛的魔幻电影中,主人公爱德华是个超越现实的怪异的英雄,他隐居在破旧的古城堡,过着遗世独立的生活,但他在孤独中依然表现出渴望沟通的人性,透过他奇特的外表还是让人感受到了一种久违的温暖。虽然最后他还是无法融入人类的生活并遭到人类的驱逐,但电影中渗透出的人类永恒的友情、亲情和爱情给这部电影增加了一丝温暖的亮色。"如果我没有刀,我就不能保护你。如果我有刀,我就不能拥抱你。"爱在现实和梦幻中依然被剪得支离破碎。

小墨还不能看懂电影真正的内涵,但还是惊讶于爱德华那双剪刀手的神奇力量。那长长的锋利的剪刀手能把树和草坪剪出各种美丽的图案,剪出各种动物的造型,还能剪出各种时尚的发型,还能完成普通的手不能完成的事情。故事里的爱德华是不属于这个世界的人,他与现实世界是格格不入的,他终究不能被世人所接受,但主角向我们展示了逐渐了解自己,不断寻找自我、发现自我、超越自我的过程。

有人调侃:曾经剪刀手是杀人器,而今剪刀手是卖萌技。手心朝外比出的 V 形手势,象征和平和胜利,据传说,最早 V 字手势是由一位名叫维克多·德拉威力的比利时人在二战时期首创的,他以这个 V 字来动员人们奋起抵抗德军的侵略,但是使剪刀手红遍全球的,则是前英国首相丘吉尔。

原来一个"卖萌"的动作,还蕴含着丰富的知识,伸出剪刀手象征着开心、胜利、勇敢和快乐。最近的小墨已不喜欢拍照,有时更是躲避我们的手机,不让我们拍,但一旦拍照,还时不时伸出剪刀手,他依然是单纯可爱的,剪刀手和他的其他经典动作,展示着他的无拘无束、快乐奔放。他的心智的发展似乎滞后于他同年龄的伙伴,这恰恰是我希望的,我希望他的童年生活长些,再长些吧,让那些简单透明的快乐多些,再多些吧。

小墨在成长,我知道他那个剪刀手的动作会越来越少,或许快乐也会越来越少,多么希望他依然无忧得像只小鹿,一路蹦跳,在面对困境时能乐观对待,并获得所需的能量,这样他会发现自己存在的价值,保持那份温暖而纯洁的童真。

成绩——家庭的晴雨表

在整个社会极度关注孩子的学习和成绩的当下,期末考试几乎成为考生家庭的风向标,期末成绩更是成了家庭的晴雨表,成了这个暑假快乐与否的一道坎。

小升初、中考、高考,这些考试几乎成了整个社会的关注点,成了生活中的重中之重,成了压在每个家庭头上的一座大山,成了家长焦虑的源头。

小升初、中考、高考,从东到西,从南到北,中华大地卷起了一阵阵考试风,一轮一轮的考试结束,一轮一轮的成绩出来,家长在紧张焦灼中接到孩子分数的通知,手机被各类成绩刷屏。"几家欢乐几家愁""东风夜放花千树,更吹落,星如雨",东风夜放的是星如雨的成绩单呀,这些星或许成了灿烂的笑,或许成了痛苦的泪花,家长真是"别是一般滋味在心头"。

家长都读了很多励志文章,喝了不少心灵鸡汤,调出强大的心理防御功能,但面对孩子考砸了的成绩,还是"心太软,伤不起",知道要把眼光放长远,也知道一次的成绩决定不了什么,真要做到淡定从容却很难。我们被这个社会裹挟着拼命往前追逐,都想冲到前面成为赢家,虽然,我们常常迷失在这追赶的过程中,而忘了我们这样追赶的目的。

小墨的小升初已在前一轮的"过五关斩六将"的角逐中获胜,考上了心仪的外国语学校,而这样的考试对家庭来说确实是个不小的考验。迈过了这道坎,接下来的月考、期中、期末考,压力稍轻,我们对小墨的要求是确保班级前十,稳在前五,力争前三。怕小墨因外面学校的录取而放松了自己,在这样的重点班里是四郊多垒,来不得半点松懈的,一不小心,很可能从前几名掉到后几名。这大半学期中,尽管小墨的学习小状况不断,也收到几次班主任的告状短信,被我们教育批评了几通,但小墨的几次考试还是达标的,期中考试以班级第二名,成了三甲中的"榜眼",第三次荣登学校光荣榜。

期末考试,我们对小墨的信心不大,冷眼看他,似乎不是那么用心。更令人哭笑不得的是考试前一天还收到老师的QQ消息,老师发了两张英语试卷的照片,上面有几个"杠杠",接着两条信息:"子墨妈妈,上次英语老师已经拍给你看过,但是孩子现在还没有订正好,英语课上玩玩具,昨天数学也没订正好。"旁边附着两个擦汗的表情包。"好的,谢谢陈老师,我昨天还问他最近复习得怎样,他说不是很认真。今天回来我再教育教育他。"接着老师还发语音:"最近孩子态度有问题,似乎什么都无所谓,态度有问题后,其他方面也不是很理想……"哇!小墨,你什么时候能像别人家孩子一样,让我少操一些心啊!这样的状况,怎能让我们竖起信心的风帆呢?怎能让我对他抱有太大的希望呢?虽然九年义务教育,小学的毕业考和中考、高考无法相提并论,但小墨也知道,这次期末考试是小学生涯较重要的一次考试,晚上小墨回家我再一次耳提面命。小墨表态:"妈妈,明天我一定会全力以赴的。"

星期二小墨考试,考完试不上晚自习了,要求家长下午四点半准时接孩子。我来到中学门口,小墨一上车,就告诉我:"妈妈,成绩已经出来了,我们几个同学估算了一下,我应该在前五名的,妈妈这个成绩达到你的要求了吧。"小墨看来还是蛮开心的,接着告诉我:"这次数学不是太好,语文和英语都不错,这次英语试题是春申班最难的一次,有一题听力全班其他人都错了,只有我一个人对,语文的古诗词连线,全班好多同学被扣分了,有的被扣了六分,我全对的,幸亏以前你督促我背那些诗词呀!"小墨乐滋滋地说着,我及时表扬了他。

作为一名老师,每次期末,担心学生的考试,更担心儿子的成绩。小墨这次考了我们所期望的目标名次,确实也让我松了一口气。

休业式的早上,我送小墨去学校,刚出门接到老师的电话,原来小墨弄错了时间,晚了一个小时,成绩册只能去门卫拿了,电话里我顺便问了一下小墨的排名,老师告诉我班级第三名,学校不让公开排名的,只能偷偷说一下了。名次上升了两名,这真是意外之喜啊!

面对孩子的考试成绩,要想宠辱不惊,作为妈妈我很难做到。

书展归来

今天本来应该是蛮有收获的一天，但小墨的一些行为仍让书展归来的我心情不好，曾一度怒火中烧，不仅仅是他丢了三本张小娴的签名书《爱过你》，更因为丢书背后的一些行为习惯。

今天已是江苏书展的第三天了，恰巧学校派我带一个六年级学生一起去参加"统编语文教材暨《课本里的中华文化》研讨会"，那么教师妈妈带六年级儿子来参加这是最合适不过了！

一早，我和外甥媳妇两个大人带着四个男孩乘地铁来到苏州国际博览中心，因去年的江苏书展也在这里举办，对我和小墨来说已是熟门熟路了。在大门口拿了地图就直奔各展区，里面已挤满了人，看看节目单，曹文轩的新书分享会马上要到了，这是我们早上来的主要目的。小墨和外甥家的几个小学生都是曹老师的粉丝呀，我们家就能拿出一套他的作品。我们急忙来到亲子阅读馆，不大的舞台上已有一位作家在和小朋友讲机器人创意，座无虚席，我们几个只能挤在人群里站着等。一看旁边的签售区已有家长和小朋友在排队等候作家签名，我们两个大人先去排队，不一会儿听到了作家上台演讲了，随着队伍徐徐行进，我们绕到舞台侧面，看到曹老师了。他在讲小朋友怎样读书怎样写作，讲到契科夫对鸟的描写，讲到毛姆的《月亮和六便士》……开始签名售书了，在外围的小墨硬是不肯挤进来换我，我本意是想让他面对面和作家留个影，毕竟是难得有这样的机会，小墨总是在这些地方让我恼火，他似乎不激动、不崇敬。唉，反正我已帮他排着队，帮他拿到名家签名书，至于与作家面对面，他似乎并不热衷。看来激动是我的，不是他……

下午简单在展馆里吃好快餐,统编教材的研讨会马上开始了,几位江苏教育界有名的总编老师对《课本里的中华文化》的出版作了一些说明。探讨活动结束,每人领到了一本书。接着中心舞台举行了香港作家张小娴的《爱过你》的新书分享会和敬一丹的读者见面会,当我在听两位名人分享的时候,小墨在角落的沙发上看那本曹文轩的《草鞋湾》,不肯和我一起听讲座,至于什么中央电视台,什么著名节目主持人,什么读者见面会……与小墨似乎没什么关系,他只顾看着自己的书。

等我在等敬一丹的签售时,小墨拎着那包书,皱着眉,一张苦瓜脸:"妈妈,你老是听什么名人的讲座,有什么好听的,这么长时间,我一本书都快看完了,要不要回去了?"看着他不耐烦的样子,我说:"小墨,你这么不珍惜这样的机会,难得有这样的名人来苏州,我们可以听他们的人生故事,得到很多启发呀……"对我的说教,小墨似乎也不想领悟什么,嘴里嚷嚷着,一副烦躁的样子。唉,母子的想法很难在同一个频道啊!

晚上,在客厅整理着一摞新书,唉,怎么张小娴的三本新书一本都没有?找遍了几个袋子都没有踪影,一想,对呀,当时我放在小墨坐的沙发上,让他看着,活动结束后我来拿,经我提醒,小墨恍然大悟,只拎着包,书忘拿了。这勾起了我对小墨的种种不满,做事丢三落四,没有对名人的崇敬感,做事心不在焉、缺乏热情、坐没坐相、站没站相……老墨也在一旁发表着对儿子怒其不争的愤怒:"妈妈带你参加这样的活动,认识那些大作家,你还不肯自己去签名,不肯听讲座,那你去干吗呢,不是浪费时间和资源吗?"小墨嘀咕着:"曹文轩的讲座我在边上也听到的,那个敬什么的,我也不认识……"小墨知道自己错了,在我和老墨的痛批中,不敢吱声,识时务者为俊杰,跑到二楼弹起了钢琴……

洗好了澡,小墨望着我说"晚安",我余怒未消地瞪着他。努了一下嘴,他走到我身边:"妈妈,晚安,今天的事我很抱歉。""我接受你的道歉,以后做事要用心。"小墨连连点头,走下楼去。

能认识到自己的错误，能诚挚地道歉，对这样的小墨，我还能怎样？冷静下来想想，好多事情确实都是父母的一厢情愿，是父母自己的主观愿望，希望孩子珍惜这样的机会，能与著名的作家合影，留下难忘的瞬间。至于孩子他在不在意这件事，他有没有这样的想法，我们无法强求，所以按父母的要求去衡量孩子，去掌控孩子，孩子也许会压抑自己的想法，他的主动性和创造性也会退化。很多时候做父母的只有多站在孩子的角度去思考问题，才能省去不少自寻的烦恼。

小墨暑假纪事

（一）洗碗记

暑假了，苏州的黄梅天总是湿嗒嗒、闷沉沉、热烘烘，天气时晴时雨，在充沛的雨水下，唯园的花草树木越发茂密浓郁，小院西墙外的竹子这一段时间长势旺盛，新的旧的掺杂在一起，粗的细的都焕发着勃勃生机，蜘蛛网挂在树杈间，在雨水中泛着晶莹的光泽……

小墨和我的暑假生活在这样的时节中开始了。早上没有闹铃声，少了催促声，没有了上班、上学的焦虑，生活顿显悠闲起来。这样的阴雨天，听雨，看书，喂鸟，似乎是最合适不过了。不过这样黏稠的天气，确实有时让人有点抑郁，就像家里那只芙蓉鸟，最近似乎安静了不少，是不是这样的天气它提不起精神？阳光灿烂的日子，它叫得多欢畅呀，特别委婉动听。唯园的宁静让小墨的懒觉睡得更加香甜，小墨房间的窗帘比较厚实，几乎透不进亮光，如果不去叫醒他，他真是一觉睡到自然醒。但起得晚，生活就没有了规律，早饭吃得晚，中饭就不想吃。为了让小墨有个比较合理的作息时间，我规定小墨八点钟起床，最晚不超过八点半，但小墨还是没法自觉起床，所以每天还得我去催他起床。

小墨不爱出门，是个小宅男。起床后的小墨来到一楼客厅，不是躺在沙发上就是弓背曲腰地看书，常引来我的批评："端正坐姿，不要一副懒洋洋的样子，早上起床最好走出门去小区里走一走，呼吸一下新鲜空气。"有一次，早上起来，小墨在我的督促下，出门去了，过一会儿回来了，气喘吁吁地说：

"妈,我绕小区跑了一圈,哦,好累。""你看,平时不爱运动,早饭不吃就跑步,肯定不行呀。"确实小墨的脸色也不大好,还是平时缺少运动的缘故。

中午,我们一家子吃饭,小墨说:"妈妈,你今天不要洗碗,我来洗。"我马上高兴地说:"小墨,你太有良心了,懂得帮妈妈分担家务了。"小墨爸忙附和:"是呀,我们都是家庭的一员,都要分担家务活,下半年你要住校了,这个暑假真的要好好锻炼一下自己。"小墨接着说:"那我以后一天隔一天洗碗。我以前不是也洗过好多次碗吗?""是的,小墨越来越能干了。"吃好饭,我一边帮他一起收拾餐桌,一边指导他怎么洗碗洗锅洗灶台的操作顺序,小墨说:"妈妈,你放心好了,我会洗的。"

开始了,在锅碗瓢盆的交响曲中,小墨哼着小曲,有时冷不丁怪叫几声,我坐在客厅沙发上,朝着他说:"小墨,是不是劳动最光荣,看把你乐得!"约半个小时后,小墨走过来说洗好了,我走过去检查了一下,肯定了他做得好的地方,提出了一些改进的建议,灶台上的水渍没擦干,还有一个碗漏洗了,抹布要放平整……小墨也接受了建议说下次努力。

有一天晚上,小墨爸主动洗碗,我建议小墨去看看爸爸怎么洗碗的,虽然他爸难得洗碗,一旦做起来却非常细致,干净整洁超过我。小墨来到厨房,他爸指导他怎么整理碗筷、灶台、抹布等。小墨说:"我的碗筷放得比妈妈还整齐呢!"小墨做事有时还是蛮有条理的,只是有时不够用心而已。

虽然小墨没有严格按照一天隔一天洗碗的口头约定,但还是经常洗碗,特别有一天天气闷热,我买菜、做饭后,觉得特别累。小墨看到我的神情:"妈妈,你好辛苦呀,又要买菜、做饭,还要写文章什么的,今天我来洗碗,你休息。"我抱抱小墨瘦嶙嶙的身体:"小团,你真是妈妈的贴心小棉袄呀!"小墨开心得笑了。

小墨在长大,在家务劳动方面,我培养得很不够,常常是包揽了一切。高尔基说:劳动是世界上一切欢乐和一切美好事物的源泉。确实,劳动教育也是摆在我们家长面前的一大课题。

（二）看电影

"辛巴，你必须找到自己的位置，成为国王。"迪士尼经典卡通片《狮子王》的真人版重磅来袭。跨越时空的经典，再次震撼了观众的心。

昨晚陪小墨看真人版《狮子王》，重温经典，依然震撼！随着小墨年岁渐长，我们陪他看动画片的机会比较少，而小墨陪我们看美国大片比较多，什么《2012》《速度与激情》《复仇者联盟》《蜘蛛侠》《变形金刚》《阿甘正传》《移动迷宫》《碟中谍》……这几年看过的电影几乎数不胜数，大多是美国大片，看电影成了全家的共同爱好，成了一家人的甜蜜时光。

傍晚，小墨在完成每天的功课之一——弹琴40分钟，这可是掐着点完成的，不像看电视，那可得要"千呼万唤始出来"。吃晚饭时，当我把这个消息告诉小墨，他马上兴奋地跳了起来。主要还有最要好的伙伴李迦博一起看，这种快乐真是无以言表。"哇，去看《狮子王》，妈妈，你为什么不早点告诉我呢！幸亏我弹琴没放在晚上，啊，太巧了。"或许，言语已无法表达他的兴奋，接着放下碗，做他的经典动作：右手向前，左手向后，反复伸缩，像牵线木偶机械伸缩两条细胳膊。这样的怪样常常让人忍俊不禁！据说这经典动作给他的同学留下了深刻的印象。他的快乐他的无忧，常常是通过这样夸张的动作表达出来的。

广袤的草原、险峻的荒山、丰茂的丛林，大象、长颈鹿、斑马……各色动物闪亮登场，非洲大草原广阔而生动。荣耀王国的穆法沙统治着这个充满生机的王国。辛巴在众多忠心好友的陪同下，历经了生命中最光荣的时刻，也遭遇了最艰困的挑战，在历经生、死、爱、责任和生命中的种种考验后，从一只活泼聪明、无忧无虑的小狮子，在父亲的召唤下，成为一只勇敢坚强、有担当有责任的狮子王，在叔叔刀疤手上夺回了领地，重整家园。这部长达两个小时的电影，包含着珍贵的友谊、温暖的亲情及浪漫的爱情，以动物来演绎人类生活的永恒主题。

其中人物形象个性鲜明,正义善良与奸诈贪婪永远考验着人性。辛巴的叔叔刀疤这个反面人物对权力的贪婪,泯灭了他的人性,设下圈套,杀害哥哥,并设计陷害侄子,登上了荣耀石,但最终落得了被鬣狗群撕的可悲下场。彭彭是一只非洲疣猪,拥有宽厚的心和热情的个性,丁满是一只活泼幽默的小个子猫鼬,自称聪明潇洒,是个忠心耿耿的好朋友。他们挽救了辛巴,让他开始了新的生活。"哈库拉、玛塔塔"是非洲的斯瓦希里语——"从此以后无忧无虑"。三个好朋友一起唱着歌儿,在丛林中快乐生活。剧中很多情景都用歌声来演绎,可惜看的是普通话版的,英文版的歌曲更好听,特别是主题曲《Can You Feel The Love Tonight》(今夜爱无限),荡气回肠!

整场电影中,小墨看得很认真,除了和他的小伙伴一起吃爆米花发出声音。这是暑假观看的第二部电影,上星期看的是《蜘蛛侠:英雄远征》。

很多美国大片除了高科技的特效吸人眼球,主题也是有着鲜明的"美国文化":梦想、平等、自由,以及包容一切,也常常蕴含着对自然、对人类、对宇宙生存与毁灭的忧患意识。

每个人心中都有个狮子王,学习处世待人的正确态度,学会责任和担当,在周而复始、生生不息的自然定律中,体验出生命的真义。这是一部能让孩子内心成长的电影,我希望小墨在这些经典电影中吸收到更多能量,潜移默化出更多男子汉的勇敢和坚强!

(三) 课外学习

苏州已进入"烧烤模式",连着几天三十七八度的高温,一出门,热浪滚滚。昨天是二十四节气中的大暑,已到了"三伏天"的中伏,是一年中最热的时期。在这酷热中,小墨开始了暑假的读书生涯,接下来的半个月将在新东方读小升初衔接课程,语数外三门,每天下午连着四个小时,学习强度确实不小。暑假前我帮他在网上付款报名了这一期的学习。当时确实也犹豫，最后决定还是来学习吧，主要考虑到开学后小墨面临的第一场考试——北外新初一的分班考试，如果有重点班，当然想考进去。加上毕竟两个月的假期很长，把孩子的时间合理利用，多学点东西总不是坏事。加上新东方这样的培训机构，有专门的教材，专业的教师团队，这样学习的效果肯定要比在家里好得多。

下午 1:30 的课，12 点就差不多要出门了，老墨开车送我们到地铁站，再乘地铁四号线到乐桥站，乘地铁二十多分钟的时间。一路上，加上等车时间，近一个小时吧。乐桥是个中转站，6 号出口走三四分钟路，就到新东方了，还算是比较方便的。小墨二、三年级在园区外教那里学了两年的口语，每周一次。从四年级开始在新东方学新概念英语，每周六 6 点到 8 点，坚持了三年。每次的接送陪伴，对小墨和我们来说都是一种坚持。尽管小墨对这次暑假读书颇有微词："妈妈，你干吗要报暑假班呀，每天四个小时，挺累的。这些课程初中要学的呀，现在不学也没关系。"经我的劝导，小墨还是能接受的。小墨尽管活泼好动，但对学习还是蛮上心的。从幼儿园中班学画画，到小学毕业，先后参加过四五个课外辅导班，每次我给他报名时他都不乐意，但学了以后他从不说要放弃，或者是哭着闹着不肯学，不管是后来的钢琴、书法、奥数等，每一样他还是比较投入的。特别是钢琴和英语一直坚持到现在，这一点，让我们感到欣慰。

在赤日炎炎的下午，走进新东方大厅，几排铁靠椅上已坐满了家长，看年龄有爸爸、妈妈、爷爷、奶奶，为了孩子，都成了"大书童""老书童"了。咨询处来来往往的家长和孩子，年龄也是参差不齐。在服务台领了微信二维码就乘电梯上去，直达四楼，墙壁上有"优能中学教育"标牌，旁边挂着黑屏的扫码机，孩子们一个个先扫码再走向各自的教室。楼道里几乎挤满了家长和孩子，纵横交错的走道两边都是教室，教室不大，像个长方形的柜子，中间一条走道，走道两侧分别有三张紧挨的课桌，给我的感觉，整栋楼就是一个集装箱,每个箱子里大多装了二十几个孩子,这样的空间给人逼仄的感觉。

小墨坐在了第一排,我和他挥挥手,下楼来到二楼"留学考试 VIP 学习中心"。这一层装修得比较高端,走进去,原来也有个休息室,比较安静,人又少,就在这层休息了,包里带了两本书,就利用这时间看吧。

上完课回到家已是下午六点半左右,微信群里老师的作业发来了,要求孩子们在 9 点之前传到"掌上优能",语文要求整理当天的笔记,还有阅读题和佳句摘抄;数学是一些习题。学生交作业的时间和名次都会立即出现在网上,老师及时批改的作业也会传到网络。我再一次领略了手机功能的强大,人机对话时代的学习模式,真是快捷方便。

暑假开始,妈妈们各种忙碌——陪孩子们吃,陪孩子们玩,陪孩子们参加各种学习培训……曾看到一个段子:"知道老师为什么有假期吗?那是给老师疗伤用的,再不放假老师得疯。那为什么放一段时间就开学了?再不开学,家长得疯。"哈哈,笑过之余,确有同感,看来又是老师又是家长的我,不管什么时间,都得疯。

幸好,渐渐长大的小墨,渐渐在走向懂事,走向自立。

(四)暖心的小墨

小墨用他体贴细腻的心温暖着我。

前天晚上,我想应该好好地检查小墨学习的情况,在新东方的学习已有一周了,每天看老师发布的作业批改和成绩情况,小墨的状况起伏蛮大,有几次语文和英语遥遥领先,但有时错题也多,特别是数学的计算题,经常出错。和老师沟通后,还是老毛病,不够细致踏实。

晚上做完数学,小墨就发到了"掌上优能",因为网上会排出交作业的先后名次,所以每次一做好,就马上拍照上传。不一会儿,老师的批改反馈来了。一看，又错了两题，我们把在二楼看电视的小墨叫了下来。一家人一起检查错在哪里，第一题很明显的错误是通分没算对，想必是小墨口算的；第二题找了好久，没发现错在哪里，后来终于发现－2的平方，小墨看成了(－2)的平方。我说小墨你正负数的概念不够清晰扎实，小墨不承认："我知道的，我会做的……"有点强词夺理的样子，我就生气了："小墨，错了就等于不会，而且你的错误率比较高，说明学得不扎实，不要为自己找理由……"看到我发火了，小墨见势不妙，马上举手作投降状："好了，好了，是我不够认真。"小墨的这一动作，慢慢熄灭了我快升腾的火气。心里想，小墨态度还行，这个年龄段的男孩，很不容易接受家长的批评，容易顶撞父母，甚至倔强地发脾气，他那种息事宁人的样子让我觉得比较暖心。

第二天早上，小墨吃好早饭，就来到我身边，对我说："妈妈，我下了决心，接下来一定要努力，做题细致，争取全对，当然也不能保证每次都全对哦。"看着他一副郑重其事的样子，我知道小墨还是肯反思、对自己有要求的孩子，于是说："小墨，妈妈不是要求你每次全对，重点不是题目的对错，而是你的学习状态。你现在的想法就很好，说明自己有努力的方向了。"小墨走到中庭的书桌旁，开始做作业了。

过了一会儿，小墨看我坐在沙发上发呆的样子，关切地问："妈妈，你是不是有心事呀？不开心吗？"我对小墨敏锐的观察力感到惊讶，确实，今天我有点郁闷和烦躁。"是的，妈妈有点不开心。"小墨走过来，拍拍我的背："妈妈，你不要不开心哦，不要想那些烦躁的事哦，开心点，你看我会努力的，我想让你少操点心的。"小墨的话语让我备感温暖。

下午陪小墨在新东方学习，四五个小时坐在休息室，回来后确实有点疲劳。吃好晚饭，我就到沙发上躺下，因为空调有点冷，盖了一条薄毯子。小墨急急地走过来："妈妈，你是不是不舒服？"接着用手摸了摸我的额头，再摸摸自己的额头："你不会发烧吧，要好好休息，要不早点上楼洗澡睡觉吧。"接着对坐在另一个沙发的老墨说："爸爸，今天你洗碗吧，让妈妈好好休息。"接着站起来,用庄重的语气宣布:"妈妈,你放心,今天的事包在我和爸爸身上,我和爸爸会搞好一切的……"好暖心的小墨,让人感动得无以言表。

晚上,小墨洗好澡走出了卫生间。"小墨,来,睡在妈妈边上,我们谈谈心。"小墨开心地爬上了床,我对他的关心和体贴表示了由衷的感谢,我们谈着生活,谈着学习,谈着未来,谈着要成为一个怎样的人……夜渐渐深了。

小墨亲了亲我:"妈妈,晚安!"下楼睡觉去了。

(五) 小墨爬花山

暑假已过大半,七月梅雨天连着大伏天,不是下雨就是暴晒。整个七月,小墨一直宅在家里,过起了散漫生活,睡个懒觉,磨蹭着起床,洗刷后慢慢地吃个早饭,接着在中庭的简易小书桌上完成作业,偶尔背背古诗,最后是每日一练——弹钢琴。当然完成一系列的学习任务,不是按部就班,更不是有条不紊,中间总会有些小插曲,或绕沙发、茶几兜几个圈,或横卧沙发偷玩我的手机,或是上个厕所,或是做着怪样用夸张的语气说:妈妈,我太爱你了……总之小墨在我的监控下过着不够自由的假期生活。

小墨几乎大门不出二门不迈,难得和他的好朋友一起去游个泳或者一起在二楼的客厅看动画片,这是他最快乐的时光。因为没有培养对运动的兴趣,小墨的苗条身材有点弱不禁风,有时空调房待久了,会鼻炎发作!

这个星期天是进入大伏天后最凉爽的日子,最高温 31 摄氏度,早上天空有点阴,没有刺眼的阳光。我建议一家三口去爬花山。小墨欣然接受,吃好早饭已不早,车开上中环再转到西环,走上建林路,二十多分钟就到了。这座山和我有着近三十年的渊源,环境幽静,林丰草茂,古迹众多,是附近有名的避暑山庄之一。

来到山下，竟飘起了小雨，买票进入山门，拾级而上，踏着古旧的山石台阶。路旁时有摩崖石刻，头顶上是浓荫蔽日，虽下雨，但雨点几乎不着身，路上难得遇见几个游人，林子里有淅淅沥沥的雨声、昆虫的叫声，此情此景，真是"蝉噪林逾静，鸟鸣山更幽"。一路上，我们给小墨、给山林留影。还没到半山腰，小墨就嚷着累，问要不要下山了，当然被我们教育了，今天就是来锻炼身体的，做有氧运动，男子汉大丈夫一点累也受不了，那怎么行呢！

来到半山腰，有一大片平地，里面佛塔、大雄宝殿、院墙等都是重建的，我们来到了一口古井旁，古井用篱笆围着，估计是不让游人打开井盖。还有一半山路没走，我建议爬到最高峰——莲花峰。

小墨又在打退堂鼓了，还说："我就像爸爸，也不爱运动的！"本也想半途而废的老墨，被儿子这么一刺激，不好意思做反面教材了，决定继续爬。我和小墨边爬边聊着，其实这真不能叫山，只是一个小丘，因为海拔只有171米，"你知道那年我爬泰山吗，三千多米，爬了六七个小时，爬到南天门，那才叫累呢。"小墨听了一惊一乍的，接着我们来到花山著名一景——五十三参。那是一块巨大的整石，据说乾隆下江南要来花山，寺庙里的和尚连夜凿出五十三个台阶，我们一家在这斜斜的山石上留了影，小墨还数了一下，确实是五十三级。

过五十三参，我们来到了山上的一座亭子，名曰"放鹤亭"。站在亭子里，山风吹来，好凉爽，亭子里已坐了几位游客。抬头遥望，依稀望见了太湖。过放鹤亭再往上爬，就到了莲花峰，一块巨石突兀而立，摇摇欲坠，似乎一不小心就会掉下来，父子俩在山石下，拍了个"泰山压顶"的照。

下山时，小墨不时地关注着我："妈妈，走路小心，我拉着你，上山容易下山难哦！"

小墨征服了一座小山，我想人生路上的许许多多的山峰在等着他，多一点坚毅和勇敢，是我对他的希冀。

（六）钢琴考级

弹钢琴是小墨生活中的一件重要之事，钢琴考级更是暑假生活的重中之重。小墨学琴整整五年，今年考八级。随着年岁增长，学习忙碌，学琴的热情不如当初，也是情理之中。当然弹琴的自觉性更是无法言说了，大多是在督促声中来到琴房，难得几次自告奋勇刻苦练习，已让我在欣慰之余不胜感动。听说好多从小被迫练琴的孩子长大后都想砸了钢琴，这样的痛苦我不知小墨会不会有。在学琴过程中，对小墨，我们也没有到棍棒伺候的地步，除了考七级前他因弹不会一首曲子而痛哭流涕外，大多时候学得还算轻松，每天弹琴时间不满一小时。我们也没往艺术方向培养孩子的想法，只是想学一样乐器，培养他静心，最好能有点艺术修养。

刚学琴的前两年，小墨的悟性还是颇得老师的赞许，但这两年似乎有"店小二过年，一年不如一年"之感。小墨练琴大多是应付式，闹钟放在钢琴上，不时看时间，不是双肩耸着，就是手指僵硬，求快不求稳，错音较多，不用心体会音乐的情感。总之，很少令人满意。

这个暑假，小墨能每天弹琴，但还是时间不多。或许也因为考级只升一级，相对来说容易一点，老师也没有给他太大的压力。越南旅游回来，这几天算是加强了一下，特别是第二首《铮萧吟》，小墨背得不熟练。每次练琴，小墨总是问我："妈妈，你觉得我弹得怎样？"有时我在楼下，他就跑到栏杆处问我，我再三叮嘱他，弹琴时屁股不能离开座位，但多动的小墨还是不能做到。

在稍感焦躁的等待中，21号下午考级了。幸亏考级地点就在家附近的苏州艺术学校分校，少了车马劳顿的折腾，下午一点半来到培训学校候考。先考古筝、二胡、吉他、小提琴等，最后才是钢琴考级，小墨要到最后几个。快下午3点了，通知最后钢琴级别高的孩子进考场。

送考的家长都在教室门口听孩子弹得怎样,我一听是熟悉的曲子,而且弹得很熟练,以为是小墨在演奏,原来是他前面的考生。轮到小墨了,一听觉得弹得很快,没多久听出弹错音了。第二首曲子刚开始弹得不错,后来又出现了错音,没前面的男孩弹得好,还是练习不够的后果。

一结束小墨就出来了,我说:"小墨,你怎么弹错了几个地方呀?"小墨还在紧张情绪中:"是的,我一听前面的同学弹得比我好,心里更紧张了,就弹错了。""是呀,紧张的原因还是不够熟练,心里不够自信,你刚才也听说了吧,那几个女孩每天弹四五个小时,你每天弹一小时,知道自己的差距了吧,练琴是熟能生巧呀!"小墨也感到了自己不够刻苦。

以前几次考级和表演,小墨的临场发挥都很好,比平时练习的时候要稳,这次有点发挥失常,本来在家里蛮熟练的曲子竟也弹错了。心情不安起来,不会通不过吧。小墨看到我焦虑的样子,就着急地说:"妈妈,你干吗这么担心,我想我一定会通过的,虽然弹得不怎么好。"

烧了一桌菜,一大家子热热闹闹的,但我还牵挂着小墨的考级情况,虽然下午在微信上和陪同考级的王老师已联系过,她也把小墨考级时的两段视频发给了我。吃好晚饭,在忙碌中我还是忍不住给她打了个电话,王老师也说,按照子墨的水平,今天确实没发挥好,通过是没问题的,可能成绩不高。终于安心一点了。

现在社会上对于孩子"要不要参加考级"也并非新话题,诟病的也多。我私下认为考级还是有必要的,虽然参加考级只要演奏规定的技术练习和三四首曲目即可,但学生和教师的确要花好几个月的时间来准备。表面上看,同样的曲目翻来覆去地弹了这么久,似乎是浪费时间,其实这期间孩子已经经历了钢琴演奏的不同阶段,是一个从量变到质变的积累过程。钢琴学习就像爬山,登高望远,一步一景,考级应该是阶段测验,而不是钢琴学习的最终目标。对学琴的孩子来说,每当通过一次考级,便会受到更多的鼓舞,便会有了坚持下去的决心。与其说,考级是想证明什么,还不如说考级是孩子学琴历程的见证与动力更为合适。每日练琴可以磨炼孩子的耐性和不放弃的精神。老师提的要求孩子可能需要十几次、几十次的反复练习才能改善。在一次次练习中，孩子体会了克服老毛病的"难"，精益求精的"难"，能体会艰苦练习后获得成功的喜悦，明白做好一件事不容易的道理。

虽然小墨在学琴的过程中，我们和他需要反思的地方很多，但在这漫长的学琴过程中，我们学会了坚持，孩子也知道了做事一定不能半途而废。在孩子的成长路上，这或许是比获得考级证书更重要的东西。

第三季

少年时代

引 言

初中生活开始了,小墨在太湖边的美丽校园开始了他新的学习征程,开始了他的寄宿生活。

九月过去,十月到了,秋天在时高时低的气温中姗姗而来,进了十月中旬,天气渐渐凉了,小院里的红运果已开始由绿泛红,桂花的浓郁香气飘得满城满园,我知道秋天真的来了。

开学一个半月,学校生活的丰富多彩,令小墨应接不暇,连我们也忙碌起来,忙于看各色微信群里的通知、消息、照片、聊天文字等。孩子们忙着适应新的环境,认识新的伙伴,熟悉学校的各项规章制度。家长们忙着与老师互动,忙着采购各种学习和生活用品,忙着配合学校和孩子一起完成有关任务,各种忙碌各种热闹。

我比较认真地记录着小墨的日常,把他那些真实的经历用母亲的眼光记录和思考。希望给他三年的初中生涯留下成长的足迹。让刚满十二岁的小墨离开我们,对我而言是一种尝试,是一种探索,探索孩子在青春初期与父母分离是不是一个好时机。孩子的人生不能复制,我担心自己的选择是否有冒险的成分,在我的认知里,一直认为男孩子高中开始寄宿生活比较合理,因为这个年龄的孩子有了基本的价值观、世界观,有了更多的自主和自律。刚进入青春初期的孩子,有很多的不确定性,很容易受同伴和环境的影响,父母不在身边,自我管理的能力很难应付成长过程中出现的各种问题。经过近几年的了解,我对私立学校的认识已有了不少改变。这些学校的理念和取得的成绩,让我有了更多的信心,小墨早一点离开父母、离开家庭应该是利大于弊的。保持一定的距离,但有着紧密的联系,也能时时了解到他的动态,而且每天的亲子通话,每周回家两天,都能让我们好好互动。学校的严格管理,课程的丰富全面,老师的耐心和敬业,在一个多月的时间里,我们充分感受到了,我相信,我们的选择是对的。

确实,小墨进了学校后一直很快乐,一方面他本身具有单纯活泼的个性,另一方面他的适应能力还行,特别是六年级小初衔接班的过渡,让他更早地适应紧张的学校生活,更早地习惯有晚自习的学习模式,有时他自个儿也会嘀咕:幸亏读了春申班。

那欧式建筑风格的校舍,那有着罗马柱的长廊,那爬满长廊的绽放枝头的凌霄花……这一切都将陪伴小墨走过三年的少年时光。

小墨三年的初中生活可谓是跌宕起伏,在一次次的惊喜和惊吓中,我的小心脏经受了严峻的考验。

英语夏令营

八月的最后一个星期,我和小墨都进入了忙碌阶段,我忙着和闺蜜们一起去云南旅游,小墨忙着开始他的初中生涯,新学校新学期的入学集训——英语夏令营。

夏令营前几天,我被北外的老师拉进了微信群,加入了他们学校的夏令营五营,接着收到了老师的各类通知与家长们的各类提问。我把重要的信息转发给老墨,让他注意收看学校的各项通知,并全权委托他和儿子一起准备开学所需要的各类物品。

我们五人跟随旅游团24号深夜到达昆明,25号出发前往西双版纳,路上经过普洱市(思茅)。26日一大早,老墨就不断发视频和照片,现场报道父子俩出发去学校的情况,估计他和儿子一样激动。到了学校再发宿舍的照片、儿子试穿校服的照片,除了微信,紧接着电话问校服大小等事项。

夏令营的微信群里热闹非凡,一张张照片、一段段视频、一行行文字,直播孩子的在校情况。穿着统一校服的孩子们,在报告厅开会,在看书,在饭桌前静思,在吃饭,在运动,在演讲……家长们几乎了解到孩子一整天的活动。我一边刷微信,一边在那些集体照里寻找小墨的身影,把有他的照片保存下来。当天下午,学校就进行了分班考试。晚上老师又发来信息:"今晚我们先集中学习学校的各项礼仪,然后回教室进行团建!周末回家后,家长们可以做考官,考考我们的孩子!""现在2分钟训练坐姿:头正、身直、肩平、足稳。"最后老师发孩子们宿舍的就寝情况。一天满满的内容,满满的能量,手机的强大功能快速地连接着家庭与家校。

学校的亲子通话时间是每天晚饭后的一小时——5:30~6:30,恰好我在吃团餐,简易餐厅人又多天又热。后来一看手机,有五个小墨的未接电话,再看时间快要到六点半了,马上打电话过去,电话摁掉了,估计孩子们已在教室里了。我忙打电话给老墨,知道小墨打不通我的电话会打给他爸爸,老墨说儿子蛮好,不用担心的。

第二天的傍晚终于打通了小墨的电话,电话里的小墨还是一副兴奋的语气,快速地告诉我学校生活,第一天洗澡他是最晚的,刚洗好宿舍就熄灯了,只能摸着黑睡觉。"妈妈,你放心,我会改正的。"还说分班考试英语、数学比较简单,语文来不及完成,作文只写了一半,有的同学作文都没写,还有外教上的课,大约只能听懂一半,这所学校直升的学生,他们的英语就很好的,能和老师互动。晚上十一点多收到老师的小结。

各位家长好:

今天是夏令营的第二天,孩子们基本熟悉了一日常规的流程,并且有些方面做得很好,比如:见到老师主动问好,上课积极参与和外教的互动,今晚集会观影我们5营的孩子第一个到位,整个过程坐姿端正,得到与会领导表扬!就餐队形整齐,行进过程中鸦雀无声,艺体课上又充满活力。晚上洗漱动作快,主动阅读,熄灯后不讲话,还学会了整理自己的物品,早上起床后整理内务也是动作麻利!今天生活老师反馈,我们5营所有的男生、女生宿舍内务整理都是优秀!尤校在今年暑期教师培训会上说:一个行为散漫、没有紧张感的孩子,不会成为一个优秀的孩子!夏令营各种行为规范、礼仪的教育,其宗旨就是培养孩子的自律意识!

孩子们在开营仪式上就对我们的课程怀着一份兴奋和好奇,今天他们体验了多媒体、创意写作、思维导图、阅读鉴赏、口语工坊、演讲技巧、日语、德育等课程,下午根据自己的兴趣、爱好体验了选修课程,晚上观看英文电影《奇迹男孩》,一日流程的环节和平时上课的时间节点是一样的,让孩子们真切地感到初中生活的紧张、充实、高效。有个孩子对我说：老师，我感觉每个环节我都要专心做事才行啊，否则，一不小心就掉队了。对！这就是北外初中部的特色，既让孩子们参与丰富多彩的活动，又培养孩子们成为身心健康、学业优秀、气质高雅，具有民族根基、世界眼光的人。

今天生活上的温馨小提醒：

1. 晚上不仅仅要洗澡，而且要学会洗内衣、洗袜子。

2. 晚上洗头的同学一定要把头发吹干再睡。

3. 今天温度高，孩子们出汗较多，分别在上午、中午、下午、晚上四次让执行班长提醒同学们多喝水！

4. 今天有两个同学的脸上、胳膊上分别长了小红疙瘩，不是特别痒，都带她们到医务室让医生涂抹了药膏，明天再观察。

5. 睡前每个宿舍提醒学生熄灯前要看看蚊帐里是否有蚊子，避免被蚊子叮咬休息不好！

从大量的信息上看，学校的规则很严，老师很负责，也很辛苦。现在小墨就像是套上了紧箍儿的孙猴子，不敢轻举妄动了，内心深处，觉得这学校真的很适合小墨。夏令营期间的活动丰富，小墨说学校里很好，告诉我学校的制度很严格，老师说零容忍，还问我在云南玩得怎么样。

夏令营结束前一晚，小墨在电话里急切地说："妈妈，明天有一件重要的事，就是选读第二外语，我和爸爸已经商量好了，选西班牙语，要现场上网抢名额，妈妈，你行吗？不要你还没登录别人都抢走了。"我忙说，这事一定要让你爸做，他一定搞得定的。

云南回来的第二天，我们就按通知来到北外，参加学校的夏令营结营仪式。进入礼堂，小墨已坐在一群孩子中间，看到我们，就叮嘱爸爸一定要快速抢名额。一系列的表演结束后，各小组各营的颁奖典礼，大屏幕上介绍完六个班级各科教师情况后，最后是紧张的抓阄分班和抢选二外。每组请两位家长抓阄选班级，小墨的名单在E组，E组选到的是七年级（6）班，是一位教数学的男老师做班主任。

最后分别请四位小语种的老师上台介绍法语、德语、日语、西班牙语的特点,让家长了解后结合自己的需要做出选择。老墨已早早做好攻略,在纸片上写好登录的账号密码,小墨特地从前排跑下来,笑着挤到我们座位前:"爸爸,你动作要快点哦,西班牙语抢的人很多。""小墨,你别吵,不要干扰爸爸。"我在一旁提醒小墨。四周的家长们都手忙脚乱地在手机上操作,只听主持人一声:"现在开始选二外。"老墨忙着点手机,一会儿就说:"抢到了,应该是第三个,数字显示出来了。"小墨激动地抱着老墨:"老爸,你太厉害了,要是妈妈操作就不行了,我以前对你有点不公平,其实你的作用也很大的。"老墨在儿子的一番真情赞美中,喜形于色。

小墨的学校夏令营就这样完美地落下了帷幕。

开学第一天——小墨的新征程

9月1号是小墨报到的第一天,从这天起,小墨开启了学习生涯的又一站,成为一名初中生了。副班主任金老师已在群里发了几遍开学流程,学校做了细致的流程图,从衣、食、住、行各方面做了详细的说明。

一上午在哗哗的雨声中,一家三口忙于小墨的出行准备。吃好饭,时间不早了,老墨拉行李箱,抱着被褥,我拿着洗漱用品、牛奶,小墨背着书包,上车出发。

来到学校,只见北门旁的公路两侧都停满了汽车,家长带着孩子三三两两地走向校门,校园里都是家长和孩子,拿着各色行李。我们先找到了小墨的宿舍,在二楼走道的尽头,小墨的床位是下铺,进门第一个。我们忙着帮他铺好床、整理好物品,同宿舍的另外三个孩子已到,家长也在忙着整理。走道对面就是卫生间,每人的脸盆、毛巾、牙刷都有标记,住宿环境、住宿条件都不错的。

弄好宿舍的一切就前往教室,教室在最南端的教学楼二楼。下午两点学生在新教室集合,家长们在教室外宽大的走道里休息等待。说是走道其实更像会客厅,有沙发、有桌椅、有书架、还有一些摆设,这学校确实比较"高大上"。跟旁边的几位家长闲聊,对这学校各方面都有赞誉,特别是一位在该校直升初中的学生家长,她对老师工作的认真负责赞不绝口。侧面听到这些信息,我们对这所学校更有了信心。

接下来,学校安排家长去一楼参观八九年级学生的"科技展",小墨和同学们也一起下去了,在一个电脑教室里,我们和他告别,他笑着对我说:"妈妈,你不要不放心,我在这里很好的,你不要这样依依不舍呀。"接着拉着我的手来到老墨面前,拍着他爸爸的肩膀,笑嘻嘻地说:"爸爸,好好照顾你老婆哦。"我们俩被他这出乎意料的一幕逗乐了,小墨可真像个小男人了,让我开心又温暖。

回来的路上,谈着小墨的种种表现,谈着小墨和哥哥的相似和不同之处,谈起昨天小墨和哥哥通话时那种少年老成的样子,我们都笑了。新的学校,新的征程,这样的分离有担心,但更多的是欣慰。雏燕总要学着自己飞翔,学会放手懂得守望,是父母终究要面对的课程。

我知道,俩儿子是我们永远谈不完的话题。

亲子通话时间

　　北外规定每天下午 5:30～6:30 是亲子通话时间,开学后的两周里,小墨每天都会在六点左右的时间打来电话,大部分时间是他先打给我。刚到一个崭新的学校,对小墨来说,一切都很新奇,在有限的时间里,母子俩急切地聊,真怕时间不够用。小墨聊学校里的情况,聊每天上了哪些课,聊他的吃喝拉撒,还说自己蛮开心的,学习也很忙碌。然后会关心我和他爸爸在家过得怎样。

　　开学前,老墨帮儿子在网上买了最新款的小天才电话手表,这款手表功能齐全——4G 全网通智能手表,防水定位,前后双摄视频拍照,反转屏设计是亮点,立屏的样子很潮很酷。还可以用来学习、聊天、听歌,重要的是家长可以远程控制,视频定位,只要手表在手,小墨的一举一动都在我们的掌控之中。除了亲子通话时间,手表都由老师保管,所以也不用担心孩子会玩手表浪费时间。

　　关于英语分班考试,小墨在电话里和我聊了几次,很没信心。学校根据英语考试的成绩分 A、B 班,也就是说 A 班的难度会高一些,小墨说:"妈妈,我肯定进不了 A 班的,不过在 B 班更好,压力没有这么大。"我安慰他,顺其自然,如果英语水平没达到,就在 B 班学习也行的。看出来这样的择班对小墨还是有压力的,他认为原来小学就在这学校的学生英语水平高,像他这样新考进来的学生英语就没这么好。隔了一天,小墨打来电话:"妈妈,告诉你一个不幸的消息,我被分到了 A 班。""这不是很好嘛,说明你有这个实力呀。""但 A 班难度大,我怕跟不上呀,我情愿在 B 班的。""不用担心的,大家一起学,努力一点总归能跟上的。"小墨嘟嘟囔囔的,但我想他的内心应该是开心的。

亲子通话时间基本在我比较忙碌的时间,有时会接不到小墨的电话,小墨便会打给他老爸。有一次小墨打给他爸爸,老墨一接电话就说:"是不是妈妈的电话打不通?"小墨说:"不是的,我就想先打给你呀。"老墨颇有点受宠若惊的样子,接下来的几天,老墨总把这件事拿出来说:"看来儿子对我越来越上心了。"看把他乐的。

现在每天傍晚的亲子通话,成了一天中的重要时刻,或许因为距离产生美,产生思念,似乎小墨没有那么烦人了。小墨更懂得关心我们了,有时还会安慰我:"妈妈,你放心,我在这里蛮好的,你不要太想哦,反正过两天我们就见面了。"

愤怒的周末

周末愤怒的是我,不是小墨,虽然知道控制情绪很重要,但觉得自己还是很难驾驭这情绪的怪兽啊。

小墨这两个周末的学习任务可以说是丰富多彩的。学校发一张家校联络单,有本周回顾、温馨提示、着装安排、周末作业,方方面面做了总结提示。特别是家庭作业真是类型众多,除了语数外的各项作业,还有二外的,MSE作业,音乐、美术、体育的,安全平台的,听说读写,林林总总的,如果要细致落实,不仅需要孩子合理安排,高效完成,同时也需要家长的配合。

上周小墨的语文作业之一:三分钟演讲,主题是"勿以恶小而为之,勿以善小而不为",要做成PPT。一看他那么多作业还没完成,小墨从没做过PPT,我想还是我来代劳吧,明知这样做是不对的,但还是自我安慰地想:先扶后放,先辅助他完成再说,以后让他学着做。网上下载了三个与演讲有关的PPT,再选择一个比较合适的,小墨演讲的主题是"勿以恶小而为之,勿以善小而不为",根据这个主题,收集资料,修改版面、编辑文字……忙了近两个小时,基本搞定,再指导小墨来操作和修改,他上手很快,还能切换动态模式、修改播放时间,看来孩子对付这些电脑课程,比家长想象的要好得多。

下午,小墨在他的房间里写着作业,我叮嘱他要对照家校联系卡,合理安排好时间,小墨总是说:"哎呀,妈妈,我来得及的呀,反正作业也不是那么多。"我还是不放心,进他房间逐条对照,发现还是有好些作业还没完成,而且作业单上每项作业都有时间安排,譬如语文预测60分钟,实际用时多少,要家长填写,我估计一下,小墨大多是超过时间的。晚上小墨的好朋友来玩,我给两个小家伙规定了玩两小时,接着让小墨继续完成数学作业。他老爸帮忙督促他完成体育作业：俯卧撑和立定跳远,但完成质量不行。微信里老师也在叮嘱家长安全教育平台上的作业还没完成,还是我代劳吧,省得又忘记。星期天早上还有一些作业没完成,我再督促小墨检查不要遗漏什么作业。到下午,我要填写家校联系单,发现小墨西班牙语的作业还没完成,一股怒火从心头升起:"小墨,你怎么搞的,临出门竟然还有作业没完成,还一直说没关系来得及,这两天,我一再叮嘱你的作业,还帮助你一起完成网上的作业,你的学习时间是怎么管理的,以后不是我来催你完成哪些作业,应该你来找我背诵或者签名什么的……"越说越气愤,分贝渐渐高了。小墨在我的吼声中,还是一贯地道歉:"妈妈,对不起,我知道,下次我会做得快一点,不让你操心了。"一边急急忙忙地背西班牙语的字母,接着忙乱地收拾着东西:各类作业、电话手表、充电线、E卡通、校服等。总之,我很愤怒。

一周的分离,愤怒的情绪早已淡化,每天的亲子通话时间小墨还是准时打来电话,汇报一天的情况,小墨的语气总是那么开心活泼:"妈妈,我觉得在学校蛮开心的,你不要担心的,作业有点多,但还行,反正每天也没特别的事,你们在家里怎么样?"总不忘问候一下我们。分离的日子又想他了,渐渐忘了他带给我的烦心。

中秋节的假期又到了,这周的作业更多,我早早提醒小墨,不要再犯上周的错误,小墨也爽快地答应了。语文作业里,有修改作文,这篇写人的文章第三次修改了,老师逐条提出修改意见,看来不指导他修改还是过不了关,也看出老师是非常严格的。一算时间,要修改,要重誊写,要发电子档,我想光一篇作文,这样完成最少两个小时吧,小墨的修改质量也不一定能提升多少,只能再次出马,帮他修改,再帮他输入电脑打印出来,让他照着再誊写,这样,时间能节约不少,也能保持卷面的整洁。心想,这又是我的错,不放心孩子,谁叫我是语文老师呢,看不惯的地方忍不住动手。这一次帮他,下次肯定让他自己完成,就算来不及也让他做,作文只指导,不动手。

假期里,我也很忙碌,第二天我把打印好的作文纸给了小墨,让他先把书面作业完成，背诵、阅读、录音等的作业，我回家后帮他一起完成。下午三点钟到家，我上楼检查作业，竟发现他好多作业没完成，问他，说在看书，外婆也说小墨吃好饭就上楼写作业了，最生气的是竟然连作文都没誊写好。怒火再次升起，这次是升级版的，暴打一顿的心都有。总之，把自己气得不行。

这周开始慢慢放手，安全教育平台让小墨自己做，二外的录音资料让他自己发邮箱，各项作业完成得还是比较匆忙，效率不高。我已郑重申明，第三周的作业，你来找妈妈要做哪些配合，而不是我来找你。

小墨，难道你给我一周的轻松，是让我用双休日来偿还的？

咬指甲的男孩

最近几个月中,我留意到了小墨一个新添的动作——咬指甲!发生在看书、看电视、做作业时,有时和我们说话时也会不由自主地把其中一个手指放在嘴边,牙齿对齐轻轻地咬着,似乎在咬掉指甲四周的肉刺,特别是在他神情比较专注的时候,更会习惯性地把手指放到嘴边。

虽然小墨大部分时间都在学校待着,和我们一起的时间并不多,但这动作最近出现的频率很高。让我觉得奇怪的是,小墨以前并没有这个动作,怎么这半年的时间里养成了这样一个不良习惯呢?我下意识地认为,这个习惯的养成肯定与学校的学习生活有关。

我一发现小墨这个行为时,就马上提醒他,也对他说这样咬指甲显得很幼稚,和你的年龄不相符合,一般都是三到六岁小孩容易有这样的习惯,更重要的是这样咬指甲特别不卫生,很多时候细菌就这样被你弄到嘴里,俗话说"病从口入"。小墨连连点头,认识到自己的错误,态度诚恳。可是提醒了好多次,还是时不时发现小墨还在啃,有时恰巧在他身边时忍不住对着他的手打一下。

从心理学的角度来看,咬指甲一般都是无意识行为,是口欲期的一种延续,是缓解紧张、分散注意力的一种不良的习惯性做法。咬指甲癖主要与紧张和忧虑情绪有关,诱因可能为繁重的作业、复习迎考、看惊险的影视片以及患儿受到父母的责骂或惩罚等。咬手指一般发生在其情绪紧张或抑郁的时候,并往往伴有睡眠障碍、磨牙齿、吮手指头等症状。

记得小墨磨牙很厉害,以前和我们睡一起时经常磨牙,半夜被他的磨牙声吵醒,听得我牙龈发酸。为这事我在百度上查,也去医院问过医生,好像也没有说出个原因。小墨读一年级开始独自一个人睡在二楼他的房间了，虽然分床这事，母子俩都经历了比较痛苦的阶段，这么五六年过去了，小墨也长成一少年了，习惯了自己的小天地。但对于他现在是否还磨牙，我们也不得而知了！

难道说小墨的咬手指和他的磨牙有关，或者在小伙伴那里模仿而来，或者与在学校被老师批评有关……反正我不得其解。还有一种说法，通过咬指甲来缓解压力是由于在小时候这种行为受到父母强烈的提醒，"咬指甲"这个行为，可能反倒被保留下来，甚至愈演愈烈，那么慢慢这个行为就成了这个孩子固定的情绪的一个释放口和一个关系的再现。有时惩罚也可强化某种行为，这种强化就会让他这个行为变本加厉。这种行为可能延续到成年。所以当我在批评小墨的这一行为时，也担心是不是会适得其反，反而强化了他这一行为，提醒自己不能简单粗暴，要对症下药。有一天吃中饭时，我问："小墨，你以前没有咬手指这样的习惯，这半年里怎么会有这个不良习惯呢，是不是跟你侄女李嘉妮学的？"一听到跟小辈学，小墨连忙否定，说有时考试紧张时，就会咬手指的！看来咬指甲还是因为有压力。

这个咬手指头的少年，这个看似不知愁滋味的小墨，其实并不是真的无忧无虑，他的困惑和压力已在无意识的行为中流露出来了。

在孩子成长的路上，常常会出现这样或那样的情况，作为父母的我们总是无法完全放心下来，一颗心总是记挂在孩子身上，生怕她这样了，生怕他那样了。一个人的成长经历总会伴随一些看似不平常的事件，其实这些不平常也构成了生活的一部分，本身也是平常的，只是父母的紧张着急，才会把这些其实平常的事情看得比较严重和夸大，想要一个父母做到完全松弛真的不容易，除非把孩子当成别人家的孩子来看。

学校运动会

这一周，对于小墨来说最重要的一件事就是学校运动会——SIA 嘉年华体育节。这次运动会放在了新中国成立七十周年的国庆节前夕，更有了丰富的内涵——"礼赞新中国·筑梦新时代"。

今天是学校运动会的第一天，从学校发的微信推送上可以看到开幕式的隆重，开幕展演以不同的方阵组成。从幼儿园到高中各色校服亮相，各项才艺展示。小墨的班级这个星期每天都在练习方阵，因为吃好晚饭六点就要集中到操场训练，所以每天的亲子通话就比较急促。总是："妈妈，我还是老样子，今天也没什么重要的事，反正一切正常，你们过得怎么样？""哦，就是今天发生了一件事，我丢了 E 卡通……"接着小墨就给我讲了怎么丢怎么找的过程，说幸亏最后找到了，iPad 通话不是很清晰，我只听了个大概。小墨一边讲述着，一边说老师在喊集合了，要去操场了，临了，我对小墨说："你不要每天都打给妈妈哦，估计爸爸也在等你的电话，爸爸要吃醋的哦。""好的，那我明天打给爸爸。"

可以想象小墨丢卡时的紧张慌乱，一方面，学校上课、吃饭等都要用到这卡，这卡非常重要，丢了怎能不急；另一方面，小墨现在丢三落四的事较多，心里担心被老师、父母知道后会被批评指责，估计也是坐立不安吧。孩子寄宿在学校里，短时间地离开父母，他只能自己去面对遇到的问题，或许这样的过程，能够更好地培养小墨的独立性。只有经历了，才能更好地修正自己。

小墨在运动会上要参加 100 米的跑步比赛，重在参与，让孩子去感受竞技，去感受拼搏，这样的体验重要性远超过比赛的结果。下午，参与运动会的家长志愿者，不断发来前方战况，也看到了小墨穿着运动服的照片。绿茵场上一张张孩子们比赛的照片，洋溢着热烈的气氛。

我想，今晚的亲子电话，小墨一定会讲到运动会，讲到他的比赛。

小小少年在成长

每天看着成长中的小墨,脑海中不时冒出一首老歌《小小少年》。《小小少年》是1970年德国影片《英俊少年》中的一首插曲,由海因切演唱。每一个经历过20世纪80年代的中国观众对这首歌都耳熟能详,那是属于一代人的集体回忆。

小小少年,很少烦恼,眼望四周阳光照。

小小少年,很少烦恼,但愿永远这样好。

一年一年时间飞跑,小小少年在长高。

随着年岁由小变大,他的烦恼增加了。

小小少年,很少烦恼,无忧无虑乐陶陶。

但有一天,风波突起,忧虑烦恼都到了。

一年一年时间飞跑,小小少年在长高。

随着年岁由小变大,他的烦恼增加了。

小墨依然像根豆芽般瘦,一个月的住宿生活下来,本来瘦削的小脸更加瘦了,加上最近学校的体育训练,脸上也黑了一圈。把我暑假里辛辛苦苦养出的几斤肉连本带利地收了回去,隐隐有点心痛。他时不时发作的鼻炎、吸收不良的消化系统、不正常的大便……让我时时担忧着,怕正在发育阶段的小墨睡眠不足、营养不良,但寄宿生活,我们已不可能每天盯着他的饮食起居。很多时候,我们只能叮嘱他,多吃点饭菜、水果、牛奶,按时睡觉,提高效率等。

"一年一年时间飞跑,小小少年在长高。随着年岁由小变大,他的烦恼增加了。"活泼的小墨一直是无忧无虑的样子,但随着年岁的增长、心智的成熟,没有烦恼是不可能的,但我内心多么希望他一直如此地快乐。现在他和同伴待在一起的时间长了,原来喜欢宅在家里的小墨正需要同伴的交往,我想这有利于他的成长。

从弗洛伊德的人格发展理论来说,这个阶段的孩子试图与父母分离,将兴趣从家庭成员转向同伴,渴望同伴的认可,建立自己的生活。埃里克森认为,这一阶段发展得好,孩子会有好的自我同一感,否则可能会引起同一感混乱。青春初期对孩子来说,是从家庭慢慢地走向社会的阶段,孩子的各种表现都会出现,有的会令父母措手不及,无法应付。我暗自想,小墨除了顽皮好动,个性温和,也比较懂事,应该会平和度过吧。

规则的惩戒

国庆长假后的第一天，一上班我就收到了小墨班主任的微信："子墨妈妈，我刚刚和孩子聊了一会儿。袁子墨比上个月进步的地方有不少，比如上课讲话少了，坐姿端正了许多等等。但是有个存留较久的问题，就是晨读进班时间，几乎所有孩子在 7:15 前已坐在教室放声朗读，但是子墨一般都是 7:15 后，甚至临近打铃才到（今日情况略特殊，子墨说肚子有点不舒服）。长此以往，孩子的英语和语文学习时间将大大缩短，并且容易养成拖拉的习惯。望孩子和我们都对这个问题予以重视，感谢。"果不出所料，老师反映的晨读情况确实在我的意料之中。有好几次老师发的晨读照片中不见小墨的身影，估计他是最晚的几个孩子之一，或许没有"之一"。几次问他早晨起床、早饭、晨读情况，他总说还行，时间是有点紧张，但不是最晚几个。现在看来，小墨还真是避重就轻，不肯实说，或许他觉得晚一点无所谓。在家里磨蹭拖拉的习惯一下子是不可能逆转的，我也希望他能在现在学校的各项严格规范下，慢慢改正。现在看来，小墨这些方面依然是班里问题突出的一个。

在微信中，我提议老师采取一些惩罚的措施，老师接着也发来了信息："谢谢子墨妈妈，目前我这边的具体解决方法如下：我将对孩子实施具体的惩戒措施：1. 规定 7:15 前已拿好书本，大声诵读，否则中午饭后在我办公室单独补读；2. 抄写国庆假期未完成的英语试卷并完成。"我举双手支持老师的做法。班主任老师虽然是位年轻的老师，但很有耐心和方法，也充分肯定了小墨的优点和进步的地方。她说等明天的月考过后再来看孩子的成绩，没考好，要让孩子反思自控力差带来的后果；考好的话要提出更高的要求,这种情况只能先捆住他,等孩子适应了再放手。老师的话说得中肯,也说到了我的心里。对于小墨这样缺乏耐力和自控力的孩子,作为妈妈,我有时也没有更好的办法,学校老师的管理方法更好地弥补了家庭教育的不足。

小墨低中年级学习很自觉,效率也高,动手能力也很强。依稀记得小墨六七岁时,晚上看着钟,八点钟准时睡觉,临睡前把脱下的衣服叠得整整齐齐的。特别是上了一年级后,每次的文具书包都自己动手整理,而且用塑料袋分门别类地整理好。印象深刻的是他有五六支铅笔,短得像一节手指,都被他套上笔套,整整齐齐地放在铅笔盒里,不舍得扔掉,惹得办公室的美术老师都笑了,说:"袁子墨,这么短的铅笔还保管得这么好,你送给我吧,让我美术课上用用。"小墨不给,说还能用。学习上几乎也不用我操心,每次急着完成回家作业。到了高年级后反而好动,自控力差,做事拖拉,不知是不是到了俗话说的"狗不理年龄"。在班级里也常有出格的举动,"大错不犯,小错不断"。小墨在家里的表现,确实能算一个好孩子,懂事贴心、礼貌待人、个性温和、活泼开朗,有时也能主动做小家务,尽管一些小毛病是"虚心接受,屡教不改",但还是个可爱的孩子。

包容孩子的缺点,正确地引导孩子,让孩子去发现自己,做最好的自己,这是我需要努力调整的地方啊。他老爸看了我和老师的聊天就说:"我早猜到了,新学校里不到一个月,哈哈,这小子的狐狸尾巴就露出来了。"

晚上我在《读者》上看到马云的一篇演讲,里面的一段话很有道理:"最近,网上还有关于老师是否应该惩戒学生的讨论,我也非常关注。其实,不是老师要惩戒学生,而是要用规则惩戒那些破坏规则的学生,学生不是向老师低头,而是向规则低头。素质教育是我们追求的方向,但是,素质教育不是低质教育,素质教育不等于放松教育的标准,不等于教育不需要严格。"作为一名老师,我非常认同此话。

用小墨班主任老师的话来说:"让孩子遵守规则就是戴着镣铐跳舞,规则之下才有真正的自由。"是的,适当的惩戒是为了让孩子变得更好。

重新分班风波

这个周末注定是丰富的,正好小墨这周不回家,我们几个朋友相约去太湖边度个假。我们在东山,而小墨学校的露营活动在西山,也可以这么说,这个周六母子俩同时枕着太湖水入睡。

周五冒出一个事儿,小墨学校周日上午要开家长会。

通知如下:

家长朋友们,您好:

为落实江苏省教育厅《关于开展中小学违规办学行为专项治理工作的通知》和吴江教育局"关于义务教育学校违规办学问题专项整治"的会议精神,学校定于10月13日(周日)上午9点30分在B楼报告厅举行七年级家长会,请每个家庭至少派一位家长参加,家长们可凭微信通知从学校南门进校,门禁开放时间为早晨9点,请您安排好时间准时参会,感谢您的理解与支持。

时间又冲突了,只能老墨只身前往了。

周日上午,我们几个在东山驿站用完自助早餐,就开车环太湖前往陆巷古村。一路上,微信收到老墨给我的很多照片,出乎意料的是学校对七年级新生要重新分班,本来以为是一次普通的家长会。刚开学一个月,孩子和老师、同学刚熟悉并建立了一定的感情,说分就分,都没有心理准备。而且,国庆假期里,家委会刚组织了一次温馨的亲子活动,家庭之间有了些了解,突然分班,确实让人有点难以接受。没多久,老墨发来分班信息,家长抽签,巧得很,小墨还是分在了原来的金老师班里,这对小墨来说真是不错,老师已对他比较熟悉了,对孩子也很有耐心和方法,这样一来就少走了一些弯路。

晚上回到家,老墨就给我听了会议录音,原来学校暗地里弄了个实验班,没有向社会和家长公开,当时分班会议上也是说均衡分班的。但这个月的16号省里要来学校调研,严查义务教育学校违规办学,学校怕被举报,只得重新分班。分管初中的校长在会上代表学校向家长们表达了诚恳的歉意,公开说明这一事情,同时也接受家长们的质疑和提问,整个会议两个小时。

晚上小墨在亲子通话时间给我们讲了这次露营的辛苦,不过也很有劲的。爬了16公里的山路,真累!晚上住帐篷里,警报手电筒派上了用场,同学们抢着要。接着就谈到今天的分班,小墨告诉我们,从西山回来的路上,听到这个消息,班上的女生都哭了,有好多男生也哭了,自己没哭,有点难过吧,幸好自己还是在金老师班。接着还比较开心地说:"不错不错,反正老师熟悉,也有好几个原来的同学,总之,蛮幸运的。"小墨这情形,我们也放心了,孩子能适应变化。

今天一整天,七(6)班的各类微信群热闹非凡,家校沟通群、家长联系群、班级公告群等都是关于这次分班的情况,孩子们有情绪波动,家长们也是各种担心,很多家长表示不舍、难过和感恩:"这么好的老师,这么好的同学,这么好的家委""感恩遇见!我们都是有缘人,珍惜过!还在一个大团队继续助力2019级的孩子们""现在只希望孩子们能顺利过渡,把影响降到最低""感恩遇见!谢谢家委们的辛苦付出!特别给力""我们打了电话,说整个礼堂七年级的孩子都哭了,开始不同意分班,后面罗校做了思想工作,同意分班,但孩子们的条件是宿舍不同意换"……家长们的各色留言,情感丰沛。

从今年的四月开始,江苏省教育厅连续发文,明确义务教育学校严禁选择生源,严禁设立重点班、快慢班,压缩义务教育特长生招生规模,至2020年取消各类特长生招生……教育厅的这些政策规定,宗旨是教育的公正公平,同时减轻全社会的教育焦虑。

全社会对教育的重视达到了前所未有的高度，教育的公平问题已经成为中国社会的焦点问题，择校之风、学区房热度依然不减，每个家庭都希望自己的孩子能在教育资源更好的学校里读书。当然，我们选择现在的学校也是出于这样的目的。

在追求教育公平这条路上依然任重道远，小墨学校这次重新分班就是一个例子。

懂你最重要

这一周,我的心情是愉快的。因为小墨在校的表现获得老师的好几次表扬,说他各方面的进步很大。金老师的反馈是这样的:"国庆节返校后,子墨在行为习惯上的进步飞快,分班后更是,子墨继续待在我的班里我感觉很幸运。学习方面,根据我的初步了解,孩子的表现是非常不错的,让我刮目相看。希望继续保持好,我会继续给他提要求的。"看到老师这样的评语,作为妈妈,内心是欣慰的,也非常感激老师对小墨的鼓励、督促和引导。经过几次和金老师微信上的沟通,觉得这个老师虽然年轻,但对孩子非常有耐心、有爱心,很有教学艺术,对子墨的优缺点分析到位,她真的在用心读懂小墨,巧妙地改正他身上的不足之处,例如他跑步时容易脱离队伍,就让他做体育委员领队跑步,边跑边喊口令,据说表现还不错。

此时,我更想起了小墨决定来考北外的第一原因是老师,一个老师如果没用心发现孩子身上的闪光点,而是放大孩子的缺点,让孩子一直在负面的评价中,我觉得对孩子的成长肯定是不利的,特别是马上要进入青春期的孩子,敏感、自尊、自我意识强,教育不得法,对孩子的伤害是永久性的。冲着这一点,我内心真的很庆幸,为自己当初的选择而庆幸,遇到一位懂小墨的老师,那是多么幸运的事呀!春风化雨、滋润心田式的教育,肯定、鼓励和赞赏孩子身上的优点,对孩子有着积极的心理暗示,关注孩子心灵的成长,让孩子内心充满阳光,并能快乐地学习,远比多考几分来得重要。

星期五接小墨回家,路上小墨谈起因他感冒,金老师跑好远的路给他找药,给他烧水泡药,我感觉到孩子对老师发自内心的感激。小墨还说:"妈妈,你们对我太好了,晚上还给我送被子送药,谢谢妈妈,也谢谢爸爸……"

星期二晚上，我和老墨赶了来回近两个小时的路，去给小墨送被子和药，但当时没法和小墨联系，他从金老师那里知道了，小墨总是这样暖心。晚上收到老师一周的反馈："其他孩子我都洋洋洒洒很长一段反馈，子墨只需要几个词概括：一点就通、态度端正、进步显著、善良懂事。我很期待子墨能成为整个年级的佼佼者，希望子墨适当给自己加一点更有深度的练习。"真能量的评语，让我们有了更多的信心。

关于小墨的转学，这是我们一家子都参与讨论并一致同意的事，远在多伦多的大儿子，每当谈到弟弟的学习情况，一直认为弟弟的转学是很明智的，而且非常正确。他以自己三年初中的成长体验，谈老师对学生的影响是很大的，如果老师有开阔的视野，有很高的人文修养，遇到这样的老师是幸运的，不要仅仅为了成绩而读书，一个孩子将来能否自立于社会是靠综合素养，而不是仅仅靠读好的大学。每次母子俩都能谈上一个多小时关于学习、关于成长的话题。而我和老墨谈到两个儿子学习和成长的话题，似乎也是谈不完的。

教育的美妙在于它能够转化为孩子自我发现和自我教育的力量。而能读懂学生的老师就能促进这种转化，并在这种转化中引导孩子形成健康的人生观、价值观和生活态度。

期中考试

三天前,我在朋友圈转发了一篇文章《期中考试后,资深班主任写给家长的四封信,值得所有人深思》,现在微信推送文章可能没有严格的规范,题目取得如此拖沓,幸亏题目和内容基本一致。如今的网络刷屏时代,一些标题党用夺人眼球的噱头题目获点击量的不在少数,大多是文不对题。

文中提出了几个观点,例如:永远不要对孩子丧失信心,任何着急都无法解决当下的问题,错误是孩子成长的勋章,给每朵花自己开放的时间……呼吁家长正确面对孩子的成绩,不要责备孩子、给孩子压力,而应该与孩子们站在一起找出问题,解决问题。就像这个周末小墨班主任发在家长群里的话:"乱则不战而败","家长和孩子一起解决存在的问题,而不能把孩子当成问题来解决"。

小墨学校上周四、五进行了语数外的期中考试,本以为是学校组织的一次测试,我也没怎么放在心上,小墨说因为要期中考试了,学校这周停止其他活动,这几天只上语数外三门主课,在傍晚的亲子通话时小墨告诉我:这次考试听老师说是苏州市统考。后来我在老师那里证实了这一消息。

周四傍晚小墨在电话里告诉我:"今天考了英语和数学,老师说英语试卷有点难度,但我觉得不难,妈妈,这两门课考试,我感觉良好。"小墨又是一副轻松快乐的样子,还说:"好多同学对这次期中考试都很紧张的,有些同学出现身体不舒服啦或感冒什么的,我觉得没什么紧张的呀。"我也笑着说:"小墨,你这心态就是好,考试就应该这样。"小墨一边和我有一搭没一搭地说着,一边哼着不着调的小曲,看来小墨确实是自我感觉良好。

考试前班主任就找他谈话,对他寄托了很高的希望,要他冲班级前三,现在他的学号是班级第二,学校虽没有明说学号就是名次,但这几乎是公开的秘密,而且是依据开学摸底考和第一次月考的综合成绩分班后的学号。据我们的推算和老师的话语里得知,小墨现在的成绩基本在年级前十,家长和老师都希望他保持或有一定的上升。有时小墨也会嘟囔:"你们对我的要求越来越高了,本来觉得考上这学校已经不错了,后来说让我保持班级前十,现在又想让我冲到年级前十。哼,你们也太贪心了吧。"我们当然给他鼓劲:老师说你是潜力最大的孩子,你努力一下的话应该不成问题,你不是也说嘛,班里的同学没有你想象中那么厉害。是的,小墨第一次的出师不利,给他留下了自卑的心理,现在"大名鼎鼎的袁子墨"这样的赞语几乎消失了,但开学后几次考试不错的成绩,又让他鼓起了自信的帆。

小墨升入初中了,我们家长觉得每月一考是比较合适的,及时发现孩子的学习状态,作适当的调整,毕竟前方有严峻的中考等着孩子。但最近一个阶段,江苏省教育厅在各地督查,严查违规办学,一学期只允许一到两次考试,对学校的作息时间、课程设置、作业时间都有严格的规定。

当前越演越烈的读书焦虑已成为社会问题,在孩子的学习上家长们付出大量的精力和财力,唯恐自己的孩子输在起跑线上。特别是现在校内的加班加点,校外的学习培训,把孩子都压得喘不过气起来,孩子的睡眠时间严重不足,孩子的身心健康堪忧。国家出台各种政策,确实是想为学生及学生家长减压。

小墨读了北外以后,我欣慰的是学校课程丰富,活动纷呈,孩子没有陷入题海战。虽然有些忙,但小墨在校还是蛮快乐的。这个周末,老墨时常在嘀咕着儿子的期中成绩,还说不要再来个惊吓呀,看来,对考试成绩,家长的焦虑更胜于孩子呀。

波澜起伏

从星期一晚上得知小墨的期中成绩开始,我和老墨的心情都低落了,这种失落感确实让人有点难受。真应了"期望越大,失望越大",小墨的语数外三门主课成绩都比预期的要低,虽然知道成绩起伏实属正常,或许是临考前老师对他的期望很高,考完试小墨的自我感觉良好,都给我们丝丝期待,班级前三名的目标是有可能实现的,不料又一次跌破了我们的预期。晚上,班主任就打电话联系了我,也谈了小墨的成绩情况,确实发挥不理想,没有考出他应有的水平,成绩在班级平均分稍高一点,也是出乎她的意料,会对小墨提具体要求的,也让我放心。我们也一致认为,给孩子一点挫折会让他更认真地对待自己的学习。

今天,家长群里炸开了锅,各种讨论,各种焦虑,特别是对这次的语文成绩,很多家长都担忧,也都想了解学校的整体情况,有对老师的教学方法质疑的,有对学校的课程设置提出异议的,有的发了其他学校重点班的平均成绩供大家参考,也有提出把家长的想法整理起来和老师学校沟通,众说纷纭,各有各的想法,还谈到孩子的学习方法、家庭教育,家长怎样面对孩子的成绩等等。看到家长们对语文这门课讨论得这么热烈,作为一名语文老师,也要参与一下讨论:"成绩确实应该看试卷的难易程度,这次语文试卷总体分数较低,新的部编教材有一定的广度和深度,对老师和学生来说,都有新的挑战!语文只有加强阅读指导,词句积累,还有平时对基础知识抓实,作文训练多样化。在这些方面,我们可以和老师沟通一下!"总之,对这次大市范围的测试,家长们都是非常重视的。

上班时间,我就在想,今天的亲子电话,怎么跟小墨说了,还是让他先谈谈对这次考试成绩的想法,提醒自己切记少指责批评,让孩子自己反思不足之处。刚吃好晚饭,小墨的电话如期而至:"妈妈,你想和我谈什么呀?"接着发出一声假哭。我知道他想表达什么:"小墨,你想和我说什么呀?""妈妈,还是你先说吧。"母子俩还想拉锯战。"妈妈,我知道你想和我说考试的事,金老师已经和我谈过话了,是考得不大好……"接着就围绕成绩谈论着,小墨觉得还不是最坏,也还行,让我们的期望不要太高。我一提到学习的态度要认真,要静下心来反思自己的不足之处,小墨还是老调调:"妈妈,我知道这次考得不好,我会努力的,其实有时一次考试成绩也不能说明我不认真,骄傲自满了……"小墨还是会自我安慰的,有些话确实也有道理,但我还是会用惯有的思维、惯有的语气,指出他学得不踏实。最后,小墨说:"要晚自习了,妈妈,我们明天再聊吧,知道吗?我心里也很不爽的。"其实,我也知道,没有考好,孩子心里也很难受的。

当成绩作为衡量每一个学生优秀与否的重要标准之一,任何时代的学子都无法逃避压力。记得自己读书时,遇到考砸的成绩,同学们都会感慨:"今夜有暴风雨。"其实我们那时的家长对孩子学习的重视程度远远没有现在那么高,但依然有很大的压力。一次考试对孩子、对家长来说,内心的波澜起伏肯定是有的,正如有家长在家长群所说:我们不能指望孩子的成绩只升不降,有升有降才是学习的常态。我也知道发现孩子存在的问题,并帮助他慢慢改正,这才是我们家长要做的事。面对孩子的成绩,家长保持良好的心态,才是对孩子最大的鼓励。

家校沟通

上一周,对我来说,是小墨进入北外以后最焦虑的一周,压力不是来自小墨的考试成绩,而是来自家校沟通中,老师对小墨学习习惯的反馈。特别是语文老师的反馈让我更焦虑起来:"子墨妈妈,袁子墨周日该交的作文到现在也没有交上来,他说作文纸丢掉了,领了新的作文纸回去之后,其他迟交的孩子都交了,他还没交上来。袁子墨在上课的时候,身体半躺在椅子上,抠手,手里玩东西,一节课要提醒他好几次,刚提醒完立刻坐好,过不了一会儿又各种小动作,只要上课,我的眼睛要盯着他,时时提醒,仍有不自觉。他现在越来越严重了,之前没这么明显,家长应该是给了不少压力,我一节课提醒六七次还不够,再惩罚,不怕孩子压力越来越大吗?而且您觉得什么样的惩罚合适?他不是违反纪律,只是习惯问题,因为习惯被惩罚会给孩子的成长带来阴影的,老师不能不懂教育规律。家长的焦虑情绪反噬到孩子那里就更麻烦,现在子墨我观察到小动作越来越多了,之前有,没这么严重,那家长就要反思,焦虑有助于他提高成绩吗?不仅不会,反而会对他越来越不好。老师如果跟家长一样,你想想孩子在校的日子得有多痛苦,我们还要加压吗?"

老师的这些话给了我无形的压力,在上周的家校联络单上,我提了两条建议:一是在孩子那里了解到在校的课外阅读时间不多,二是孩子在校的作业反馈(特别是作文)比较少。所以周一就收到语文老师的微信,反映孩子习惯上的问题。确实开学以来,小墨的各方面表现还是比较令人满意的,虽然知道他的自控力较差,小动作多,但班主任一直用鼓励、激励的方法督促他,小墨在校是比较愉快的。语文老师的这些信息,真让我焦虑了。难道这次期中考试我们给他的压力太大了,孩子内心因没有达到家长老师的预期而紧张,所以这些小动作更多了?小墨啃手指的习惯是在六年级读小升初班时出现的,当时也想到了与学习压力和老师的批评有关,暑假里情况已有了明显改善,最近似乎又多了起来!确实应该好好思考一下怎么来改善现在的情况,过分关注也会造成心理暗示,强化他这样的行为,让孩子放松心态,提高专注力,鼓励强化他好的地方,慢慢地改变,急是急不来的……

星期四下午,和班主任金老师联系,老师也反映了这个抠手指的习惯,还反映了小墨做事没有紧迫感,说他有学霸的潜质,但习惯上缺乏学霸的踏实。确实,小墨从小到大,是亲戚朋友眼中"别人家的孩子",情商高,学习好,但在校总会出现一些小问题,不是通常意义上的"乖孩子"。作为妈妈,我也在不断反思自己的家庭教育存在的一些问题,孩子的自理能力、吃苦精神的缺乏,可能还是我们平时没有注重孩子自律的原因吧。小墨也是个个性丰富的孩子,他的优点和缺点同样突出,就像他的同学所说,有一次体育老师生气地问全班同学:"你们见过顽皮好动而成绩优秀的学生吗?"大家异口同声地说:"袁子墨。"听到同学讲起这些,我真是又好气又好笑。

现在小墨住宿在校,在校的情况大多通过老师在群里发的一些照片和信息反馈,家校沟通更是显得格外重要。小墨也会遇到各种各样的问题,也会遇到各种各样的老师,而每个老师的沟通方式又带着各自的个性。而我努力切换老师和家长的身份,尽量客观地看待孩子,看待家校沟通存在的问题,尽量调整自己的心态!

每一个孩子的成长之路都不是一帆风顺的,小墨的成长也是如此。

我的朋友心理咨询师郑红老师曾帮小墨做了一个心理类型的测评。这个测评的理论来源是心理学家荣格的心理类型学说,人的心理类型有四个维度,第四个维度是人们习惯的偏好,有一类人的行为习惯就喜欢中规中矩,遵守规则,按部就班地做事情。还有一类人,比较随性,事情喜欢拖到最后一刻，还喜欢即兴和野外生存，而小墨恰恰就是后者。那个时候我们并不知道我们当时看起来是缺点的东西，其实是孩子的天赋。现在想来，我们当时的焦虑、着急，和子墨的各种拉锯其实都是没有必要的。这个世界上人就是有多种行为模式，允许和接纳那个部分的存在，那个部分其实从另一个角度看是优点，我们的眼光和认知局限了我们对世界和对人的理解。活到老学到老，学习，成长和探索，是作为一个妈妈的我一直在进行的，希望在陪伴子墨的生命成长的道路上不留遗憾。

身上的"小刺"

星期五回来,小墨带回来了一些东西:一份反思、一张反馈卡、一张奖状。

吃好晚饭,我想了解一下小墨期中反思写了些什么。小墨在书包里找了半天没找到,拍拍脑袋:"哎呀,有可能忘在学校里了,记得老师给我时,我放好的呀。"过了一会儿,竟在裤子的口袋里找到了,一张纸被叠成四方形的"豆腐干"。"袁子墨的期中反思"几个大字书写在订正栏里,下面画了一张哭脸,画了两行长长的眼泪。"这次期中考试,我考得并不理想,没有一门拿到很高的分数。老师、妈妈都给了我很高的期望,我却让她们失望了。她们高估了我,没错,我骄傲了,对学习产生了松懈,学习没有往常认真(其实原来就不是特别认真),以至于觉得学习真的是件容易的事。其实不然,其他同学都在冲刺,我却在退步,差距就是这样拉开的。由此可见,我这次考得不理想是具有一定的必然性。半学期总结:一个字'浮',两个字'浮躁',我要转变态度,认真学习,不浮躁,转变方法,抓紧时间,五个字——一定要努力!"

反思的后面是金老师的话:"袁子墨潜力无穷,只要静心,必能向上,老师相信你,加油!"老师的鼓励让人觉得温暖,小墨的反思也写得情真意切,确实发自内心。看来小墨主观上是想努力拼搏的,只是有些习惯一时半会儿改不过来。用老墨的话来说:"我们还是要相信儿子是有潜力的,他还没进入状态,有点起伏,有点挫折,对他不一定是坏事。"

这周的反馈,金老师给每个孩子一张小卡片,给小墨的小卡片上写着:"找差距,要服气;严律己,要谦虚;定目标,要努力;遵规则,才优异。小目标:不抠手,整理好桌面。"真是个用心的老师。

小墨还带回来一张学校颁发的"优秀学习小组"奖状,小组五个孩子每人一个。拿到奖状,不管是个人还是集体的,都是值得夸奖的事。

接着我和小墨聊最近在学校的表现,谈到他抠手的习惯,小墨说:"妈妈,对不起,我错了,有时我也没有特别注意到自己在咬手指或抠手,你也不用这么烦恼的,我会改正的……""小墨你一定要用毅力去改正抠手、做小动作的习惯,这样不仅会影响你听课的效率,还会影响到老师上课的情绪。妈妈还是个老师呢,自己儿子的习惯没培养好,我真觉得有点压力……"小墨说:"妈妈,对不起,我让你丢脸了。"听到小墨这句话,心里竟涌起了一股心疼的感觉,小墨总会说:"妈妈,我错了,妈妈,对不起。"其实这是个内心温和懂事的孩子。他一直想着让妈妈快乐,尽管有时会受到老师、家长的批评,但他依然是活泼阳光的,这一点很是令我感到欣慰的。

晚上我和小墨看《作文素材》这本杂志,刚好看到刘墉的一则短文:吃鱼的时候,小刺要比大刺麻烦,因为大刺很容易被人发现,而小刺则必须下很大的功夫才能清除。做人,小毛病比大毛病难改正,因为大的差错,很容易发现,小缺点却必须格外留意才会发现……小墨读着这段话,笑着对我说:"妈妈,这段话就像在写我,我也有许多小毛病,就像鱼中的小刺。"能融会贯通,真是孺子可教也。

看来,小墨身上的小刺,还必须下点苦功夫慢慢拔掉,仅靠他自己还不够,父母也应该在一旁帮助。

点点滴滴的感动

星期二晚上的亲子电话,小墨照例说了一些学校和自己的事,然后说:"妈妈,告诉你一件事,昨天晚上我没睡好,难受得很,因为我有点气喘,睡不着。"我一听,知道这是感冒引起的,就问他吃了药没有,他说上次你们送来的药搬宿舍时弄丢了。唉,我一听不由得着急起来,要是不吃药,喘得厉害怎么办呢,语气焦躁了起来,让他多喝水,或找老师要点药,或者送药过去。小墨一听忙说,妈妈你不用太着急的,反正也不怎么厉害,而且人有免疫功能,多吃药也不好的,你真不用送药哦,不方便的。我知道这小子在安慰我。匆忙讲了几句,小墨说马上要去排练节目了,临结束通话时,还说:"妈妈,你放心,没问题的。"父母不在身边,也没家人嘘寒问暖地照顾,不知小墨的心情会怎样。无助、担心、紧张?我还是不放心,把这情况在微信上跟班主任说了一下,金老师微信回复了我:"我白天问子墨他说宿舍有药,打死都不肯去校医院,待会儿我给他弄点药,明天不行的话拖他去校医那儿,有药的。这个娃就是不想麻烦老师,更不想辛苦你们大老远送药来。没事的,明天我带他去校医那儿看看。"

小墨内心的细腻懂事常常让我们这些大人感到温暖,尽管他身上总有些小毛病,但这些小毛病和他内心的丰盈相比,显得不再那么堪忧。或许是我们对孩子的期望值太高了,太希望孩子完美了,殊不知,这样的想法既不现实也不客观,我们大人身上也有各种各样的毛病,怎么能要求一个十多岁的孩子各方面都尽如人意呢?

小墨虽然看起来单纯幼稚,活泼好动,但他有着一颗敏锐的心。这次他按学校要求写的那篇文章《熟悉的陌生人》,把大阿姨的外貌、经历、个性特点写得真实而生动,而且我们那些家长里短的话也被小墨留意到了。那份真实的描写,那份细致的观察,在生活中提炼素材的能力还是让我有点惊讶的,后来他还悄悄地对我说,不要把文章发给大阿姨看。我知道,他担心写阿姨焦虑和唠叨的特点不大好,阿姨会不开心,就是这么个善解人意的孩子。

上周六晚上,吃好晚饭,我们三人坐下来开了个家庭会议,回顾小墨在校的学习情况,肯定他做得好的地方,需要改进的地方。小墨也谈了自己需要努力的地方:上课不抠手,早上早一点到教室,学习上还要努力点。洗澡时,小墨对我说:"谢谢妈妈的神圣指导。"周日下午,我帮他一起复习背诵英语单词,临了,他站起来拥抱我:"妈妈,谢谢你一直那么关心我。"

小墨,你的点点滴滴,让我感动。

自我检讨

最近的我，常常处于比较焦虑的状态，看到小墨磨磨蹭蹭的一些行为，会急躁，会控制不住自己的脾气训斥他，过后又反思自己的行为，对自己不满，觉得自己没有好的教育方式方法。确实，攻击孩子的时候，其实是在反向攻击自己，孩子某些行为让我不满意，使自己内心深处有了挫败感。在小墨看来，这些问题没这么严重，妈妈太过重视了。

上周六上午，带小墨去保利大剧院听著名作家、文化部原部长王蒙的讲座，本以为小墨像往常一样对这些活动不感兴趣，不肯参加，但他还是放弃了睡懒觉的机会，同意一同前往。一路上，同行的周老师给小墨上了一堂文学课，介绍了王蒙的一些经历和作品。尽管因粗心乘错了几次地铁，最后还是挤进了大剧院，只能坐在台阶上听讲座。

讲座结束，乘地铁回到家已不早，吃好饭，我就叮嘱小墨及时写作业，如果一拖延，明天就会很匆忙。等我在三楼洗好衣服，下楼时听到楼下搬动桌椅的声音，到楼下一看，果然是小墨听到我的脚步声才开始准备写作业，这时胸中一股火气在升腾，就问他这段时间在干什么，怎么还没动笔。小墨说已开始做了呀，我就问那你的铅笔盒还没拿出来，怎么做的，还撒谎！此时的声调明显提高了，胸中的怒火像岩浆一样喷涌而出："小墨，你现在这状况怎么行呀，没有时间观念，学习不自觉、做事拖拉……听到我的脚步声才急忙做，你是来应付妈妈的，还是为自己学习的？"怒气使我的胸口都发闷了，小墨小声嘀咕着："好的，妈妈，我知道了，你别说了，我本来就要做作业了呀！"

老墨下班回来看到儿子在中庭写着作业，问他完成得怎样，小墨说还有好多没做，心里有点急了。这一问，就引起了下午的话题，老爸知道后也批评

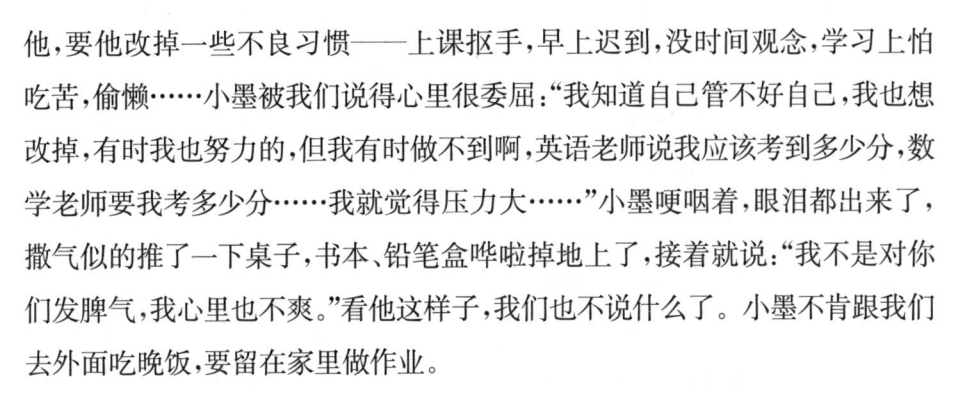

他,要他改掉一些不良习惯——上课抠手,早上迟到,没时间观念,学习上怕吃苦,偷懒……小墨被我们说得心里很委屈:"我知道自己管不好自己,我也想改掉,有时我也努力的,但我有时做不到啊,英语老师说我应该考到多少分,数学老师要我考多少分……我就觉得压力大……"小墨哽咽着,眼泪都出来了,撒气似的推了一下桌子,书本、铅笔盒哗啦掉地上了,接着就说:"我不是对你们发脾气,我心里也不爽。"看他这样子,我们也不说什么了。小墨不肯跟我们去外面吃晚饭,要留在家里做作业。

我从外面吃好晚饭,打包了一点给小墨。回来的路上就在想,回去要和小墨心平气和地谈谈。一听到我开门的声音,小墨就说:"妈妈,你回来了,我已做完两张语文的自主阅读卷,今天晚上把语文和数学完成,英语和西语的作业明天早上做,作业应该来得及。"语气又恢复了往常的活泼,我及时夸奖他,这效率很高呀。

陪小墨吃晚饭时,我对他说:"小墨,妈妈要向你说声对不起,最近我自己没好好控制自己的情绪,有点急躁,经常向你发火,其实我也知道你一直在努力,也改变了很多,像今天上午的讲座,虽然坐在走道里,你坐得很端正,听得也很认真,比以前好多了,像一个小男子汉了,对客人有礼貌也非常好……"小墨忙说:"妈妈,你真的没做错呀,爸爸妈妈批评得很对的,我知道自己有好多地方做得不好,学习也不是很认真……妈妈你不要自责……"小墨的语气里满是歉意和安慰。

"是的,爸爸妈妈也会做错很多的,说错很多话,大人小孩都一样,人非圣贤孰能无过,但我们一家都要有一颗向上的心、努力的心,你看爸爸赚钱很辛苦;哥哥一个人在外求学,还去兼职打工;妈妈除了工作、家庭外也经常要出去听讲座、学习等。"小墨也频频点头。

养育孩子真的是父母的一场修行,在纠结中融合,在痛苦中反思,在陪伴中成长。

写在生日

此刻，小墨已被老爸载着去往学校的路上，而我终于可以松一口气，端坐在书桌旁，理理思路。临走时，小墨抱抱我："妈妈，我会努力的。"我还不忘叮嘱他，路上近一个小时的路程，可以复习一下地理的资料哦。

小墨的生活几乎被学习所裹挟着，而我的生活几乎被小墨所裹挟着，我们依然是一根绳上的蚂蚱，休戚相关，荣辱与共。最近小墨虽然因期末各科狂轰滥炸般的复习而叫苦，但心态依然很好，说在学校里还是蛮快乐的，也很适应学校生活，学校最近两周不是年级的迎新文艺会演（小墨参加了合唱），就是全校的SIA第五届嘉年华文艺会演，小墨的在校生活既丰富多彩又紧张忙碌。而我最近一段时间仍处在焦虑之中，为大儿子继续读研还是工作而焦虑，为小墨的学习习惯和态度能否改进而焦虑。

昨天是冬至夜，是小墨生日，恰逢周六，考虑再三，还是在家给小墨过一个简单的生日，邀请几位亲戚和他最想念的小伙伴。冬至，又称"小年"，俗话说"冬至大如年"，所以家里热闹一点更显节日气氛，苏州人的俗语"冬至夜，有钱吃一夜，没钱冻一夜"，又说"干净冬至邋遢年"。今年的冬至却是一直下着雨，我妈又说"邋遢冬至干净年"，看来今年的春节应该是大好晴天。

吃好晚饭，大家在聊小墨的生日，说到他出生那天阳光灿烂，只是气温要低一些，都感叹着时光的飞逝，一眨眼小墨都已是一个小伙子了，现在快和我一样高了，上嘴唇已有黑黑的一圈，最近一两个月声音也发生了变化。大家说起他出生的模样，说起他难伺候的刁蛮样，都笑了。

点生日蜡烛时，他老爸给他拍照，小墨粗着喉咙嚷着不许拍，但老爸还是偷偷拍下小墨喂我吃蛋糕的情景。

小墨出生的那几年,流行着世界末日说,说公元 2012 年 12 月 21 日是玛雅人曾经预言的世界末日,玛雅神学中世界由 5 个太阳时代组成,截至 2012 年 12 月为最后的太阳时代。预言中以蛇代表世界轮回,第五个太阳纪结束是 2012 年 12 月 21 日,太阳时代消失后就出现一个新的美好世界。那几年真有许多人因这预言而惶恐,2009 年美国大型科幻片《2012》面世,非常震撼的一部灾难片,看着真的像世界末日来临。据说这电影真的引起了一部分人的恐慌。

小墨的生日恰好是 12 月 21 日,我笑着对老墨说:难道你的儿子是来拯救世界的吗? 现在 2012 年早就成为无法追回的时光,太阳依旧每天升起,人类文明依旧在蓬勃发展,世界末日说看来真是无稽之谈。

是啊,活着就是美好,生命存在就有意义,就像大儿子说的:"妈妈,学习成绩不是全部,活得幸福才是最重要的。虽然我在多大成绩不是很好,但对音乐的喜爱给我带来了展示自我的舞台,给我带了自信,带来了快乐,这是学校学不到的东西。"这么简单的道理人人都懂,但我们时常纠结于一些身外之物。而一个母亲的焦虑常常来自对孩子过高的期望,期望孩子们乖巧懂事、学习优秀、才能卓越,理想常常是高过现实,我们必须去接受孩子的不乖巧、不优秀、不卓越的那部分,健康快乐才是孩子成长中最重要的生命底色。

小墨的每一个生日,老墨总会说上一句:"老婆,辛苦了,谢谢你给我送来了一个儿子。"姐姐买了新型的电纸书包扎成漂亮的礼盒送给小墨,远在加拿大的哥哥也发来了信息:"祝小墨生日快乐。"而小墨总会说:"妈妈,您对我太好了,我以后会报答您的。"

小墨的生日,赋予了我们家庭太多的亲情和温暖。

又到岁末时

时间总是在不知不觉中倏然而过,又是一年岁末时,我的生活重点除了工作,依然是家庭,而小墨依然是我们家庭中的重点。他正处于不断变化之中,不管是身体还是心理,都在时时发生着变化,也时时处在我们的关注中。

小墨住校已近半年,我们彼此在适应着分分合合的日子。五天住校,给了他更多自我成长的空间,小墨学着适应学校生活,学着自我管理;两天在家,小墨重温着家的温暖,亲子沟通,督促学习。这样的一张一弛,既希望他能早一点自律,又给了他适度的心理缓冲。现在想来,这样的模式更适合小墨的成长,特别是学校理念新颖、管理严格,老师认真负责、讲究方法,这样我们也比较放心,直到现在,我还为当初的选择而庆幸。

今天是个难得的好天气,阳光灿烂,结束了快两周冬雨凛冽的日子,苏州的天空有了冬日的暖阳。冬至已过,气温也还在零度以上,看来今年苏州是个暖冬了。在这样的阳光下,洗洗晒晒,真的是一件快乐的事。阳光的到来,让我最近低沉的心情似乎也跟着回暖了。特别是刚收到的小墨班主任的信息,让我的心情在温暖中多了份灿烂。最近小墨学校忙着模拟考试,上周一模,小墨说一模成绩大约在班里六七名,数学没考好:"妈妈,我担心数学没考好,你们会骂我呢,谢谢你们没骂我……"前天、昨天在进行二模。

刚坐在电脑旁,准备完成每周一篇的亲子成长记,就收到了小墨班主任发来的信息!

G:子墨这次数学129,我就知道这次会发挥出实力!最近的学习状态是非常不错的,非常非常非常欣慰。

G:一模是110,其他科目还没出来,无论考得怎么样,都足以证明子墨是有实力的,他自己也能够感受到,如果自己态度端正,付出努力,是能够冲到班级甚至年级前面去的。

一玄:谢谢金老师,小墨各方面的进步离不开您的教学艺术,您的班级管理,您的激励机制……

一玄:向你学习。

G:子墨还有很大发展空间,而且现在有一点让我特别欣慰的是,子墨慢慢学会如何去解决遇到的问题。今天监考的时候,子墨做题的专注度有非常大的改进,孩子自己想好,老师们会更努力引导的。

一玄:内心真的非常感动,遇到金老师。

G:我很高兴遇到子墨这个小孩,性格好,待发掘的能力还很多。

一玄:孩子的任何一方面都牵动着一个家庭,特别是妈妈,当今社会,对孩子成长教育的各方面都到了一个前所未有的高度。处在这样压力下的妈妈也会比较焦虑,特别是小墨这样的孩子,最近一阶段我也思考了很多,尽量放低自己的期望值,调整心态,给孩子一个比较宽松的心理环境。

G:我给子墨布置了一个任务,寒假拼好一幅1000片的拼图,子墨妈妈提醒他最近不要拼哦!(子墨会自我克制的,现在就主动存放在我办公室,明天带回家哈)

一玄:确实小墨自我管理能力不是很好,作为教师,妈妈可能关注得太多,孩子是很懂事的,内心也比较温暖,个性也较乐观,这些方面让我欣慰。

一玄:上次他告诉我们您送他的拼图,金老师用心了。

G:哈哈,我怕他元旦回去就拼好了,子墨人缘也很好,其他科成绩出来我再发给大家哈。

对于妈妈来说,收到老师这样的信息,感受到老师这样的关怀,内心是愉悦而感动的。

岁末已近，在陪着儿子们的成长中，时间的流逝或许并不那么明显，不知不觉我已到知天命之年。对于有两个孩子的妈妈来说，我似乎没有轻松过，一件接着一件，一茬接着一茬，儿子们的成长史就是父母的衰老史。在陪小墨成长的过程中，我似乎比同龄人多了份经历，也多了一份年轻的心态。社会上流行这句话："孩子小时是拼妈时代，孩子大了是拼爸时代。"而我这个70后的妈，和80后的妈拼，心态不年轻不行，纵然和她们相隔了一个年代，我还得同她们齐驱并进。"东隅已逝，桑榆非晚"，抗住了情绪崩溃，熬过了岁月沧桑。

新的一年，我依然义无反顾地走在陪伴小墨的路上，我依然一如既往地神采奕奕，不忘初心，砥砺前行。

愿你一如既往

元旦一过,小墨四天假期已接近尾声,我还是不忘督促他及时完成各科作业,小墨嘟囔着:"回家还是做作业,只是从学校换到了家里。"是啊,小墨的话也不无道理呀,现在的孩子似乎整天离不开的是学习,大部分时间都耗在了学习上,做作业、课外培训学习,特别是进入了初中,功课增加,学习的时间更长,压力更大。快乐学习几乎是不可能的,现在流行一句话:"现在学习不吃苦,将来生活必吃苦。""20 岁的贪玩,造成了 30 岁的无奈;30 岁的无奈,造成了 40 岁的无为;40 岁的无为,奠定了 50 岁的失败;50 岁的失败,酿造了一辈子的碌碌无为。"家长们都被这些心灵鸡汤激励着,让孩子们不输在起跑线上,不跌倒在学习路上。老师也用各种方法激励鞭策孩子,总之要孩子们取得好成绩。孩子的成绩成了每个家庭的软肋。

小墨进了初一后,几次成绩都不错,虽然常出现一些问题,但也可以看出他在学习上付出了努力,自己还是积极向上的。二模考出了年级第五的好成绩,他还坚守老师的嘱咐:不能说出学校的排名,现在规定学校不许排名的。而我现在对他的成绩起伏有了更豁达的看法,更关注他在习惯和态度方面的变化。

元旦晚上,小墨洗好澡,准备下楼睡觉,出我们的房门时,他拥抱了我:"妈妈,明天你一早就上班去了,现在就和你说再见哦,请你预祝我考试顺利。"我笑了:"预祝你考试顺利,不要太紧张,心态调整好,顺其自然哦。"小墨道了晚安,去二楼睡觉去了。看来小墨对期末考试是很重视的。小墨心思细腻,假期看到他的两篇作文有了很大的进步,反映乡村田园的《外婆和柿子树》,有了比较丰富的内涵,有祖孙之情,有乡村味道,有时代特点,外婆家拆迁了，那棵柿子树留在了小墨的童年生活中，留在了他对乡村生活的记忆中，在真实的生活背景上加上一定的艺术加工，我和老墨都认为是一篇很好的作文。

尽管小墨已进入青春初期，但我们的亲子沟通比较顺畅，不管成绩好坏他都能坦然告知，作文也能给我们阅读，有什么想法也能跟我们反馈，这些方面要继续保持，也让我更注重给孩子一个宽松的成长环境，希望他一如既往地活泼、开朗。

面对期末考试

最近一周，是各校的期末考试，是家长们都关注的一件大事，而我尽量放松心态，不去过度关注，至于小墨能考出怎样的结果，顺其自然。老师反映最近小墨的各方面有进步，小墨说老师给他的目标是年级前20名，我给他的目标是年级前30名，小墨说妈妈的目标应该不成问题的，看来这点信心小墨还是有的。

网上有一篇小学生的作文，铅笔写的，虽然字体显得稚嫩笨拙，但一看内容就是段子手写的："《我的愿望》——马上过年了，请做个招人待见的叔叔阿姨，别逮个小朋友就问：考了多少分？在班里第几名？我们问你工资多少了吗？几套房了吗？换车了吗？要二胎了吗？文明你我他，快乐中国年。"哈哈，这文字是来搞笑的。笑过之后，确实也要深思一下，活在世上，大家都不容易，大人孩子各有各的压力，各有各的隐痛，看来真要彼此理解，互相珍重，互不揭短呀！

这周亲子电话，小墨基本谈到的就是学习、期末考试，几次都说"妈妈我有点紧张"，当然我也给了他一点放松心情的小办法：自我暗示法、情绪调节法、呼吸放松法。小墨笑着说："妈妈的一番理论指导，让我信心倍增。"

从家校联系的微信群里，每天可以看到老师发的孩子们在校的情况，有照片有文字，每天晚自习班委有总结，临考前一天学校还召开"七年级期末考试大会"，PPT展示了考试的注意事项、各科的考试要点，最后还要宣誓，整个儿是一场没有硝烟的战争。一次普通的期末考试，紧张气氛不亚于高考。群里的家长们也都呼应着老师，表示着对老师的感激，对孩子的祝福。对于期末考试，学校、家长和老师都显出了十二分的重视。看来小墨的压力很大一部分来自周围环境,当然也有自身的原因,哪个孩子的内心不希望自己能考出好成绩呢?内外夹击,孩子要不紧张也难呀。他说班里有些女生已经紧张得暴饮暴食了,好多同学都有感冒的症状了,最近流感盛行,老师为孩子们准备了板蓝根,真有点备战备荒的感觉呀。对于我来说,期末小墨能考出理想成绩,当然是很高兴的事,但小墨最近态度上的认真、行为上的改变,才是我最关注的事。

孩子的学习其实也是一场马拉松,是要持久和耐力的,我想如果孩子的自身能量被激发,能保持对学习的热情,有奋斗的目标,有刻苦的精神,有乐观的心态,这些才是孩子能在持久战中获胜的基石。两天的考试,小墨自我感觉都很好,如果能做到"胜固可喜败亦欣",那么孩子的快乐会多一些,家长的焦虑会少一些。

分数和名次

期末考试结束,小墨学校放假三天,这是小墨最轻松的周末了,睡睡懒觉,看看电视,翻翻书,和我一起吃个下午茶。

昨天晚上,我带小墨去看新上映的电影《鲨海逃生》,故事内容比较简单,情节很紧张,这类电影大都是这样的框架。电影结束后我掏出手机一看,手机上跳出小墨班主任的短信,心里习惯性地一紧张,期末成绩出来了?果然是:"整体不错,寒假建议强化一下英语,政治要再熟悉课本。"下面是分数条,点开分数条,一看,各科成绩还行,总分507,就是政治没考好,41分。这成绩让我没底,急急地问老师:"这成绩在班级情况怎样?"老师回答:"好,就是政治翻车了。"我接着发了:"班级排名多少?""不排名,这么说吧,子墨这次考得非常好,但是要想进入年级前五,要把政治发挥好。"看老师回了这条信息,我的心里一安稳,老师这话应该暗示小墨没进年级前五,应该在前十吧。小墨知道这成绩,马上笑嘻嘻地说:"妈妈,这成绩还行吧,没让你们失望,哈哈,可以过个轻松年了。"边跑边扭起他的苗条身材。看来,好成绩真是快乐之源。早上,我再通过小墨学校的我的老同学,基本确定了小墨在年级前十名。今天小墨在亲子电话里告诉我:据他了解,这次总分他是班级第一,但年级有几个高分的。毕竟这是高手林立的学校,小墨这成绩已让我们满意了。

我想优秀的成绩可以给小墨更多的自信。在理论上,或劝慰别人时,我也会说:"成绩起伏很正常,不要太看重分数和名次。"实际呢,面对孩子的每次大考,我还是无法做到云淡风轻,还会在分数和名次上消耗许多心思,在忐忑中期待,在降低期望中找安慰,在各式意象对话中求平衡……孩子考了个好名次,心情愉悦,皆大欢喜;孩子考砸了,心情多少会抑郁些,各种家庭聚会、年夜饭、走亲戚,路上碰到个邻居,似乎都缺少了一点兴奋。凡俗之人依然被现实中的社会大流裹挟着向前。在目前"学习好,便一好百好的教育大环境下"真要保持一颗平常心有点困难。

　　我在努力地改变自己局限的思维方式,努力打开视野,确立新的教育观,着眼孩子未来的发展,希望和老师共同努力,进一步关注小墨的专注力、自控力、自信心等品质的发展,激发他内在的动力。这些非智力因素才是孩子走向成功的重要基石。

　　所有的教育最终都是自我教育,再牛的学校,再重大的考试,都不是教育的目的,只是教育的途径和手段而已。"关注孩子成长过程中各方面的收获,并不只是盯着分数,我们有很多方式证明孩子的卓越,分数绝不是证明孩子卓越的唯一方法。"用这句话自勉。

盔甲还是软肋

周五,是小墨学校的休业式,预示着一学期的结束。学校发出邀请函,至少一位家长参加。

整个活动由观看学生作业展、参加班级家长会、出席学部休业式组成,9点开始,11点40分结束。

怕路上堵车,我和老墨早早地起床,路上要近一个小时的车程。赶到学校时才8点过一点。到教室门口,和金老师聊了几句,金老师告诉我小墨非常在乎妈妈的感受,有时忘了做作业什么的,叫老师不要告诉妈妈,妈妈似乎是他的软肋。

听到金老师这么说,我笑了,可能是太关注小墨从小到大的一言一行,陪伴着他成长,小墨似乎没有离开过我的视线,对我也非常依恋,会察言观色,也会甜言蜜语,很在乎妈妈的评价。有时想小墨的自律性不够,或许是我保护过度的缘故吧。"爱给了你阿喀琉斯的脚踝,给了你他的盔甲,也成为你的软肋。"妈妈的爱既是孩子的盔甲,也是孩子的软肋。

家长会开始了,我们走进教室坐在小墨的座位上。孩子们坐在教室边上的台阶上,一起听老师对班级情况的汇报。因综合素质的考核不高,小墨没得到"广雅奖",得了学习成绩上的"进步奖"。回来的路上,小墨说:"妈妈,你进我们教室时,表情很凝重的样子,我有点紧张,是不是我没有评到广雅奖,你不高兴了?""啊,我怎么没觉得自己有这个表情啊,很开心呀,进步奖更说明你的成绩很棒呀,当然其他方面下学期要努力。"确实如老师所言,小墨的内心还是非常渴望妈妈的认同,自己没在意的一个动作、一个表情,在孩子的心中就会有波澜起伏。

接下来，我们来到了学校报告厅，先进行颁奖仪式，再听初中部校长对学校各方面取得成绩的汇报以及老师对寒假里写论文的指导。这样的休业式对孩子而言是一个学习、总结的过程，家长也从中获益。参与孩子的成长过程，家长也是与孩子一同成长、一同进步。

"以前你是我的软肋，也是我的盔甲，后来你依然是我的软肋，却不再是我的铠甲。"我想，对于羽翼未满的小墨来说，或许我还是他的软肋和盔甲，但小墨渐渐地长大，终有一天，他会挣脱我的怀抱，羽翼丰满，展翅飞翔，或许我还是他心中的软肋，但已不是盔甲。

背着书包去旅行

二十天左右的寒假,小墨的行程也是排得满满的。大约十天的时间要去加拿大陪哥哥过春节。2017年的暑假小墨和我在多伦多待了一个月。在那段时间里,除了哥哥带着去附近商场、景点吃吃玩玩,因为语言交流不畅,因为陌生,好多时候就在家里,小墨和我几乎待腻了。一晃,两年半的时间过去了,我们一家都领略了加拿大凉爽的夏季,也想来体验一下大雪纷飞气候寒冷的加拿大冬天。

想想时间紧张,我让小墨把书包带着,十几个小时的飞行也可以看看书,写写作业,或者在多伦多抽时间完成一些寒假作业。现在的每个家庭总是被孩子的学习所牵制着,到哪都不能松懈。

飞机座位的狭小拥挤,无时不在的引擎轰鸣声,气流的震动颠簸,要想静心写作业几乎是不可能的,这个设想只能宣布破产。小墨看飞行记录、看电影、吃饭、睡觉,十几个小时就这么在昏天黑地的机舱内度过了。

到多伦多的第二天,我们去了市中心,去安大略湖的湖滨大道赏雪景,再去海洋公园,最后去多伦多电视塔上的旋转餐厅。古巴之旅没有成行,时间也显得宽绰起来,我们一家人除了逛吃逛喝,就是在家里赏雪景。其中安排了一次三天的蓝山之行,小墨早被度假屋地下室的运动和游戏器材吸引,被屋外茫茫的雪景、雪地上的小松鼠吸引,被滑雪、泡温泉、蒸桑拿所吸引,让他在这样陌生美妙的环境下静下心也是不可能的。尽管小墨还是带来了书包,但哪有闲情做作业呀,在客厅舒适的沙发上看了会《海底两万里》已算是学习了。

蓝山回来,小墨的作业已迫在眉睫了。学校班级的各个微信群除了要做各种填报登记,老师还一再叮嘱孩子完成各项作业,打卡接龙,四号前要完成寒假作业表上的各项学习任务。为了让小墨及时完成各项作业,我们的计划也要调整,本计划出门的就不出门了,本计划在外面吃中饭的,就在家里下点面条,反正他的学习是家庭之重。其中一篇关于"家风"的记叙文,在我的催促下,小墨终于提起了笔,写什么呢,又是脑瓜疼。突然小墨想到可以借鉴我的亲子随笔,在简书上一篇篇地翻,母子俩讨论、商量,最后确立主题,一个多小时已过去了。小墨苦瓜着脸,停停写写,又要看材料又要想思路,从下午开始写,晚上接着写,结果写到了晚上十一点,看得我怒火中烧,痛定思痛,以后他写他的作文,不指导,更不给材料,让他该写啥就写啥。

整个寒假作业中重量级的是那篇四千字的论文,像一座大山压在小墨头上,也压在我们整个家庭头上。学校虽然做了一些简短的辅导,也给了例文,但对于写800字记叙文也要挤药膏似的初一学生来说,四千字的正规论文,确实太高大上了。小墨着急,我们也跟着着急,最后一致决定,全家一起群策群力,力求这几天完成。

老爸找了关于"饮食和健康"为主题的,内容很多,但要贴近学生的生活,而且不能用太多网上的资料,还是有一定的难度。一系列的整合修改后,再查重一下,重复率竟然高达60%多,红色、橙色的一大段一大段的,看来全部要转成自己的语言。幸亏这主题和生活紧密联系,也比较通俗,有事例,那就再逐字逐句地把红字部分修改过来,结果第二次查重竟还有30%多,好多自己写的文字为什么也现红色或橙色呢(橙色代表了40%的相似度)?真是无语加抓狂了。最后发狠话了:再不符合学校要求也交上去,本来让孩子写这论文就是不切实际,好高骛远,家长只能弄虚作假。最后,老爸为了让儿子通过,不写文章的人也亲自上阵,作最后的修改,可谓舐犊情深啊,只好再一次出三元钱查重一下,相似度10%,终于合格了。我跟班主任发微信时说:这作业太难了,做家长太难了。

小墨背着书包去旅行中,完成最出色的是英语的小视频作业,要求拍一分钟小视频,完成一个手工作品或记录做一道菜肴、小点心的过程,讨论后决定跟哥哥学煎牛排,英语的对话哥哥还可以教一下。去韩国超市买了牛排,哥哥教小墨煎牛排,讲解每个过程用英语怎么表达,先练习一下,试着说说,我说:"到时不要只拍动作,要把小墨的脸也拍进去哦。"哥哥笑着说:"老妈放心,肯定让小墨露脸的。"开始了,小墨在哥哥的指导下,一边洗牛排,一边用英语介绍,哥哥在一旁用手机拍下来。拍一小段再停下,因为只能拍一分钟,把关键处拍好,到时可以把一小段一小段连起来。接着小墨用盐和色拉油腌制牛排,起锅后放一块黄油煎,油开后,把牛排放下去,再翻身,牛排盛起来,撒上黑胡椒,配上西蓝花、胡萝卜和水果,造型还不错,小墨的英语表达还算流利。最后,小墨把这些视频拼接,用美拍软件写上英语句子,配上音乐,还真是一段有声有色的小视频。我们都夸赞他制作得不错,小墨说:"幸亏我在学校学了一点电影剪辑什么的,还能派上点用场。"

背着书包去旅行,真不是件轻松的事。

大扫除中的小墨

每个孩子都在过"史上最长的寒假",学校开学一再延期,教育部明确规定 2 月底之前不允许开学。小墨已经开始了两个星期的网上学习,学校制定了各种方案、各种规程,我们下载了各种学习软件。有人调侃说:"现在老师都去做直播了,家长都成了老师。"现状确实如此,家长被老师使唤得团团转,老师被学校使唤得团团转,学校领导被教育和社会各部门使唤得团团转。各类打卡、各类填表、各类作业,每个人的生活和网络、手机已密不可分了。

小墨宅家已十多天,除了学习、做作业,就是吃饭睡觉,看看大片。"我宅家,我光荣;你乱跑,是害虫。"小墨真的做到了大门不出,二门不迈,每天陪着他的依然是我。

双休日,网课也停,正常放双休。这两天是冷空气来袭但阳光灿烂的双休日,我忙着洗洗晒晒。小墨一贯地献上甜言蜜语:"妈妈,真是太辛苦了,等会儿我帮你拖地。"心想,小墨有这积极性还是要给他机会的。小墨来到三楼,看我还不会使用新拖把,从我手上接过拖把,终于发现按两个按钮,就可以打开夹子,把布取出来。小墨的动手能力一直受到我的夸奖,他兴致盎然地拖起来了。

我们俩相互合作拾掇家具和地板,小墨说:"妈妈,你看我们要不把玻璃也擦擦吧。新买的擦玻璃工具还没用过。"但我真不知道怎么用刮玻璃器,小墨说:"我看到我们学校搞卫生的阿姨是这么用的:先用海绵拖把把玻璃拖湿,再用刮玻璃的刮一下,用抹布把刮玻璃器上的水分擦干,这样玻璃上就不会有水渍了。"心想,别看小墨平时疯疯癫癫的,观察生活还是蛮仔细的。小墨说完，拿着两个擦玻璃的工具，来到厨房开始擦，见他蛮有条理地使用着工具，特别是刮玻璃时，似乎把全身的力气都放在手臂上了，把杆子紧紧摁住，用力顺着玻璃从上往下刮，玻璃上的水往下滴落，而刮过的玻璃亮堂起来了。我不由得称赞起来，小墨干得更起劲了，还说："你不用擦，我来，我力气比你大……"哈哈，有点男子气概了，我拍了个小视频发在群里夸小墨！

擦好了楼下的玻璃，小墨决定帮我们擦淋浴房的玻璃，但淋浴房玻璃是有弧度的，小墨想到可以把刮玻璃器横着来，他脱下袜子，光脚踩在浴缸里。一试，玻璃上的陈年污垢很难去掉，他就下楼拿了钢丝球，喷了洗洁剂，再用钢丝球用力擦，最后刮玻璃。就这样，小墨按照自己的步骤，认真地劳动着。我不时去看看他的劳动成果，为他的细致和坚持而高兴，小墨从小手巧果然是有一些天赋的。

小墨花了一个半小时，终于把四扇淋浴房的玻璃门擦得锃亮，看着自己的劳动成果，小墨很有成就感！

老爸下班回来就上楼参观了儿子的成果，也不住地夸奖他！

特殊时期的宅家经历，让家庭拥有了更多的亲子时光。

也有了更多的时间一起打理家务，小墨的这次大扫除，让我有点刮目相看！

继续网课

小墨在家已经上了一个多月的网课，渐渐步入了正轨。刚开始时，学校、家长和孩子都可能认为网课只是一个过渡阶段，很快会回到学校正常上课的，学校也会重新回顾学习那些网上的内容。网上关于开学的信息一直在更新中，政府始终没有给出确切时间。网传三月初开学，高三、初三先开学，再是其他年级开学，最后到幼儿园，逐步分散开学，一直到全面复学，这样的信息一直在网上流传，但没有官方文件来宣布。

小墨最近一段时间的网上学习有了进步，虽然时常有晚交、漏交作业现象，但时间把控有了进步，作业正确率有了提高！学校的课程安排也在不断调整中，小墨从早晨7点起床，背诵默写打卡开始，到晚上7点左右都处在听课做作业状态。学校老师在网上讲授半个小时，再做大约半个小时的作业，明确了每课上交作业的时间，用手机拍照上传，老师在网上批改后发给学生。有时我有事外出，小墨就用电脑上的摄像头拍照，传到QQ上，我再发到作业程序中。最近的网课，使小墨对电脑的各项操作有了很大的进步。

每天晚上8点，班主任在网上召开自主德育，班长总结一天的学习情况，每人的得分扣分公布，各课代表汇报同学们的上课情况、作业情况，老师还点名同学发言，二十多分钟的时间，其中班主任老师常苦口婆心地劝诫勉励学生，出示优秀榜样，督促孩子认真、自律，奋力拼搏，老师真的也不容易呀！

除了完成课堂作业任务，还要完成对老师补充资料的学习，复习整理重点资料，还有打印出来的训练材料。这类作业小墨不够自觉，时不时地拖拉或者忘记，常落入临时抱佛脚的窘境。晚上在我的督促检查中，有些作业还能完成，我只能时常提醒他整理一天学习的内容，查漏补缺，有时晚上10点多小墨拿着英语或语文书还在背诵交差！

早晨是语文早读时间，背诵古文《河中石兽》，除了背还要默写，小墨没有背熟，时间有点紧张，背了一会儿，开始默写，看他停停写写，就可以看出是在烧夹生饭。吃完早饭，马上到网课时间，老师规定提前五分钟进群听课。一看时间已到8点25分，我急忙叮嘱他打开电脑，这次我帮他拍照上传默写作业，结果心急之下，忘了上传，到9点半才在手机上发现，这样小墨的默写就晚交了。小墨一看我有点自责，走过来搂着我的肩，笑嘻嘻地说："妈妈，晚点交没什么关系的，我一向是宽容大量的！"我听了也忍不住笑了。

是呀，孩子犯了错误，常常会被父母批评指责，甚至谩骂。很多时候，父母会让孩子承认错误。当父母做错了事，孩子的内心却容易释然，会原谅父母，这是孩子内心对父母的爱，不带任何条件，出乎你的意料。而父母对孩子的爱虽然无私，但有时并不纯粹，会对孩子有这样那样的期待，如果孩子做不到的话，家长会失望、痛苦，乃至愤怒、歇斯底里。小墨对我的宽容，让我感到羞愧，作为妈妈，我没有做到对孩子足够的宽容。在养育孩子的路上，父母与孩子相互影响，相互教育，我们不能总以教育者的姿态高高地站在孩子的面前，有时，孩子也是我们的老师。

区统考前的模考

小墨学校已紧锣密鼓地准备着期中考试,因为这次是区统考,学校特别重视,不仅开动员大会,而且要进行三次模拟考试。

上周考完小四门,小墨晚上在电话里告诉我,感觉考得都不错。果然,第二天老师发来成绩,政治还考了个满分 50,他说考政治时肚子疼到学校医务室去检查了一下,差不多少考了 20 分钟。"哇,少考 20 分钟还能得满分,小墨,确实有实力。"我及时地表扬了他。

星期三亲子电话:"妈妈,今天我们进行了一模,你不要生气哦,我觉得三门课都考得不好,数学最后一题都来不及做了……"我刚在园区回来的路上,就顺口说:"成绩差一点就差一点吧,我不生气的,反正学习是你的事。"只听小墨似乎在对身旁的同学说:"你看我妈妈多好,我考砸了,也没骂我的……"

星期四上午,老师就发了微信,表格式的成绩,分三栏:七上期末,七下期初,七下期中一模。每次的成绩与班级最高分进行比较,学校对成绩的重视可见一斑啊。看到小墨每门课都考得不理想,据老师反馈,小墨学得不够扎实,还是静不下心,不是能力,而是态度问题。当天在电话里训斥了一番,小墨觉得很委屈:"你们老是说成绩,我知道自己考得很烂的,我会自己想办法的……"我们当然想让他反思一下,端正态度。事后想想,确实不能一直关注成绩,孩子也是想考好的,做家长的也要反思自己的方法,还是应该激励他的内在动力。

星期六放学,班委会对这次模考进行分析总结。先是对各课考试的反馈,再提出建议,学会反思:

1. 学会反思

一模后大家第一件该做的事应是查漏补缺,找出自己哪些没掌握好的知识点,及时发现问题并及时调整,希望大家都能学会反思。

2. 端正态度

学习态度不是喊口号,也不是做样子给别人看,而是全方位细节的注重,并实打实地执行。学习态度一定要体现在学习行动中,学习行动一定要最终变成学习习惯,良好的学习习惯将会让人受益终生。

3. 未来可期

熹才班的每一位同学都有着无限潜力,希望每一个熹才同学都能早日发光发亮,未来可期。

最后,我想送给正在努力备战期中的我们一句话:往者不可谏,来者犹可追。不要停下你的脚步,朝着未来的方向,永不退缩,砥砺前行。

加油哇!

从这份详细的分析报告中,可以看出老师对孩子们用心良苦,也可感受到孩子们身上的压力不小。

一张纸巾玩出的花样

今天一早出门去上海,难得的自我放逐哦!

小墨返校的事就交给老妈和老公,晚上 7 点多我还滞留上海,微信收到小墨班主任的照片,照片上老师手里提着一条纸做成的项链似的东西,下面的文字是:子墨数学练习课上的杰作。一看就知道又是小墨不专心学习的结果,哎,这孩子真不让老师家长省心呀!我回了信息:哦,这是纸巾做的吗?发了个捂脸的表情,言下之意向老师表明,我也无奈呀!老师回复:惊呆了,居然可以把一张餐巾纸剪成这样,很有创造力,我待会儿要去向子墨求教一下。不过这孩子注意力不集中是真的。如果能把他的创造力和想象力好好利用,说不定也是好事情!我回复:这孩子静不下心来或许真和天性有关!尽管老师善于发现小墨的优点,也能用理性思维来看待孩子的各种问题,把消极因素转化成积极因素,但小墨总会时不时地闹腾一下,让我有时束手无策。

这半年中,小墨的变化很大,除了声音变粗个子拔高,思维和行为也发生了很多变化!原来总喜欢黏着我,现在周末回来也喜欢待在自己房间,有时把房门也保上险,怕家人打扰他。有时的话语很老练,颇有大人的理解力;有时也会显得有点小心事的样子了;有时我多说了一句,他会显得不耐烦……青春期的孩子,自我同一性在发展中,家长也很难读懂他们的所思所想。怎样和孩子沟通交流,依然是横在父母面前的一道难题!

我私下认为,小墨的活泼俏皮、乐观阳光,会让他的青春期过渡平和一些。有一次亲子电话时小墨说:"妈妈,我们班有些同学都不想和爸爸妈妈打电话了,我每天都要打给你,是不是很好了,我是不是个乖宝宝呀!"末了还不忘俏皮一下,我当然表扬了他!

晚上十点多,我翻开朋友圈,只见班主任在朋友圈发了这张照片,提着纸项链的两只细手,一看就是小墨的,老师配文说:一张餐巾纸玩出的花样!

我也是醉了,小墨,你是不是老是想用这样的招数引起大家的注意啊!

如果说前一阵整个家庭为哥哥的工作应聘顺利进行而高兴,那么这几天,心情愉快来自弟弟小墨的期中考试,经过前三轮模拟考试,对小墨这次期中考不抱高希望,降低期望值,才能从容面对,以不变应万变,或许是保持淡定心态的最好方式!

小墨已进入青春期,不能凡事都去叮嘱,放松一些,让他自我调整,没有什么策略或许是最好的策略。面对三次模拟和最高分拉开二十分左右的差距,估计要冲到班级前几名的可能性不大了。

晚自习剪纸、早读课揉鼻子,小墨的在校情况通过老师发的视频和照片传递给我们,吃完饭,小墨打电话给我:"明天期中考试了,妈妈祝我考试顺利吧!"我说,正常发挥,不要太放在心上,紧张反而影响发挥。小墨说我不怎么紧张的。我说那就好。越是比较重要的考试,我越装出漠不关心的样子,尽量淡化孩子对考试的焦虑,因为老师已经给孩子不少压力了,家长这时再给压力并不是好事,这是经验也是教训。记得上学期期中考试,老师希望他考班级第一,小墨没考好,后来感觉到他的压力不小。

星期三语文和英语考完,小墨打电话时说这次考完感觉不错,明天上午考数学。我说数学一定要细心哦。晚上小墨告诉我们,数学考卷和同学对下来,有一题答案对的,过程好像有点问题,就是这题不知对不对,如果错的话可能会扣六分。星期五早上十点,收到班主任的成绩表,哈哈,小墨数学130满分,语文111,英语112,总分和最高分相差七分,我赶忙回了老师信息:有进步。

下午老墨去接儿子,回来的路上就打电话给我:儿子说和班级最高分相差2分,年级第八名。一听兴奋溢于言表,看来小墨这次考试给我们带来了惊喜。

后来和班主任再联系后才知道表格最后一栏是年级最高分,我一直以为是班级最高分呢!主要是上学期小墨的成绩班级最高,而老师就是以他的成绩为参照的。后来才知道这几次都是以年级最高分作参照的,这次小墨和班级最高分差一分,还是回到了上学期期末的状态,看来网课时的不扎实在渐渐恢复过来了,特别是通过四次数学成绩一次比一次高可以看出。

老墨特别兴奋,觉得儿子虽然常常让老师、家长头大,但学习的潜力还是较大的。前几天我和老墨暗地里在网上查小墨是否有多动症倾向,这次的成绩让我们宽慰了许多,成绩的提升不仅仅证明了他的学习能力,更让我能尽量放下心里的焦灼,不去给小墨套上"多动症"的帽子。在这层面上,家长认识上的纠错比任何好成绩来得重要。

尽管小墨从小好动,自控力差,但我从未把多动症和他联系起来,一直在等他成长,等他慢慢地学会自律。我想这个阶段激发孩子的自我意识,激发他的学习动机,让孩子不断自我完善,那么我们的教育就有了收获!

或许因为小墨是自己的孩子,总是很希望他方方面面都好,既要性格活泼开朗,又要文静遵守规则;既要文化成绩好,还要德智体各方面优秀。可是现在想想,活泼开朗的另一面可能就是好动,而好动也是创造力的来源,就像他课上用一个纸巾能剪成项链。现在想来,还是太在乎太紧张了,所以才会想到多动症上去。作为一个妈妈,自从有了孩子以后,内心就无法真正地放下心来,时时刻刻记挂着,担忧着,挂念着,孩子的一举一动、一言一行,一次考试、一个喷嚏,都会让我紧张好久。什么时候我能真正放松下来呢?或许等他长大后吧,等他成年后,不知道妈妈这颗紧张和挂念他的心是否能真正放下来。

"葛优躺"的后果

小墨返校已两周多,我和班主任联系了解他的在校情况,老师说各方面还不错。我也发现进校早读确实比上学期有了进步,上学期从老师发的早读视频上可以看到,小墨几乎总是最后一两个进教室,有时进了教室再跑出去上个卫生间,看来小墨在起床时间和速度上有了一定的把控。

不料第二天收到班主任的微信:"子墨妈妈,要跟您反馈个事情,我感觉子墨有点缺乏斗志!每天都在形象积分扣分,比如晨读就四仰八叉地坐着,上课的时候很少抠手了,但是总是托着脑袋,经常一上课就要去厕所。跟他谈这个事情,他的想法是:反正学期末评优评先也轮不上我。这种态度很消极,映射到学习上也是的,经常'差不多就行了',英语作业92分左右就觉得可以了。这两天被我批评了,所以跟您沟通一下,失去斗志要不得,需要我们一起给他鼓劲!"看来我还是乐观得早了一点。"对了,我前几天跟他谈语言学习的时候,鼓励他英语一定要好好学,到时候才可以顺利考雅思。这个孩子是这么回我的:我哥哥当时考雅思的时候只花了几个月,去外面上课上了一段时间,很轻松的!"看来小墨真有点自我放松的感觉呀!和老师聊了一会儿,希望老师严格要求,班主任也觉得要适度惩戒一下,希望得到家长的支持,我非常支持老师的做法,孩子需要鼓励也需要鞭策!

晚上,亲子电话时间到了,小墨打了电话,我让他爸接了,小墨一下子觉得有点异常,习惯性问:"我妈呢?""嘿嘿,想想你妈为什么不接电话?""是不是老师和妈妈联系了?""那你说说自己在学校的表现吧?""哎呀,其实也没什么呀,还是习惯不怎么好,老师和我谈过了。""是不是又在'葛优躺'了,坐没坐相,对你说了多少次了……"父子俩一问一答,电话开了免提,一家子都在听。小墨说:"是不是妈妈觉得没面子了,在生我的气?"听到这话,老墨对我使了个眼色,言下之意是真被儿子猜着了……真是气不打一处来,这鬼精灵就是让你哭笑不得!

反正小墨的意思就是老师说得有点过了,没有这么严重的。老师来告状了,小墨还是轻描淡写的,心态真不错啊!

当我用一个小孩子的眼光去看这篇的时候,我感觉到:小墨的言行,学校里,在老师的眼皮底下,做得不好就会被告家长,就会给惩罚;在家里,在我的眼皮底下,行为不端正,就会被我说。想想,孩子真的也会觉得很累,他还会担心我不高兴,他真的一点空间都没有了。时间不能重新回到过去,如果再回去,我可能会在认同老师的同时也会跟老师说,给孩子留一点成长的空间,并不是所有的行为都需要改正,不是所有我们觉得不对的地方都需要教育。因为我们认为的不好,里面有我们的价值体系,但所有的价值体系都是有局限的。或许,我们能够多一些放手、多一些理解、多一些耐心去聆听和引导,子墨的初中生涯会更轻松,但是没有如果,我也不后悔曾经的做法,过去已经过去,看到过去的自己,才能成长为更好的妈妈,更松弛的妈妈,少一些自己价值判断的妈妈,更多接纳、允许和开放的妈妈。

小墨劝架

端午小长假的第二天早晨,起床后,老墨发现三楼后阳台的纱门出现了故障,就开始修理起来,说谁拉的时候不注意,纱门的框架都脱轨了。我说好像是我不小心拉坏的,不过这么多年了,这纱门本来也要坏了。不料,正手忙脚乱的老墨吼了一大声:"还不是你斜着拉成四十五度角,才硬拉成这样。"难得被他凶到,心里很不舒服,哼,家务活什么都不做,难得放假不应该把家里有故障的东西修理一下吗?做一点小事就这么不耐烦,没看到我一早上楼上楼下地忙碌,整理衣柜、洗菜做饭,热得一头汗……这么多年伺候你们爷儿仨,饭都不会烧一顿,哼,没了我地球照常转,但你们仨男人只能吃生米了,不可能顿顿上馆子吧。心里越想越气,火气噌噌噌往上冒,感觉更闷热了。

小墨已是放假的第三天,现在感到作业的压力有点大了,起床后就在自己的房间里赶作业。中午下楼吃饭,一坐到饭桌上就说:"妈妈,你怎么看上去很郁闷的样子。"我没好气地说:"因为有人让我看着不顺眼。"小墨快速看了一眼他老爸:"是不是爸爸惹你生气了,不要生老爸的气了,有时候他还是对你蛮好的,要调整心态,要宽宏大量一些,生气了,心脏要不好的。"坐在餐桌另一边的大儿子悄悄地对弟弟说:"你看,老妈一点小事都记仇着呢,男人大多大大咧咧的,自己也没发现做错了什么,看来以后注意尽量不要冒犯老妈或老婆。"我瞪了大儿子一眼,算你懂!

下午,我忙着淘宝买东西,接着批学生的考卷,理都不理老墨。他一个人在客厅沙发上看电视、玩手机、睡觉,看来他的休息天是名副其实的休息。现在看他哪哪都不顺眼,都来气,特别是当你忙碌的时候,另一位似乎觉得

215

没什么事要做,扫把倒了也不扶一下。反正不做家务活,天是不会塌下来的。吵架的时候,是不是每个女人都把男人的缺点放大了一百倍,想不起他有什么优点?看来我也是这样的女人,火药味挺浓的。

　　傍晚,我们一家步行去后面小区表妹家吃晚饭,我和大儿子并排走着,老墨在我们前面,小墨走到老爸身边,侧着脸和他老爸说着什么,脸上的表情笑嘻嘻的。一会儿,小墨跑到我身边,笑眯眯地问我:"妈妈,下午老爸给你送了水果,你是不是心情好一点了?"不料,小墨捅了个火药桶:"心情不好,水果还是我发微信提醒的,他哪想得到呀,平时都是我给你们弄水果的,家务活难道都是我的事吗?这么多年你们一顿饭都没烧给我吃过,有人闲得很,除了看电视,玩手机,就是躺在沙发上睡觉,早上睡一觉,下午睡两觉……"小墨一看,形势不妙,笑着拍拍我的肩膀:"妈妈,不要再生气了,爸爸、哥哥不会做,以后我帮你做家务,遇到不开心的事就想开一点,你看我考试考砸了,就自我安慰,反正总有人比我差,这样心情就不会太差了……"说着,边走边把我拉到他老爸身边,站在我们中间,一手拉一个,"现在我做电灯泡了,你们俩拥抱一下,哈哈,就算和好了。"我俩被他逗笑了,我用力推了一下老墨:"离我远一点!"

　　小墨劝架还真有一套!

因为我已长大

又到了周末,傍晚六点左右,小墨被爸爸接回来了,进门第一句话:"妈妈,我又回来了。"我走向大门口迎接他,接过他手中的书包,随口一问:"有一个星期没见,想不想妈妈呀?""还行吧,慢慢习惯了。"小墨把肩上的书包放下,就直奔二楼自己的房间。跟在他身后的老爸:"你看,现在儿子都不和妈妈说话了,一到家就上楼。"刚踏上楼梯的小墨回头对我笑着说:"不是不想和妈妈说话,是因为我长大了。"

"因为我长大了。"表面一句很简单的话,但我知道它里面包含着太多的内容,或许小墨自己也说不清这句话包含了多少意思。我只能站在我的角度上去理解了。就像俗话说的小墨已到了"抛娘"的年龄,十三四岁的少年,从心理上想摆脱父母的掌控,自我独立意识渐渐苏醒。孩子的青春期要面对很多重要的心理发展任务,自我认同的一个过程,是人生的重大课题,也集中在青春期这一个阶段。所以有心理学家说在青春期这一阶段,就整个人生而言,是最艰难的一个过程,小孩会表现为把自己关在房子里头,不愿意跟家长说自己的心里话,开始有自己的思考,但是也有很多的困惑,自己不知道该怎么去处理。

"因为我长大了。"或许小墨想对我说,妈妈,我不会像小时候那样黏着你了,我自己能解决一些问题了,我会长成一个男子汉的……因为跳跃式的发展,让我心理上有点不大适应,但更多的是欣慰,那个整天在你耳旁聒噪的小男孩已经和我一样的身高,清秀的脸上已有了男子汉的神情了。

这一年,除了身高的快速生长,还有最重要的一点是小墨的"闭关自守",每次一回家就躲在自己的房间里。首先是看课外书《海洋》《地理》《可怕的科学》，或者老师推荐的《红岩》《骆驼祥子》《林清玄散文》等。小墨不玩手机不玩电脑，最近电视也几乎不看了。看书总是件让我放心的事。而且小墨的乐观性格依旧，体贴细致依旧，我在厨房间忙碌，小墨在我身边问我："妈妈，最近家里有没有发生什么有趣的事？你最近身体感觉怎么样？"还担心我的心脏问题，用生物课上学到的知识跟我大谈什么脂肪、血液流通、心脏供血等，宗旨是妈妈需要减肥，需要锻炼，但不宜进行激烈运动，心脏会受不了的。还说："你看我这么瘦，但我八百米跑步、跳远、跳绳都是满分。"还得意地告诉我，中考八百米达标成绩是3分50秒，这次跑了3分35秒，厉害吧！

晚上，我对小墨说："下周就是期末考试了，重点放在小四门吧，我帮你一起复习历史、地理。"小墨说："妈妈真不用的，我自己复习就行了，这次年级前20名是没有周末作业的，我还是把地理、历史的题目刷一遍吧，你看，我是不是很自觉呀？"我说："我主要想了解一下你掌握的熟练程度。"小墨只好让我帮他一起复习历史，他说清朝的那部分最不熟，我拿着资料，看着资料上老师标明的黑粗字提问，确实，小墨对时间、事件、皇帝的先后顺序都不怎么熟悉。

当我有时责怪他学得不扎实时，小墨说："我就知道你会这样说我，还是我自己复习吧。"

"因为我已长大。"孩子想摆脱妈妈的管制，做妈妈的却不是那么容易放手呀！

在放和不放之间的我很纠结：放手，害怕他做不好；不放手，紧紧抓住他，他也很痛苦。什么才是两全的方法呢？在他高中的时候我找到答案了，那就是放手后，再不带任何评判地跟孩子复盘，让他自己评价自己做得好的地方，需要改进的地方，打算如何改进，这样既给了他空间，同时又给到了学习上的支持，但是方法说起来简单，做起来难，做着做着就容易变形。最大的障碍是容易责怪，进入自己的惯性模式里。做父母是一场修行，那就这样慢慢地自我成长吧，很幸运在成长的路上有子墨的支持、照见和对我的包容理解。

结业面试

小墨学校的期末考试结束后,有一个结业面试,就像是正餐过后来份甜品。面试是放松过后再来一点小小的刺激,总之,这份甜品已不担负重任了,有点可有可无的感觉。但在学校层面上还是非常重视的,班主任已在群里发了几次通知,布置有关事项。"温馨提示:7月14日下周二将进行本学期结业面试,同学们一定要利用周末时间做好充分准备,个人总结准备好并熟背,英语表达部分也备一下。结业面试很重要,希望同学们重视并认真准备。本周日返校所有同学务必要带上正装,男生短袖衬衫短裤,女生短袖衬衫短裙,还有领带领花、黑皮鞋。多谢大家的配合。"对于家长来说,非常赞赏学校这样的做法,每学期一次的结业面试是对孩子很好的锻炼,也可以说是对孩子综合素养的训练。学校也欢迎家长参加孩子的面试,家长可以从家庭教育、孩子成长、学业规划方面向孩子提一个问题。

上学期小墨的面试我没有参加,这次我问小墨:"希不希望爸爸妈妈来参加你的结业面试?"小墨说:"你们来也行的,就是路太远了,有点麻烦。"恰逢我学校工作结束,可以抽出时间过去一下,让小墨哥哥一同去。

昨天早上,大儿子开车,上中环后转沪宁高速,绕到太湖苏州湾,来到北外南校门。停车场已停满了车,看来大多家长对孩子的考试是非常重视的。进了校园后,时间还早,我们先去教室找小墨,看到家长们三三两两地在教室外的走廊上。从窗户向教室里张望,有的孩子已经在面试了,面对着三个老师。我们在另一侧走廊的教室里找到了小墨,在同学的叫唤中小墨笑嘻嘻地走出来了:"谢谢妈妈、哥哥来参加我的面试。我现在还在背一下稿子呢,反正还有一段时间呢,我要10点20分左右面试。"我们在走廊里聊了几句,让小墨安心准备。

我带着大儿子参观了校园。路上碰到学心理学时的同学——北外的行政部严主任,聊了一下小墨的情况,聊了一下北外今年的招生情况。一看时间快到了,告别了严主任,急忙向小墨的教室走去,几乎和小墨同时进教室,他进南门,我们进了北门。小墨上身穿着西装,下身穿着短裤皮鞋,这行头也算是非正规中的正规吧。小墨面对着三位老师坐了下来,台上有一块牌子,上面是"面试席",看来这面试是很有仪式感的。"各位老师好,我叫袁子墨,下面我将汇报一下这学期的学习状况,在上网课期间,我上课不认真,自律性不强,时间管理不好,作业时常拖拉,成绩也下降了很多。开学后,我发现了自己的不足,学习努力了,在期中和期末考试都取得了良好成绩……以后我会更加努力要求自己的,管理好时间,做事不拖拉……"说到这里,笑着指了指我:"今天我妈也在,我向你保证,我下学期会管理好时间,我会努力的。"这种情景下,小墨还能这样活泼大方,我也笑了。接着是面试老师和他的互动环节,问他以后想做什么,他说:"我以后想做计算机工程师,开发更多更先进的软件,为国家科技的发展做出努力……"哈哈,志向不错,很有家国情怀。接着是一位外国老师的英语提问,我是一句也没听懂,小墨能用英语回答,虽然不是很流利,但说明他能听懂。

最后一个环节是家长提问,我在后面的座位上站了起来,微笑着说:"小墨,我觉得你这学期各方面的进步很大,学习上也会自我管理了,特别是现在一回家,就到自己的房间看书,不看电视,也不玩手机,妈妈感到很欣慰的。但有一个问题,你现在一到房间就反锁着门,妈妈想知道你心里的想法,以后有什么办法改变这个做法呢?"小墨笑了笑说:"这个问题嘛,我想可能是对你有点不信任吧,以后我会注意的,我希望你进来的时候要敲敲门。"

面试老师再提了些建议,最后家庭合影,面试算是结束了。出来后,小墨觉得自己有点紧张,表现得不是很满意。我们都觉得很棒,很自如,很真诚。

下午，我收到了班主任发给我面试的照片，小墨的肢体动作较多，显得较活泼。我选了两张照片发在朋友圈，有人说："哈哈，貌似小墨在面试三位老师呀。"很多朋友都在下面点评：确实有这种感觉，真的挺像，自信阳光，好厉害……

史上最短的暑假

经历了一个史上最长的寒假,接下来迎来的就是史上最短的暑假。

小墨学校从 7 月 19 日开始放暑假。小墨学校暑假的国外游学已无法成行了,这个假期只能安安心心宅家了。

暑假开始了一个星期,放假的第二天早上,小墨就写了一份暑假计划,他自己的目标是假期里要学会时间管理,提高学习效率,除了完成学校的作业外,英语背诵单词,预习数学、物理,语文进行课外阅读和背诵一些古诗词。看来他是想努力提高自己的自律性,但不知他的执行力如何。这几天他大多能按照计划执行,但自觉性还是不够,说好了八点起床,八点一刻下楼吃早饭,但还是要我去叫门,还是动作磨蹭,那天就因为迟到了就罚抄了一篇古文和古文注解。

听周围的亲戚朋友谈起,学而思培训学校在数学这方面还是蛮有成效的。跟小墨一说,他坚决反对去培训学校学习,说又费时又费力,而且自己可以在家学习的。最后我建议在家里上学而思的网课,小墨基本同意了。我下载了 App,网上了解一下,有基础班有创新班,学基础班似乎也没多大用处,创新班竟然要网上测评,小墨参加了测评,大多是没学的知识,有函数什么的,小墨说我瞎蒙了一下,看来这网上学习只能暂搁一旁了。加上钢琴老师建议小墨去考九级,这是在我们计划之外的,对于几乎一年没怎么练琴的小墨来说,这是一个比较艰巨的任务,只能先把考级的两首曲子弹出来,到填表时才知道是网上视频考试,要求也可能会严格一些。看来小墨的暑假也并不轻松。

看着暑假奔波在各培训学校的家长们,深切感受到中国式的焦虑,父母的焦虑感染到了孩子身上。特别是这两天高考、中考的连续发榜,不仅牵动考生和家长,似乎也牵动着全国人民的心。当今社会对孩子教育的重视,达到了历史新高度。我不知道是不是"没有最高,只有更高"。但内心希望,这样的步伐不能再加快了。让孩子温柔地成长,让每一个母亲用爱和理智抚育"上苍送给女人的礼物"。让每个母亲的心中都缓缓地流淌一条潺潺的溪流,那该多好。这样,生活也许会变得更加安宁和美好。

多米诺骨牌效应

这个暑假,对小墨的要求最重要的一点就是时间管理,小墨自己也知道要在这方面努力。

第一周班主任要求每个学生写一段话作为一周的小结,发在班级 QQ 群里。小墨这样写:暑假开始也有一星期了,我在第一天就制定了暑假每日安排表,可惜每天还没做到位,希望下周能有所改进。每天练习钢琴,背英语单词,阅读课外书,把八上的古文预习并背诵。参加了江苏书展,买了很多书,认识了很多作家。也算是一周的回顾吧。

那天早上我有事出门,不在家,到下午检查小墨的背诵,一篇古文居然几个小时没背出来,一看就知道没有把任务放心上,根本没用心做。我很生气,狠狠训了小墨。"城门失火,殃及池鱼",因小墨的不认真,老爸、哥哥都被牵连到。两个大男人各玩各的,老爸一早上就看大片,觉得难得休息一天就该好好放松,哥哥也只管在自己的房间里玩电脑,更不会关注弟弟的学习,最根本原因就是小墨的不自觉。

由于小墨的这件事引起了多米诺骨牌效应,我心里越想越委屈,越想越愤怒,导致情绪爆发。从烧饭、整理家务、管理孩子,面对孩子学习、工作上的一系列的问题,动脑筋想办法,似乎家里的任何事儿都要我操心,而两个大男人就完成自己的工作和学习,这么多年从来没烧过一顿饭。我平时常开玩笑说,如果我不做饭,是不是全家每顿饭都去外面吃,要么绝食饿死。有时想,是不是我平时都包揽了家务,他们都习以为常了。这样想想还是自己的问题呀,在家务这头,没有好好培养他们的责任感。

晚上,我让三个男人都坐在客厅沙发上,家庭会议,主题"家庭责任心"。

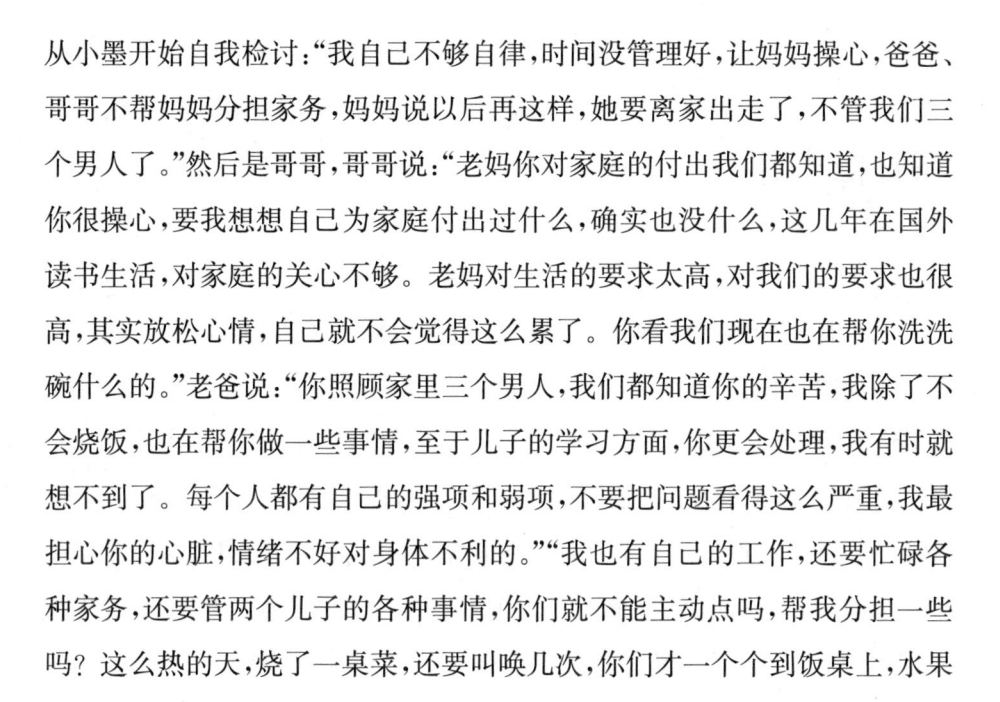

从小墨开始自我检讨:"我自己不够自律,时间没管理好,让妈妈操心,爸爸、哥哥不帮妈妈分担家务,妈妈说以后再这样,她要离家出走了,不管我们三个男人了。"然后是哥哥,哥哥说:"老妈你对家庭的付出我们都知道,也知道你很操心,要我想想自己为家庭付出过什么,确实也没什么,这几年在国外读书生活,对家庭的关心不够。老妈对生活的要求太高,对我们的要求也很高,其实放松心情,自己就不会觉得这么累了。你看我们现在也在帮你洗洗碗什么的。"老爸说:"你照顾家里三个男人,我们都知道你的辛苦,我除了不会烧饭,也在帮你做一些事情,至于儿子的学习方面,你更会处理,我有时就想不到了。每个人都有自己的强项和弱项,不要把问题看得这么严重,我最担心你的心脏,情绪不好对身体不利的。""我也有自己的工作,还要忙碌各种家务,还要管两个儿子的各种事情,你们就不能主动点吗,帮我分担一些吗?这么热的天,烧了一桌菜,还要叫唤几次,你们才一个个到饭桌上,水果切好了,一个个送到你们面前,我不弄,家里的水果都要烂掉了……"真是越说越气愤。接着大儿子帮着老爸说话:"其实老爸很不错了,也不出去玩,也很少应酬,没有什么不良嗜好,算有家庭责任心了。"

我把平时积累的不满情绪都倾诉了一下,觉得操心太多,心累,越说越觉得委屈,泪流满面。接着家庭会议的重点就是每个家庭成员除了把自己分内的学习工作做好,都要为家庭付出,因为家不是一个人的,每个人要懂得为别人付出,要积极向上。

这个星期,小墨每天起床很自觉,有了明显好转;老爸在做家务方面更主动了;哥哥去银行上班第一周,早出晚归,开始了人生的职业生涯。

因小墨的自律问题,竟引起了一场家庭革命,或许方法不是很恰当,但效果还是明显的。

临时抱佛脚

八月初,觉得假期还有好长的一段,还有大把的时间可以挥霍,底气十足。一眨眼,时间已到了中下旬,扳着手指算算,哇,没几天的时间就开学了,不由得惶恐起来。

七月连着雨天,闷热潮湿,八月立秋以后,连续高温,几乎不下一点雨,似乎把三伏天往后移了一个月,这"秋老虎"的威力可不小,是不是今年是闰四月的缘故,节气都变了。最近的气温一直在三十六七度左右,一早起床就觉得热,早上六七点外面已是艳阳高照。

这个暑假时间短,加上学校不让出省,我和小墨也没有出门旅游的打算,几乎足不出户,一直宅在家里。小墨不仅足不出户,更是足不出卧室,早上八点多起床,吃好早饭,就往房间里冲,关上房门,待在空调房里,真想有孙悟空的本领,变成一个小虫子从门缝里飞进去,这样就可以侦查到他究竟在里面做些什么。虽然一再和他说,不要常待在空调房里,要出出汗排排毒,对身体好,但他依然窝在里面,只能感叹现在的孩子太娇惯了,吃不了苦,热不得冷不得。多说无效,只能顺其自然。小墨不管上午、下午还是晚上,大部分的时间独处一室,问他在干什么,说是看书,我开玩笑说不要成了书呆子哦,闹不成弄个科学家出来,因为小墨说对科学知识感兴趣。我再三提醒,好好核实学校发的通知,看看暑假作业还有哪些没完成,不要临时抱佛脚,到时来不及。快读初二了,一定要自律,不要他律,让妈妈管,你累我也累。小墨几次对我说基本完成了,结果昨天一查,还有好多要动脑的没完成,几篇文章要写,数学课本的习题要做,英语、历史要背诵,科技实验还没完成……

我一看这些气得快炸了,这就是小墨所谓的基本完成,还让我不要为他的学习烦心,他自己会安排的,生气地问他,每天待在房间里干啥呢。"不是在背单词、预习物理,看一些书,还有弹琴呀!"小墨觉得自己不玩手机不看电视,很不错了。看小墨轻描淡写的语气,我真不知是不是自己有强迫症了,非要去管他的学习,小墨笃定得很,觉得有些作业是不需要完成的。这两天,看他在赶着完成写作类的作业,科技类的作业安排星期天和老爸一起做实验、拍视频。

还有几天小墨就要参加钢琴九级考试,第二首《彩云追月》还没弹出来,真有点火烧眉毛的感觉,这两天,要求他增加弹的时间,从每天两小时增加到三四小时,小墨有点叫苦了:"早知道这样,真不该报考级的。"我说:"你既然花了时间,假期里辛苦练习,再努力几天,争取考过,这样就是收获呀。"

这几天小墨有紧迫感了,在一句句练习曲子,再听网上演奏视频。

是不是大多数人都这样,不到关键时,就没有紧迫感,好多时候都是逼出来的,小墨就是这样的一个孩子。

青春期撞上更年期

这两年面对小墨的一些习惯,有时会愤怒得对他大吼大叫,过后自责和内疚。郁闷和愤怒相交织,对自己很不满,在母亲这个角色上我所想的和所做的之间有着一定的差距,情绪容易失控,难道真是青春期碰到更年期了?

今天我刚发完一通火,气愤得用手拧小墨的胳膊,现在我坐在三楼的书房里。头昏脑涨,胸口一阵阵发闷,想起那些陪娃学习的妈妈被气得心脏病发真不是奇闻。现在的妈妈普遍都焦虑,焦虑的原因有很大一部分来自孩子,来自孩子的各种问题。孩子的习惯,孩子的学习,孩子的个性,孩子层出不穷的问题困扰着家长,有时尽管在理论上知道应该正面管教,要用一些方法处理与孩子的关系,但一旦处在某种情景中,被情绪控制,就把那些学到的知识抛之脑后,原形毕露,原生态家庭的教养方式从潜意识里冒了出来。

在一些读书活动中,常常遇到一些父母有关孩子的问题来请教我们这些老师。有时想这些家长遇到的问题有些也是我遇到的,自己也没能很好地处理,给家长提出的建议和做法,更多是理论层面的。也常常听到有青春期孩子的家长很困惑,有的甚至很痛苦,孩子与父母之间无法好好沟通,似乎有深仇大恨似的。心里暗暗庆幸,小墨个性温和乐观,情绪稳定,就算有时对他生气发火,他也很少会冲撞我们,自己的情绪也很快恢复平静。我常想小墨的情感账户里是比较充盈的,因为他生活在一个和谐温暖的家,从小对他的陪伴和照顾也算是无微不至,他获得的安全感和爱让他的个性活泼阳光,甚至无忧无虑。

但这两年中,小墨的做事拖拉现象和时间管理方式让我心烦。就拿今天来说,双休日孩子睡得晚一点也可以理解,八点半老爸去叫小墨起床,而且规定了十分钟到楼下,结果到九点多还不见动静,我忍不住又去敲门,小墨在里面应声着,结果九点半还不见下来,我心里的火气已在慢慢升腾,但还是强压了下去。终于下楼吃早饭了,我叮嘱他今天在楼下做作业,不要一直关在房间里,内心还是对他怎么完成作业的不信任。我在楼下帮他整理简易书桌,好几分钟过去了,还不见他下来,我只能再上楼看他究竟怎么一回事,见我进房间,小墨匆忙收拾东西,这时我的怒火又一次生升起,问他在磨蹭什么。

一个动手能力强、做事有条理的小男孩渐渐变得磨蹭拖拉,问题出在哪里呢?听到很多专家都这么说:孩子的问题大多是家长的问题。我这个妈妈在他的成长过程中肯定也有不少问题,自责、无奈、愤怒交织在一起,各种情绪让我觉得特别郁闷沮丧。

普德曼说:"播种一个行动,你会收获一个习惯;播种一个习惯,你会收获一个个性;播种一个个性,你会收获一个命运。"小墨的这些习惯还是让我担心呀,虽然不时安慰自己,要接受孩子的不完美,放手让孩子自我成长,但有时还是调节不好心态。

开学第一周,令我欣慰的是,小墨得到学校的表扬:"八(3)班袁子墨同学,主动捡起散落在垃圾桶旁边的牛奶盒。根植于内心的修养,无须提醒的自觉。"值班老师还拍下了小墨捡垃圾的一幕,发在老师微信群里。

小墨似乎用心理补偿的方式,安抚妈妈的这一颗脆弱的心。

小题狂做

　　周末两天，小墨一如既往地待在自己的房间里，几乎足不出户，老墨感叹：现在儿子回家就像没回家，和我们聊天的时间也没有。我想小墨除了要完成他的各项作业外，或许也享受着他的独处时光吧。"关起门来成一统，管他春夏与秋冬"，我曾强烈提议小墨周六在楼下做作业，空气流畅，我又能监督他完成的速度与质量，但他还是喜欢闭关自守。我不记得自己嘀咕了多少次，作业要花这么长的时间吗，老关在房间里，空气浑浊，对视力不好，对身体不利，一定要提高学习效率，多出时间来放松一下，或看书或看电视或聊天，但小墨依然我行我素，还申辩一个人更能静下来做题。

　　周六上午，小墨说学校要求买数学和物理的课外练习本，就是忘了提前让我们买，现在去淘宝上买时间有点紧张了。他把书名发在微信上：苏科版《小题狂做（巅峰版）》。一看这书名，有点紧张态势，给人压迫感，"狂做"加"巅峰"，真的把孩子整得癫疯了。我想还是下午去镇上几个书店淘一淘吧，买到的话，小墨周日就可以带到学校，再说快递送学校还是有点麻烦的。下午开车先去学校旁的东大书店，这是家连锁书店，教辅材料比较齐全，在营业员的指点下，找到了八年级教辅的书架，在一排《小题狂做》的习题册中，有提高版有巅峰版的，找到了数学的巅峰版，但物理只有提高版，和店里的营业员在七、八、九三个年级中找了几个来回也没找到巅峰版。营业员在电脑上一查库存已没有，建议我去元和的书店总部买。还说巅峰版的难度大，一般都是重点班的孩子在做，这几天春申班的好多孩子来买，所以断货了。

　　出了书店，再去镇上其他两个书店问问，结果都没有，有一家只有提高版的，老板也感叹道："现在的孩子真是作孽呀，学习真不容易呀，还要做这些练习册。"都有同感呀。镇上没买到,就去东大书店的总部吧,去年六一节区妇联和区作协在书店联合搞过一场亲子阅读活动,我也是主讲老师之一,记得就在地铁站上面。跟着导航,开上了新通车的永丰路,路上还算通畅,路两旁的绿化赏心悦目,加上秋日的蓝天白云,感觉出门也算是透透气。家有读书娃,妈妈几乎围着孩子转,真没有自由时间的,现在的妈妈都被压抑了。

路上来回大约一个小时,回到家上楼敲小墨的房门,告诉他怎么买到的书,小墨打开门又是经典表情:嘴巴噘着,嘴角往下拉,眉眼皱起,一副要哭出来的样子:"妈妈,你太辛苦了,竟然开车一小时帮我买书,你对我太好了,我感动得快要哭了。"哭倒是没哭出来,演技还是很到位的。哈哈,小墨,如果你的语言能转为行动,我会更开心。

晚上,小墨跟我说,暑假里他们班估计有一半以上的同学都在培训机构补课,所以这次物理小测验有些同学考得较好,他没考好。他的同学——隔壁小区的吴思远,双休日要上四门功课的补习班,一共八小时,我说这样的话双休日作业都来不及完成了,那真没有一点空闲的时间,太辛苦了。"小墨你对比一下同学,就知道自己还是算轻松的,你说不用补课,我们也尊重你的想法,暑假没补,开学了更不会补了,那只有靠自己认真学,提高课堂学习效率。以前小学的时候,妈妈也很少买课外习题让你做。"小墨说:"我知道的,其实有时补课也不一定有用呀。"我说:"是的,真正学习好的同学还是靠自己,学校里的内容要学得扎实。你看金老师今天发的微信让你周日下午提前去学校,参加数学、物理竞赛辅导,就是在免费培训你呀,你要珍惜这样的机会哦。"小墨点点头。

面对孩子要不要上补习班的问题,作为既是家长又是老师的我,也是挺纠结的,看到自己班里有些基础差、态度不认真的学生,上补习班几乎没什么用,真有点"劳民伤财"。但对于学有余力的孩子,上一些提高班,确实是有所帮助的。小墨小学阶段一直在学英语,一二年级在外教那里学口语,三年级开始一直在新东方学新概念英语,他的英语还是不错的,现在到了北外,英语成绩虽不是很突出,但也能跟上,期末考得不错。这两年小墨上了重点班后,我几乎也没想给他报补习班,如果学校里老师教的那些能认真学好已经不错了,不一定要跟风去让孩子上各种补习班,否则家长累小孩累,内心也希望孩子学得轻松一些。学习是一场马拉松赛,真"小题狂做",过早透支,就可能没有耐力跑到终点。

校　访

星期四晚上小墨班主任发来信息：

"子墨有个习惯是一到上课铃响，就去上洗手间。最近稍微好点了，还是要督促。抖腿、甩手基本上没有了，抠手偶尔会有，周末回去要给他准备个指甲钳，前两天把手指都抠出血了。其他的话，剑桥英语 MSE 课代表工作做得是有很大进步的，但是在 A 班感觉他有点吃力，今天默写 A 班只有他一个人是不合格的，所以如果单元检测不行的话，还是有可能要去 B 班。

"老师要求完成的任务，都能完成，就是喜欢到处晃悠，没有紧迫感。但是'选择性作业'或者老师要求去探索研究深挖的作业，子墨基本上不会去碰。"

"比如数学，老师是鼓励往后做的，但是子墨认为完成今天的作业就 OK 了。确实没有问题，但是这样长久下去的话，没办法拔尖。"

在和老师的聊天中，透露的信息是小墨刻苦精神不够，对自己的要求偏低。而小墨呢，在亲子电话中一直也是报喜不报忧："妈妈，我很好，今天一切还行。"有时说，今天的作业有点多，有点忙。在他看来情况没老师说的那么严重，小墨的心态真是很淡定的。

初二也是关键的一年，最近也想和老师联系一下，问问小墨的情况。看来还是要到学校去跟各科老师见见面的。和班主任金老师电话约好，决定下午去接小墨时先到学校校访一下几位老师。

进入校园后，找到 F305 教室，金老师已在教室旁的小办公室等了，她又联系了其他几科的老师。几位老师都到了，我们聊了起来，数学老师认为，袁子墨的学习态度是比较积极的，学习上不存在什么问题。而语文老师和班主任都认为这孩子很有潜力，就是觉得自己学习还行，对自己的要求不高,照他的水平如果努力一把,是可以冲到年级前三的。性格很好,比较懂事听话。

后来,小墨回教室了,我让金老师把他叫了过来,小墨看到我们,表情有点急促的样子,我们几个和他刚聊了一会儿,说了一些存在的问题,他说"好的,我知道了",转身就想走出去。老师让他坐下来聊聊,问他想不想考高中国际班,他说主要听爸爸妈妈的,自己想读国际班想出国的。读国际班的话,特别是英语成绩还要提高。

出学校已过五点,就在学校附近的吾悦广场吃晚饭。走在商场里,小墨拍拍我的背:"妈妈,你不用太紧张的,我会调整的。"我知道,这小子是在宽慰我。吃火锅时,我给他夹菜,小墨又说:"妈妈是最用心、最辛苦的人。"有时不得不被他的体贴细致所感动。

晚上,睡在床上思绪万千,面对这样的孩子,有时真不知用怎样的方法更能调动他的积极性。家长的正向引导、细致督促,家长的身体力行都很重要。小墨说:"你们对我的要求太高我会有压力的;我觉得没什么问题的,不用补课。"对孩子的述说,家长是否更应该尊重他,还是调整他?

我也想了不少办法,以后的双休日,我们要带小墨多出去参加一些体育锻炼,培养他的吃苦精神。

小墨进北外一年多了,这是第一次正儿八经的家校沟通。

其实小墨早就在跟我表达,我的要求和期待会让他有压力,但是他一直的表现都很优秀,所以我也就没有放在心上。想来可能小墨的压力是不小的,学习的、老师的、家长的,三重压力,我还想让校长给他加把油,引领他更加地积极进取,小墨也是个人,还是个孩子,或许我们真的需要在孩子的人生道路上,少一点的干预,多一点的空间,信任,允许,但是有的时候说起来容易,做起来难啊,常常会进入潜意识的模式。作为妈妈的我,虽然常常在反省,但是真正能调整和做到的部分不算多。

MSE 的默写

这一周期待小墨的改变。好消息没收到,坏消息跑得还真快。无怪乎赛马比赛,有选手给自己的马取名叫"坏消息",因为坏消息跑得最快。

周二就收到小墨班主任的短信——一张照片——MSE 的默写,单词没多少,但错得很离谱,全年级就三个不及格,他就是其中之一,而且上次的也没订正,看出老师也气得不行。发出警告,继续这个状态,只能从 A 班换到 B 班,课代表也要撤职了。老师无语,我也无语了,这个小墨,真不是个省油的灯,什么时候能让我少操点心,看来还是学习态度的问题。"其他孩子都在非常用心地学,子墨我没有感受到他的用心,甚至最近有点抬杠,但是也不能过度强调这个问题。"班主任的这条微信让我想到是不是因为老师和我们联系,我们到学校去校访,让小墨心里不舒服,和老师有点儿情绪上的对立呢? 在孩子的教育问题上,真不知道哪种方法是正确的。

吃晚饭时小墨打电话给他爸爸了,因为那次校访我对他说以后打电话给爸爸吧,我会经常联系你们老师的,所以小墨遵守了这规定。我不知这做法是否合适,我想让小墨和爸爸多联系,一方面希望多一些男性的督促,如果老是黏着妈妈也不好。电话里老爸的口气很严肃:"你现在的问题很大喔,知道今天老师给你妈妈发微信了吗?"小墨知道后说老师已找他谈话了,确实没认真背。我接过他爸爸手里的电话:"小墨,还是要找找原因,是时间不够,还是没认真对待,一定要统筹安排自己的时间,每天背十个单词应该不会很困难吧,我们选择外国语学校就是想把英语读好呀,多一门英语课程和小语种就是北外的特色,我们可不能把这资源浪费了……"小墨在电话里嗯嗯地应着,说:"妈妈,你简单讲几点吧,时间来不及了,我马上要进教室开运动会筹备会了。"

接下来几天我和语文、英语老师都联系了一下。语文老师的反馈是："这几天有明显进步,写字还是有点草。"还发了一篇小墨的作文给我,内容有所虚构,但整体写得还不错。英语老师的反馈:"还行,好了一点,上课还是会不在状态,得提醒。"在教育孩子的路上,我是不是应该顺应自然,接受小墨的这些不足,我也知道每个孩子都有向上的心,就像小墨说的:"妈妈,你看我的成绩也说明我不是不努力,我有时就是控制不住自己。"我也知道小墨内心还是个要强的孩子,只是有时不会去统筹安排自己的时间,缺乏自我管理的能力。其实孩子的很多行为和自己的先天个性还是有很大关系的,一个人要控制自己的情绪需要强大的内力。

"听到孩子的问题后,能冷静行事,能自我反思,和孩子真诚对话,努力去理解孩子,想尽办法去激励孩子——这些做起来有些难度,需要家长付出许多理性和思考。教育在点点滴滴的细节中,家长在遇到的种种问题时处理得艺术一些,孩子会用十倍的优秀来回报。"摘自尹建莉《好妈妈胜过好老师》。

男女"混合双打"

今年国庆中秋同一天,连着八天的假期,比春节的假期还长,似乎对每个人来说都是一件很值得期待的事。这么长的假期家人都想出去玩玩,一直没定下来,学校规定不能出省,加上尽量不影响小墨假期的学习和作业,我们决定找近的地方放松一下。老爸厂里搞基建,哥哥银行不让出苏州市,那么自驾游的计划泡汤了,最后几天决定报旅游团——东台三日游。

小墨学校调课后一连放十天,到家的那天就对他说,前两天抓紧多完成些作业,因为要出去三天。小墨大部分时间关在卧室里,也不知完成得怎样,国庆节我在批学生的作业,叮嘱他抓紧时间,不要每次都临时抱佛脚。

二号出发去东台,老老少少十个人坐上了旅游大巴,因为有侄子、侄女、小伙伴,一路上小墨还是蛮开心的,三个小孩打打扑克牌、聊聊天。他说没有小伙伴才不会陪你们这些老阿姨、老奶奶去呢。除了高速路上堵车花了两倍的时间,三天的时间蛮轻松休闲的,看看海滩,赏赏花海,吃吃美食……

四号晚上到家八点多了,叮嘱小墨晚上早点休息,第二天早点起床抓紧时间完成老师在催促的作业,语文、数学、物理等。五号上午两个多小时,下午四个多小时,小墨一直待在房间里。下午四点,我去送水果给他,打开房门,看他的书桌上没有摊开的试卷或练习册。课外书也没有翻开,总之给我的感觉他不在赶着做作业,在发呆吗?

我让小墨给我看他今天完成的作业,小墨在书包里倒腾出一份语文材料,有三份试卷装订在一起,翻开一看只做了一张多,好像是刚放假时做的。"那你还做了什么呀?"小墨顺手把书桌上的一张历史考卷给我看,我一看这张也是以前做好的,心里的怒气已在升腾了。"数学呢,完成了多少?""数学有八张小试卷,还没做。""那你今天到底做了什么呀?昨天回来后已向老师请假了延迟交作业了,语文和数学作业,老师已在催交了,物理好像也要交了,那你交什么作业呀,你今天五六个小时竟然没完成多少,你还有时间磨蹭……"我真被他气得声音都要发抖了,真不知如何形容。小墨嗫嚅着:"我做的呀,完成了一些英语和物理。""那你数学一张也没做,明天能交给老师吗?语文还有两张试卷……"我想再说什么也没有什么用,头都晕了心也闷了,走下楼,一个电话打给老墨:"你家儿子,我真无计可施了,看来要你老爸出面了……"

老墨提前下班了,一进家门就走上二楼:"你这小子,怎么搞的,看来不吃'生活'(挨揍)是不来了。关在房里到底在干什么?上次就跟你说过不许把门保上,你一个人在里面磨洋工……"我们俩你一言我一句地越说越气愤,小墨嘀咕着:"我作业是做的,只是做得慢。"老墨气得打了两个耳光,小墨的鼻子出血了,我余怒未消,在一旁做帮凶:"哎,是该打,但不要打头,要打腿和屁股,看来也没有好办法了,太不像话了……"小墨头上又被爆了几个毛栗子,我也拧了几下他的腿和胳膊。老爸发狠说:"今天晚上不要睡觉了,做一个晚上,全部完成。下次不许再把门保上……"小墨在我们的训斥打骂中,急急忙忙地做着数学作业。

晚上,我们给小墨打包了晚饭,让他下来吃,小墨说,不想吃。不知是不是赌气,不过看他的情绪还是较平稳,数学已完成了三四张。老墨到儿子房间把门的保险拆掉了,小墨也同意了。到八点多,小墨下来了,我帮他热了饭菜,催促他吃,小墨虽说不想吃,后来还是吃了,把饭菜全吃光了,看来肚子饿了。这一幕,让我想到我在小墨这般年纪时被妈妈训斥后,赌气绝食的情景。看来小墨心态和性格比我好多了。

第二天早上,老墨不放心儿子,打电话问作业完成得怎样?我说,今天房门开着,做得比较认真。中午吃饭时,我对小墨说:"你看你的学习牵着我们一家人的心,老爸上班都不放心。你爸说,估计到开学还得打两三顿。"小墨一边吃饭一边摇手着:"哎呀,不用了,一次就够了。""昨天被爸妈打,服不服气?""是我自己不乖,男女搭配,干活不累,男女打人,打得不累。"听到他这话,我也忍不住笑了,小墨这心态,我也是服了。"那你会不会把被爸妈打的事告诉同学呀?""一般读初二的人很少被爸妈打的,有的爸妈都够不着打孩子了,我讲这个,有点丢人吧。""不知你爸昨天的药方管不管用,能不能治你这个不自觉的毛病,没用的话只能加重药量。""不用了吧,昨天打得不算很重,不过,我知道要改正的,有时就是自己管不住自己,觉得总归来得及的。"哥哥在一旁笑着说:"特效药也不能常用,多用了,就没效果了。"饭桌上,大家都笑了。

  做父母的有时黔驴技穷,对付这样的熊孩子,打骂也是没有办法的办法。

  很多孩子因为被父母打而记仇很久,关闭房门不理父母,小墨却没有因为我和他爸爸的"混合双打"而对我们俩记仇,还会调侃我们,同时还不断地检讨自己的问题,想来小墨真的是一个内心纯真善良的男孩啊!作为老师的我,也听到很多父母打孩子而出现各种不可收拾的场面的故事,现在想来,我还是太冲动,容易情绪上头,还好和小墨的感情一直很好,小墨对我和他爸爸一直都是信任的心态,所以即使打了他,他也没有记仇,可见,小墨的情绪是多么稳定,内核如此强大,值得我们学习。

我把青春种在脸上

十月,小墨的脸上出现了青春痘,在两眉之间的额上分布着四五颗大大小小的红痘痘。我在厨房里忙着切水果,小墨站在我身旁等水果,我抬头看着小墨脸上的痘痘说:"小墨,你是不是经常不洗脸,你看都长青春痘了,以后要把脸洗洗干净,皮肤干净了,就不容易长,另外不能用手去摸去挤压,这样痘痘可能会泛滥的。"小墨摸摸自己的额头,嬉皮笑脸地说:"据科学研究,一年不洗脸,保护皮肤油脂,就不会生痘痘了。"我瞪了他一眼,又在胡说八道。

我没有生青春痘的经历,所以没有这方面的烦恼。百度一下:青春痘一般指痤疮,是一种多因素疾病。痤疮的基本病因为皮脂大量分泌,皮脂分泌与雄激素水平密切相关,随着人体的发育进入青春期后,体内的雄激素水平明显增高,促进皮脂腺的发育,导致大量的皮脂分泌,从而诱发痤疮的产生;患者常表现为面颊、下颌等皮脂腺分布密集的部位出现丘疹、暗红色结节等。看来真是名副其实,这是与激素有关,小墨确实开始了青春的模样。

这半年小墨的搞怪动作也越来越少了,像猴子般坐不住站不好的男孩,现在渐渐文静起来了。双休日回家几乎足不出户,每天待在自己的房间里看书写作业。

小墨的话语也越来越少了,在家时和我们的聊天少了,亲子通话时,一句:"Hello,你们好吗,我在学校一切正常……今天……"几次过后,我说:"我是谁呀,我叫'Hello'吗?"电话那头:"哈哈,知道了,亲爱的妈妈。"原来一天要叫两百次"妈妈"的小男孩,现在每天两句也很难听到了,老墨在我面前嘀咕了几次:"这小子,要教育教育了,礼貌都没有,打电话给我,称呼都没有,直接说没饭费了,卡里快点充钱……""今天去接他,对我招招手,直接上车,老爸都没叫……"看来心里有不满呀!

饭桌上,就这事我们和小墨谈了谈,小墨点着头说:"好的,好的,我会注意的。"

最近,小墨特别关心哥哥女朋友的事,好几次在电话里问起:"你们有没有见过哥哥女朋友呀,他们现在谈得怎么样?"我笑着说:"你怎么这么关心哥哥的女朋友,是不是很想见见呀?""当然关心了,那是哥哥的终身大事呀!"一个星期六中午,一家人一起吃饭,我对小墨说现在你可以自己问问哥哥了。"哦,对了,哥哥,你和女朋友关系怎么样?"哥哥笑着说:"很好呀,比较正常。""哦,蛮好蛮好,那你们有没有吵过架呀?""难得也会吵架的。""小吵吵应该没关系的。"听着小墨老气横秋的话,我笑着说:"小墨,你在学校里不会也有个女朋友吧?""哎呀呀,不要说到我头上,我还小呢!"小墨扭过头,匆匆上楼去了。

后勤部长

星期五上午，金老师发来了一条微信，是一篇反思类的作文。

全文如下："今日与金老师游校聊天一事，令寡人受益匪浅。此时，心中仍感慨万千。为人也罢，为学生也罢，岂能沉湎于一行数字或一张奖状而无法自拔？此等东西，眨眼便去了吧。思索再三，寡人决定自期中考试后，在考试科目完妥后，定将不遗余力背单词，复习MSE，为FCE至雅思做好万全之策。千里之行始于足下。另感谢金老师对袁某人的不'杀'之恩，以后定将PAD不动分毫。"

这篇小作小墨写得非常的嬉皮。用上什么寡人、袁某人、谢谢老师不杀之恩等。看来进入青春期的小墨已经有了一点玩世不恭的样子。我发了一个无奈的表情。再发了一条信息："写得这样嬉皮，应该要好好地教育一下。"金老师回复："这是我跟孩子私下里的一个协议，尽量不要在孩子的面前跟他说。我这次带子墨到国际部去参观了一下，对他的触动很大，他写出了真实的想法，我觉得不错，只要孩子有目标就行。"看了老师的这个回复，我心里稍微有点放心了。暗想是不是小墨又在学校里出什么事了，所以老师让他写反思再发给我。

我把小墨的这篇小文章转发给他哥哥和老爸看。哥哥发了一个鼓掌的表情。老爸呢，说我从这些文字里看出小墨是很有自信的，但是字写得有点丑。看来真是"知子莫若父"呀。小墨一手漂亮的字随着年级的升高，越来越马虎了。跟他小学相比，字确实是退步了很多。为此，我也跟他提过几次，我想这可能是很多进入初中以后孩子的表现，特别是男孩子。

周末小墨回家后，我们在餐桌上谈起了这件事。没有直接跟他说老师发来的信息，问他是不是金老师带你去参观了国际部，以后的目标要考英国的剑桥大学呀。小墨说，我跟金老师去了一下，现在我们班就我和余一诺两个人可能会读国际高中，好多同学还没有定下来，有的同学可能会读国内高中，也有的同学是要到初三才决定。那我说，如果我们要走国际高中这条路线的话，你肯定要在英语上下功夫。小墨说期中考试过后，要努力背单词了。

全家总动员

　　昨天晚上老墨给我买的新手机到了。小墨非常兴奋,楼上楼下地跑,急着要把我的手机盒子拆开。然后说:"妈妈,这是一个很重要的时刻,这么好的手机,老爸都给你买了。嗯,他真是对你太好了。现在我帮你拆开,你要拍下视频记录这重要的一刻。"我笑着打开手机,小墨小心翼翼地把包装盒拆开,一边说"见证奇迹的发生",一边拿着新手机跟他老爸聊关于新手机的功能,还教我怎么操作。我觉得很奇怪:"小墨,你怎么知道得那么多呀?你平时也不玩手机,怎么都知道呀?""哎呀,我有时候看看新闻,看看手机上的内容就知道了。"其实很多时候,我发现小墨的课外知识积累的东西很多,包括他老爸说那个美国大片《黑豹》的主演已经死了,他知道的。小墨好像什么都知道,令我有点惊讶。

　　接着他说,现在我做你们的后勤部长,把灯开着,你们用手机拍一段小的视频,看看它的清晰度怎样。接着他又拿了新手机去拍夜景,说这个5G手机是可以拍夜景的。在老爸的吩咐下,小墨用语音说:"哥哥,妈妈要买一个新手机的透明外壳,你帮他买吧,也算是你送给妈妈的礼物哦。"接着小墨积极要求完成贴膜。"那我现在就帮妈妈贴膜,这个贴膜不仅保护手机,而且防偷窥,很高级的。"接着,他跪在茶几旁的地毯上,专注地贴膜,先用纸巾把手机屏幕擦干净,再小心撕开贴膜的外包装比画着,细长的手指很灵活地操作着。"为了妈妈的新手机,我们全家总动员,哈哈,妈妈有这么高级的手机,爸爸和哥哥只能羡慕妒忌恨呀!"我坐在沙发上,享受着这幸福的时光。

　　我对小墨的记性很是佩服,不管我们谈到哪个话题,他总能插上话,有时比他老爸知道的还多,我觉得这跟他喜欢看书,喜欢了解新闻也是有关的。我对老墨说,到小墨读高中,估计我们两个的知识面都不如他了。

我常常在想,小墨的这份幽默、豁达、纯真、善良,可能跟我们家的氛围是分不开的。爸爸爱妈妈,妈妈爱孩子,老墨对我也是很细心的,各种节日礼物从不落下,也会包容我的情绪和小脾气。我相信这些小墨看在眼里,记在心里,所以他的内心也总是充满阳光,很容易快乐起来。即使有时我们呵斥他,也会很快回到乐观快乐的模样。孩子是一个家庭的产物,家庭所有成员之间的关系和沟通都对孩子的成长起着至关重要的作用。

我想做伴郎

这周对于小墨来说,有两个事可略作小记。一件事,这周气温骤降,一朝入冬的感觉,从最高 28 摄氏度,一下子降了 15 度左右,又加上阴雨连绵,人们大多穿上了冬衣。小墨周日早上在家里受了凉,有点打喷嚏,到校后,周一、周二症状加重,电话里告诉我们,流鼻涕、咳嗽,很不舒服。我说,要不我们接你回家休息。小墨说:"再看看吧,到医务室量一下体温。"后来打电话说有点发烧,37.8℃。我们决定晚上接他回来。吃好晚饭我们冒雨前往苏州湾。来到学校南门,不一会儿小墨出来了,坐上车:"爸爸妈妈你们辛苦了,还来接我,特别谢谢老爸,周一还给我送棉衣,太麻烦你们了。"老爸笑着说:"跟爸爸妈妈还用这么客气呀。你的健康是爸妈最关心的事呀。"估计老爸心里挺自豪的,为儿子的懂事体贴。

小墨在家休息了一天,感冒症状见轻了。星期四早上,老爸又把他送回了学校,因为还有两天的课程,怕他落下太多。星期五下午,再把他接了回来。小墨还关心着另一件事。那就是他哥哥要第一次到丈母娘家去上门。我看他比爸爸妈妈还上心。星期六中午小墨在饭桌上问:"哥哥在干吗呢,他要不要回来呀?"我对他说:"哥哥今天在银行加班,今天他第一次去丈母娘家上门呢。""哦哦,好呀!"小墨眉飞色舞,兴奋得像是自己有了女朋友:"那哥哥第一次去,估计有点紧张的,得好好表现了。"我说:"小墨,哥哥的事你还真会关心呀。"小墨摇头晃脑地说:"哎呀,当然啦。这个第一次上门,肯定要给人家留下好印象呀。"

到了吃晚饭时,他还在嘀咕:"不知道哥哥去了没有。"我说:"哥哥要下班才能去呢。"他说:"妈妈,要不你打个电话问问哥哥?情况怎么样?"我说:

"要问你自己问,我才不去凑这个热闹呢。让哥哥自己去处理好了,也没什么大惊小怪的。"小墨笑嘻嘻的,上楼去啦。

晚上哥哥回来了。小墨走到哥哥房间,开心地问:"嘿嘿,哥哥,今天情况怎么样呀?"哥哥笑着说:"就是回来向你们汇报情况呀。""那你女朋友的爸爸妈妈对你感觉怎么样?"哥哥说:"蛮好,一切顺利。她爸爸妈妈性格不错的,很随和的。"接着哥哥看着微信说:"你看,女朋友爸妈在夸她有眼光,那不是在夸我吗。""哦哦,真不错呀。哥哥,我快跟你差不多高了,到你结婚时,我可以做伴郎了。"我们都笑了:"行呀,到时,说不定小墨也有女朋友了呢。"我说:"小墨,以后要是你有了女朋友,我看你肯定更上心了。""那我第一个最关心的肯定是老妈呀,女朋友可以换,老妈是不可以换的呀。"哈,小小年纪,无师自通,马屁一等。

接着我跟哥哥聊了一会儿,小墨呢,就进房间自己做作业。

作业拖延症

双休日似乎成了我最不轻松的日子，小墨带给我的焦虑似乎一直还在。上个周日我的情绪到了失控的地步，我的愤怒无以复加。因为他的作业又无法完成，到临出门时还有作文没完成，还有纠错本没订正好。要知道每个周末小墨的作业成了一家子的心事。现在老墨每次回来也都会问小墨的作业完成情况，虽然小墨常常会不耐烦地说："别问了呀，我知道的，我会完成的……"但每每到临出门时手忙脚乱。

这周五晚上，我应邀去苏州乐桥心理学校做读书分享会，临出门时叮嘱老墨，晚上回家后让儿子先做作业，早完成早轻松，把星期五晚上的看课外书放到星期天，免得星期天返校前又要临时抱佛脚。这样安排时间会充裕些，不显得那么被动，同时可以留出点时间放松一下。

晚上九点半左右我到家了，小墨做了些作业上三楼洗澡去了。周六时间似乎也在把控中，下午他要参加学校组织的网上英语演讲比赛，因稿子忘学校了只能重写（这样又浪费了一些时间），接着带着他去镇上理发。

双休日一直算计的是小墨的时间，这样子真有点心累，不管是对小墨还是对我来说，都不是个好现象，但真是没办法，为他这两年出现的这拖拉习惯，吼过，骂过，打过，焦虑，挫败，自责……真是五味杂陈，不可言说，愤怒到怀疑人生。

前一个阶段，我不断在调整自己的心态，在接受小墨学习态度的不踏实，成绩的起伏，在等待着小墨的自我觉醒，用那句话"孩子，你慢慢来"自我安慰。结果到了关键时刻，还是无法控制自己的情绪，还是像火山一样爆发了。

周六晚上小墨说,明天早上把语文作文写完,应该是没问题的,不会像上周那样作业做到最后一秒的。结果周日一上午他还在补其他作业,吃中饭前急急忙忙去三楼电脑上开始写作文,他自己的情绪已焦躁了,拍手跺脚地说,来不及了。小墨一吃完饭就直冲三楼,因为边想边写,打字又慢,心里又焦急,快两点了,我忍不住上楼看他作业完成情况,作文才写了一半。小墨哭丧着脸对我说数学纠错本还没写,肯定来不及完成了,只能不去学校了,没完成作业去了也要被家长领回来的。

我只能打电话给金老师说明情况,老师也很客气,说写完作业后再送去学校。一直等到四点多,小墨才马马虎虎完成了。

看着学校的家校联络单上,虽然科目多,但每个科目要做的作业用时不多,有的都预定了十分、二十分钟时间,语数外的时间会多一些,如果按学校计划表上,最多四五个小时就能全部完成了,何以小墨要花这么多时间? 而且大多时候他都在房间里做作业,也不看电视不玩手机,何以每次完不成呢? 要么是知识点掌握不扎实,不会做所以做得慢,要么在房间里看课外书或睡觉,要么在抠手、挖鼻子、发呆,磨蹭时间。

小墨被哥哥带着送去学校了,我的情绪差得很,一定得想个办法改变现在这种状态。在学习上,小墨从小都没让我操很多心,成绩一向优秀,作业速度也是不慢的,书包文具都是自己整理得很干净整洁,结果读了初中反而不省心。难道真如他老爸所说,青春期的孩子总要出现一些情况来折腾一下,告诉你这就是青春期的迷糊。这是不是心理学上说的"退行"行为呀?

晚上和老墨谈着,决定下周六带他去苏州二图做作业,改变个环境,我在边上看书,顺便观察一下他做作业的情况,是不是会有所好转。

上图书馆写作业

今天又是周六，按和小墨的约定，决定来二图写作业。一晚上我睡得并不安稳，做梦都梦见陪着小墨去图书馆做作业，似乎还是不尽如人意，在梦中还是很着急，看来小墨的学习真让我神经衰弱了。

早上起来简单做了点早餐，八点多把小墨从睡梦中叫醒。九点不到，老墨从厂里回来把我们送到图书馆，为了儿子的学习，全家出动。车子开了十几分钟，到了外观呈梯形的苏州二图。从北楼上上下下几次，才找到了南楼三楼的阅览室。阅览室很大，中间是台阶式的阅读区，旁边是一排排的图书，靠南墙是一排排的长方形桌子，两两相对，书桌上的电脑应该是供读者阅读用的吧。书桌和书柜间的过道上放着一些沙发。我们进去时，好多桌子上已坐了人，大多是年轻人，在看书或做作业，沙发上坐着一些老人，在看报看书。我们一直走到东面靠窗的桌子旁，才找到了空位。钢管和玻璃搭建起巨大的透明外墙。向外望去，南面的小河，河上的铁桥，来来往往的车子，和对面的一栋栋高楼都尽收眼底。东面公园的草坪都枯黄了，沿河的垂柳也都泛着黄，在寒风中摇晃着，小河水面漾起粼粼波纹，公园的石径上不时有一两个行人走着。

阅读室里很安静，大家都克制着自己的言行，尽量不弄出声音。小墨也在较认真地写着作业，环境还是对他有着制约作用的。虽然坐下来写作业已十点了，上午还是把英语、历史、地理、二外等作业完成了，算是效率比较高了。

老墨临走时，给我们下楼买了水，并告诉我们一楼有食堂，中午可以买盒饭吃，这样真是很方便。快十二点了，我和小墨去一楼餐厅吃饭，饭菜比较丰盛,价格也很合理。

  吃好饭上楼,我们在一排排的图书中浏览了一番,小墨还给我简单介绍了一下凡尔纳的《神秘岛》,我拿了一本《巴黎的忧郁》,是法国诗人波德莱尔的作品。了解了一下这个放荡不羁的诗人的生平,他的散文诗和我昨天拿到的吴亮的《不存在的信札》有着类似的风格。

  下午小墨写作业有点虎头蛇尾的样子,不是抠抠手指,就是吸吸鼻子,不时还做出苦瓜脸。我拿手机要把他的怪样子拍下来,小墨看见了忙摇手示意。

  我上午批完了学生的测试卷,下午看一会儿书,写了这篇小墨的随笔,另一篇散文也写了一半。在图书馆看书,写作业,不管对小墨还是对我来说,应该是个不错的选择。

陪读进行中

2021年已开启新年模式，元旦放假的第一天，我就决定带小墨再来二图做作业。

这一次已是熟门熟路了，我们乘电梯直奔三楼，进入阅览室，环顾东西南三面的桌子上几乎都坐了人，最后在东边的一个桌子上只能拼桌。刚坐下没多久，一个工作人员模样的女孩走过来，指了指小墨，问多大了，我说14岁。女孩说，这里是成人阅读区，孩子的话可去一楼儿童阅读区，或者北楼一些过道上也有沙发桌子可坐的。

我们找到了儿童阅读区，看到里面有一排排的桌子，有孩子在看书写作业。我们刚走进大门，工作人员就说，今天家长不能进来。只能再转换阵地，穿过二楼的敞开式大通道，走到北楼的二楼。进入大厅后，就看到东面有一块孩子们读书的地方，有六七张桌子，大多有小学生在做作业，也有几个家长在陪着。我们找了一个相对宽敞的桌子坐下，对面坐着一个大约两三岁的小女孩，旁边的应该是她妈妈吧。小孩在安静地看着绘本，妈妈在写着什么。

小墨开始拿出作业本做了起来，对面有一张大的桌子有四五个小学生，不时发出嬉笑玩闹声。我说小墨你只要静下心来，就不会受别人或周围的影响。

我准备还去南三楼阅览室去借书，原来的借书证今天没带，不知能不能借到书，来到吧台询问工作人员怎样借书，工作人员问我有没有带市民卡，我说没带，她说用手机支付宝也可以操作，你先把借的书拿来，我来教你怎么操作。我在散文类书架上找了两本书《择一城终老》《2017年中国散文精品》。工作人员把我的书放在一台自动图书借还机的小平台上,黑色玻璃的小平台是自动扫描区,打开我的支付宝首页,点开扫一扫,再在屏幕上按一下"借书"键,自动出现了我借的两本书的书名。工作人员告诉我,还书时也这样操作点一下屏幕上的"还书"就行。现代化高科技生活就这么方便,也让我充分感受到国家对全民读书的公共事业的重视和投入,给我们创造了这么好的阅读环境,真的应该好好珍惜。

《择一城而居》是一部生活散文,作者是年轻夫妻林晓丹、韩东。整本书中林晓丹的篇幅居多,记录了他们的生活,两位走南闯北的歌手,一起浪迹天涯,一起追求自己想要的生活,愿意离开舒适区去闯荡,尽心对待自己的选择。灯光下的歌手,被掌声和灯光包围。几年后,他们想安顿下来,换一种生活方式,他们来到了晓丹母亲的出生地泰国,来到一个陌生的城市——清迈,在这里开起了客栈。书中很多篇幅写了他们开客栈的经历,以及清迈这座城市的生活,清迈随性而精致的咖啡馆,清迈人肆无忌惮的泼水节,清迈令人无比舒畅的按摩,清迈随处可见的庙宇佛寺……跟着书一起走进了一个对我而言陌生的东南亚国家,也体会了一把四季如夏的南国风情。

为了给小墨找更加安静一点的环境,我乘坐电梯来到四楼,还是原来的文旅展览区。四楼的南北楼之间是一个中央公园,有水池有花木有亭子,是一个苏式小园林景观,非常美。在苏州文学馆前是一个宽大的走廊,沙发上坐着家长和孩子,也有零零碎碎的参观者经过,走道的一侧有一个咖啡吧,可以买咖啡、奶茶及面包,旁边有几个小圆桌,可以坐下喝饮料也可以看书写作业,但也不是十分安静。

没找到安静的地方,我就给小墨带了一杯珍珠奶茶。坐在小墨身旁看书,有时随手悄悄给他嘴里塞点水果,在下午暖暖的空调大厅里,我似乎回到了小墨幼年的时光里,陪着他搭积木,陪着他看动画片,看着他折出精美的花瓶和郁金香……时光就这么悄悄地溜走了,那个口齿不清的小男孩已是一副少年模样,瘦瘦的细长身子已越过了我的肩膀。有时想想,陪伴也是一种幸福,再过几年,小墨已长成青年,要离开父母远行,那时陪伴或许已成奢望。

  元旦放假的第二天,早上九点多我们就到了图书馆,今天来得早,还有好几个空位,我们找到了西面靠窗最里面的位置。在坐下后的差不多十分钟时间,小墨进入不了状态,皱眉做苦瓜脸状,做作业让他不开心。我在昨天咖啡吧拿到的赠品小本子上写了几句话:"小墨,妈妈对你很有信心,我愿意花更多的时间陪你学习和成长。你一直是个优秀的孩子,我们一起努力。等你出国读大学时,我也希望能常来陪你,顺便把国外的见闻写下来,期待着。"我把纸条递给小墨,小墨笑了,说谢谢妈妈。

特殊的工种

最近在网上看到一篇文章《老母亲必备自救指南,看完笑着活下去》。文章幽默诙谐,用调侃的话语写出了现在当妈的不易。

文中有些话语真是击中当妈的心。"这个工种有时候真的很辛苦,日常工作时间007,没有医保不说,工伤概率还特别大:轻则喉咙嘶哑、血压升高,重则手骨震裂,心脏搭桥。""老母亲的悲剧就是我命由娃不由天啊!缓解养娃的苦与累,最实在的办法就是娃能有好的表现。考试一百分,浑身有精神。老师不点名,一天好心情。""老板和老师,哪个更让人心慌?这个问题,只有当了家长的人才有资格回答!""虽然孩子的成绩催人泪下,生活习惯令人咬牙切齿,但孩子对我们的爱,却是永远无条件的。在他们的眼里,即使我们胖了、老了、发火生气了,我们永远是他们心里最好的妈妈。还有一句'妈妈我爱你',就是治愈一切的良药!"

哈哈,这些真是当代妈妈的真实写照。我最近的心情也常常陷入起起伏伏之中。这几年,随着小墨进入初中学习,每个双休日成了压力最大的日子。最主要的是担心他的作业不能及时完成,为这事,吼过、骂过,甚至打过,有时真是气得心里发闷。这一学期这样的状况没有改善,也影响了他的学习成绩。整体有所退步,这次二模,数学竟考了个低分。电话里他也知道考砸了,问他是否没掌握,他说自己会做的,还说妈妈不要着急,会调整的。接下来的晚上,我分别和班主任、数学老师在电话里聊了有关小墨的学习状况,数学老师说小墨的学习是没问题的,只是最近一段时间数学不太稳,每个孩子都有特别的个性,这样思维较好的孩子,也不用太给压力的。班主任反映最近小墨的学习状态有了明显的进步,他自己也认识到前面一阶段学习不够用心。

我常常觉得不解的是,小墨在小学阶段的学习似乎没让我操很多心。经常自己整理学习用品,分门别类地放好。印象最深的是有一次发现他的五六支铅笔都很短了,都套上了笔套,整齐地放在铅笔盒里。他还会买一些小袋子把各科作业整理好。我内心也一直觉得小墨是个很会自理的孩子。但最近几年学习的习惯反而不如小时候了,特别家庭作业的拖拉,一整天待在房间里,不看电视,不玩手机,似乎很认真,但完成作业的效率不高。最近几次去图书馆写作业,虽然期间还会出现不少小动作,但有我坐在旁边,效率提高了不少,看来还是要有一定的监督呀。

或许家长总是盯着孩子的不足之处,其实小墨还是懂事、听话的,个性温和,暂时还没有明显的叛逆。是不是青春期的孩子总会有这样那样的问题出现呢?家长还是应该放低对孩子的要求,学会自我调整情绪。

那天和小墨一起泡脚,重温阅读时光,小墨说:"妈妈,我已长大了,和你没有共同语言了。""那你现在觉得和谁有共同语言呀?""同学呀,我们会一起谈谈人生什么的。""好深奥的话题。"我笑着对小墨说,"你真的在慢慢长大了……"

在不断地焦虑、反思、和解中,老母亲们还是一如既往地匍匐进行,在陪娃的路上,没有最好,只有更好。

MSE 的逆袭

1月31号,小墨学校的期末工作大体结束,前几天的网上结业面试,前天观看的 SIA 初中部的休业式视频,昨天八(3)熹才班的腾讯课堂颁奖仪式,让人感受到智能时代改变了人们的生活方式,改变了孩子们的学习生活。

小墨这学期得了学校第二大奖——德馨奖,外国语学校的评奖机制还是与公立学校有所不同,考查学生在各类比赛、各类活动中的获奖情况,在班级的各项表现,最后综合评定。虽然小墨在初一两学期中学科成绩不错,在期中期末考试中保持在班级前三、年级前十左右,但其他方面的表现欠佳,两学期只得了个进步奖。照他的成绩应该可以评上学校的广博奖,如果在公立学校应该是三好学生,因为公立学校更看重学科成绩。所以小墨的内心多多少少受了点挫折,有时会嘀咕:"就算考得好也评不到什么奖。"看他这学期的表现,估计又是一个进步奖吧,因为期末考试还是不错的,达到了预期:班级第五,四门主课年级第十三,八门课年级第二十一。

三天考试结束,老墨去接儿子,在车上小墨说,期末考试应该能进年级前二十吧,自我感觉还不错,数学有点难,语文大家觉得难自己觉得还行。星期一紧急放假,那天去学校接小墨,老墨一接到儿子就给我打电话,哈哈,儿子说金老师已跟他说了,期末成绩在年级前二十名,这小子估算还蛮准确的。具体成绩还不知道,估计下午老师会发微信吧。

一下午我不时看微信,看老师有没有发信息来。两点多,学校公众号上跳出了八年级期末调研成绩,点开就看到袁子墨的成绩单,大多科目成绩高于年级平均分,成绩还行。再问班主任,说他最后一周真的很认真,这次考试有进步的。令我惊讶的是 MSE 竟然考了 98 分的高分,从期中考试的 64 分,到期末考试的班级第一、年级第二的高分,真是逆袭呀。这些非主课类的科目小墨平时就不够重视,加上学习上时间也不够分配,效率也不高,平时默单词错很多,几次测验都没考好,期中考试后,老师把他的课代表撤职了,并且从 A 班调到了 B 班。是不是因为那次受了打击,小墨发愤图强了。老师微信上说寒假好好做 FCE 精讲精练,下学期再把他调到 A 班。哈!小墨用实力证明了自己,也给我们带来了信心,也用比较好的结果诠释了他的那句话:"妈妈,你不用急的呀,我会做的呀,反正我心里有数的。"小墨,我不扶墙,只扶(服)你。

事后,我对老墨说了自己的疑惑:"英语肯定要靠平时的积累呀,仅仅靠最后几个星期,他怎么就能考出个高分。""只能说明这小子只要努力,就会进步,以后还是要相信儿子还是有实力的。"看老墨一脸信心满满的样子。

一次考试,真的希望小墨不仅仅是成绩的进步,更是一种态度的转变。

寒假论文

快乐的寒假即将结束,这两天小墨常常皱着眉头,哎呀,还有两天就要上学了,还一边哼着歌:"时间都去哪儿了,还没好好享受寒假就结束了……"小墨心情的不爽,可以体会。不管是大人还是孩子只要一想到假期余额不足,都会苦恼的。

这个春节,我们忙着走亲访友,吃喝玩乐,但小墨的新年还是比较忙碌的,身上一直压着没完成的学习任务,特别是四千字的论文像一座大山压着小墨,我们也常因他的作业完成进度和难度揪着心。

寒假一回来,我就把小墨学校发的《寒假生活指南》打印出来,整整29页,除了各类笔头作业,还有读书笔记、观后感、地理论文,还要上传各类视频:物理实验、化学实验、传统美食小制作等。五花八门的作业堪比春晚节目的丰富。一个初中生的寒假真心不容易啊!

年前,小墨几乎每天在写作业,我叮嘱他尽量把那些比较容易完成的先做完,春节可以好好玩几天,放松一下。为了做一个化学实验,小墨在淘宝上买了两盒实验的瓶瓶罐罐,各种粉剂,真可以做个小小实验室了。物理实验就用暑假里做的《火柴挂水瓶》,手机里的视频还存着,小墨配上了音乐和文字,很不错的科学小实验,可以凑合着交差。利用晚上时间我陪他看了学校推荐的两部电影《美丽人生》和《荒岛余生》,小墨连着两天写了两篇观后感。

大年夜小墨开始看看电视搭搭积木和小朋友们一起玩,每天也睡得很晚,起床也晚。年初三开始,小墨又开始担心他的作业了,每次在饭店吃饭,还没结束就在我身边烦了:"我们什么时候回去呀,还要过多久呀?"有时他老爸只能先把他送回家。年初三下午他完成了八百字的《地理·中国》观后感,一想到没几天要开学了,论文还不知道写什么,小墨开始有点抓狂了,在楼上跺脚拍手的,晚饭都不想再去饭店参加亲戚的聚餐了。年初四开始,小墨准备动笔写他的四千字论文,但能感受到他的焦虑。这真是一项艰巨的任务,想到去年寒假,一篇论文全家出动,收集资料,整理提纲,反复修改、查重率一再下降,最后符合要求。一篇文章从加拿大写到了回国,牵了一个假期的头皮。今年,小墨说不用爸妈帮忙,要自己完成。

年初四晚上,小墨在电脑上写着,后来兴奋地告诉我:"妈妈,我写了一千多字了,我想到了写飞机发展历史方面的论文,我以前看的大百科书上有这方面的资料,网上也能查到一些。现在发现看课外书真的很重要,不然真不知怎么找资料。""但你打字的速度也不快,怎么写了一千多字?""我用语音输入就快多了,而且准确率很高的。哈哈,我准备明天完成了,还要写三千多字。"小墨为找到写作的题材和内容而高兴,我能感受到他的压力指数在下降,我也觉得轻松了不少,寒假最令人头大的任务有了头绪,全家都松了口气。

年初五,小墨起床后在写,中午吃完饭一个人被大表哥送回家,接着写,晚上吃晚饭时,小墨告诉我,已写了三千字了,晚上可以完成了。晚上十点多,小墨下楼告诉我们,论文已完成,写了四千字,高兴地搂着我蹦呀跳呀,说自己也想不到竟然用两天不到的时间完成了,我也很高兴。现在,论文的质量如何已不重要,重要的是小墨已完成了,在面对一个艰巨的挑战时,曾想打退堂鼓的小墨最终战胜了自己,有了克服困难的勇气。在这期间小墨体验到了紧张和压力,也体验到了完成任务后的轻松和快乐,这种心理上的经历和成长才是人生最宝贵的财富。

小墨论文的查重报告出来了:

比对结果(相似度):

总相似比:11.07%[相似部分(含引用)占原文的比重]

自写率:88.93%(原文中剔除雷同片段和引用片段后占原文的比重)

复写率:11.07%[原文中与比对文献相似部分(不含引用)占原文的比重]

引用率:0.0%(原文中被识别为引用的部分占原文比重)

小墨论文,竟然一次通过,这真是出乎我们的意料。不管对小墨还是我们来说,都是如释重负呀!

开学第一周

小墨开学第一周还是状况不断,到校第一天老师发信息说他皮鞋、领带找不到了,而且当天学校的开学典礼要穿,要家长送去。出发前一天在家没找到皮鞋,小墨说可能期末没带回家,应该在宿舍里。而领带我明明放在小箱子里的,怎么也没有了呢?后来老师再发信息,小墨的领带借给了同学,他再借了其他同学的。在家长群里知道,寒假宿舍维修,学生留下的皮鞋可能被扔了,因为有三个男生都没皮鞋。幸亏热心的同学妈妈正巧在商场帮着一起买了,不然还要买了赶着送去。

第二天周一,老师微信里发了一张小墨写的小卡片,卡片上写着八年级上册的数学英语物理书,老师说他忘带了,家里找到了可以快递到学校。我疑惑,上学期的书怎么也要带去呢?后来再问,才知道小墨又写错了,是八年级下册的,这小子老是给我们添乱呀。中午我从学校里赶回来,楼上楼下地奔,翻箱倒柜地找,最后从底楼外婆的房间里找到了,再送到他老爸的厂里。他老爸吃好中饭赶忙开车送去学校了。记得开学前一天,我照着老师发的清单整理了他的生活用品,晚上,我俩再三叮嘱他,核对一下学习用品和作业等,不要再忘了。小墨说,我都收拾好了。唉,这家伙,难道出状况才是情理之中吗?

周三一早7点多,老师又发信息说:晚上在宿舍小墨没有拖鞋,穿了运动鞋,估计忘的东西太多了,都不好意思跟你们说了。我心里疑惑,拖鞋我明明和洗漱用品一起放在袋子里的,而且这次换了一双新的,我记得很清楚呀,怎么又不见了呢?看我这家长做的,真无颜见各位老师呀!晚上亲子电话时问小墨,小墨说宿舍同学没带拖鞋,借给他去洗澡了,所以只能穿运动鞋了。我想这个必须发信息和老师澄清一下，不然我这心里也不是个味，好像丢三落四的家长才有丢三落四的孩子。老师回信息发了个遮脸的表情，还说："和领带一样的故事，这孩子真是太热心肠了，最近他习惯上也有进步，今天还表扬他了。"看到这回复，老母亲受伤的心略感宽慰。因为老师在群里说有几个孩子寒假的状态还没调整过来，要跟家长私聊。老墨下班一回家，就问："老师有没有私聊你？这小子肯定是私聊中的一个。"我说没有哇，看了老师的这信息，才知道这一次小墨也算是出乎我们意料呀。

确实，这个寒假小墨的状态有所好转，很能静下心待在自己的房间里，作业也比较放在心上，虽然有所抱怨，但难度高的论文还是尽自己所能完成了。最后一个美食小视频也完成得不错——自制传统美食"麻叶"。小墨在外婆、舅妈的指导下拌面、揉面、擀面皮、做麻叶，最后在油锅里炸，过后他把一系列的视频剪辑，再配上文字和音乐，小视频蛮有创意。能感觉到他还是想完成各项任务的，不想随便放弃。老师对他开学表现的评价印证了我的这些感觉，确实感受到了小墨的进步。

这周小墨还有一个小得意的地方是他带了老爸的洗面奶去学校，得到舍友的一致好评，那些长着痘痘的男孩用后一致表示：清凉爽滑。

网上有段子："为什么要放假？因为再不放假，老师就要疯了！为什么要开学？再不开学家长要疯了。""孩子就像风筝，人在校园里，线在妈妈手中，即使眼睛看不见孩子的样子，心里从来没办法有一刻钟放松牵挂。风筝飞一飞，线就会扯着妈妈的心。从没有办法一刻分离。"

小墨虐我千百遍，我待小墨如初恋。

这一次，我真信了。

闭关锁国

最近因为搬家一事，忙得顾不上小墨了。

借住到朋友家空置的房子，这是唯苑隔壁小区融创81，算是我们这里最高端的小区。大多是欧式别墅，我们住的这栋是联排，东面第一家，大约三百平左右。小墨住到整栋房子最好的一个房间，二楼靠南的一间，配有独立小书房和衣帽间。小墨很开心："哈哈，原来我的房间是最好的，谢谢爸爸妈妈把最好的房间给我。""朝南的房间舒适，小书房也是朝南的，你看我的书柜没搬过来，把你的书柜搬了过来，书都给你整理好了，让你有一个安心学习的环境。"

小墨换了一个地方，依旧不改旧习惯。双休日回家还是大门不出，二门不迈。一到家，和我打了招呼，直冲二楼自己的房间。两天的时间几乎没什么时间和我们交流，每次吃好饭，放下碗就去自己的书房，我们常和他说在客厅休息一下，抽时间外面走走，他觉得没什么好出去的。这个清明假期，天色这么好，小墨还是待在自己的房间，还是忙着他的作业，我心里总是在怀疑，怎么作业老是做不完呢？

小墨的宅家是不是青春期正常的反应，我也不清楚，总之那个活泼好动、整天聒噪的男孩渐渐变成了沉默的少年。我常觉得小墨的青春叛逆期不是那么明显，尽管偶尔会被我们批评，但他个性温和，几乎很少和我们发生冲突，也能和我们正常沟通，对自己的不足和错误也能坦然面对，如实相告。上周学校去同里春游，小墨和几名同学乱跑，被老师罚写检讨，晚上亲子电话时就告诉了我，不过，态度有点轻描淡写，似乎觉得这样的小事无足挂心。

第三季 少年时代

我也只能用心理发展的理论来安慰自己,小墨的闭关锁门是很多孩子成长过程中的正常表现,这年龄正处于自我同一性的发展阶段。陪他一起走过这一程,让他的成长更顺利更健康,这是每个父母所期望的。

搬到新家已有两周了,昨天有同一小区的同学吴思远带着妹妹来访。小墨接待同学时,边说边在客厅绕着沙发行走,还是没有改掉坐立不安的习惯,后来老墨说他:"你这样的举动和脸上的青春痘不符哦,青春痘说明你已在长大,要有大人的模样了。"小墨呵呵傻笑:"我这是下意识的习惯动作。"

最近小墨学校的活动也多,辩论赛、社会实践活动、青春仪式(制作成长册),小墨还把希望之星英语比赛复赛的事宜也忘了,不知是真忘了还是有意为之。

总之,趁着我们忙乱之际,小墨更是自我放松。

孩子有事没事总关门。其实孩子关门,不管是心烦也好,作业忙也罢,还是想处理一下自己的事情,又或者对着镜子摸摸自己脸上的青春痘。他们仅仅希望有自己空间和时间,来咀嚼、处理一下自己的事情和心情。从孩子心理发展来看,这行为是有积极意义的。青春期孩子非常希望能从父母那儿独立出来,这样才能体会自己长大的那种感觉。这将会为孩子以后走进社会,能够清楚自己与他人的边界,是一种很好的练习。孩子有时候会有心事,如果不是什么大事,就给孩子一些时间。人在困难的时候,别人的帮助很重要,但是自己能够给自己心灵敷药,那会让人更强大。我们看小狗狗受伤时,都会躲一边独自舔伤口,人的心理受伤害了也是需要这样的。我们做父母的可以告诉孩子,任何时候,需要爸爸妈妈的帮助,告诉我们。这样就会让孩子觉得很有安全感,父母将是他们的后盾。

补课的挣扎

对于小墨来说，补课是一直逃避的事；对于我来说，让小墨补课一直是纠结的事。

自从小墨读了北外以后，完全是裸学（这是我突发奇想的名字），因为他仅靠学校里的课程学习，外面的培训机构一概不参加。每个寒暑假，我们都设想让小墨去补一下数学和物理，提升一下成绩，希望他在理科方面能保持在优秀行列里。按我们的习惯思维认为，男生在理科方面应该有一定的优势，但小墨这方面的优势似乎并没有表现出来，成绩一直有起伏，又听说班里的同学几乎都利用双休日在补课，有的同学要补三四门课呢。每当我们提到出去补课，小墨就摇头："成绩好坏跟补课没多大关系，其实我都懂的呀，有时就是粗心，你看我们班谁谁谁，也在补课，到考试也没我好呢……"反正是理由一套又一套。

寒假里去培训机构去做了测试，后来不肯去，我们和他约法三章，期中考试保持在年级前三十，也就算了，其实这已是对他降低了要求。这次期中考试，小墨说有点紧张，因为能否进前三十心里没有把握，听着他发愁的声音，我想估计这小家伙没有信心，这几天又在临时抱佛脚了。

第一天三门课考下来，亲子电话时小墨语气比较轻松，他说这次物理觉得考得还不错，估计在95分左右，语文大家都说很难，自己觉得还行，这次应该能进三十名的，小墨的信心上来了。第二天数学等考试，小墨又有点担心了，觉得数学有一道大题没做出来，估计在120分左右，我说还行呀。考完试后的几天，小墨一直在担心名次，最主要是不想补课。

过了三天，小墨成绩出来了，金老师发信息说子墨这次成绩和年级前三十名差一点点，班级排名第七，这成绩在意料之中，小墨也算完成了我们的期初目标。最主要的是老师反映最近小墨的表现非常好，在这次备考中，比较耐得住寂寞，值得表扬。看到老师这信息，心里颇感安慰。班主任金老师也认为要给小墨定一个更高一点的目标，现在给定了目标是期末考试进年级前二十，他说没问题。

现在孩子的学习成了家庭的重中之重，最近几年我也常常陷入"中国式育儿焦虑"中，但我在努力淡化这种焦虑。处在当今这样的社会环境中的家长，很难做到淡定，"比你聪明的人比你更努力"。我也常常用这句话来勉励小墨，经常听到重点班的孩子大部分都在补课，优异的成绩背后是家长的付出、孩子们的辛苦。内心也觉得，如果小墨肯参加一下课外的补习，应该有更好的成绩。现在各种补习班层出不穷，寒暑假及双休日，家长孩子都奔赴在补习的路上。这种过度竞争现象，一个流行的解释是剧场效应。剧场效应大致的意思是：在一个大的影院里面，大家开始是坐在各自座位上看电影，而且都可以看到屏幕。但突然前面有一个观众站了起来，这样后面观众的视线就被遮挡住了，而且影院管理人员不在场或者疏于监管，后面的观众也开始相继站了起来，于是更多的人被迫站起来看电影，甚至导致整个影院的人都站了起来。坐票实际上变成了站票，结果是所有人都变得很累，但观影的效果跟所有人都坐着时差不多甚至更差。

前几天和学校同事交流孩子的学习，她也很焦虑，女儿进了区重点班，学习很辛苦，周末还去补课。据说班里大多数的孩子都在培训机构补课，不补又特别担心自己的孩子会落后，补了有时也没多大的作用，我想这是家长普遍的纠结。

现在压榨式的学习，对孩子的身心发育带来了不小的伤害，有一位同事的女儿在读高中，几乎每天晚上十一二点睡觉，早上五点半左右起来，没有一天的觉是睡够的，长期这样超负荷地学习，真不知道孩子怎么过来的，有时想想真是揪心。幸亏小墨的外国语学校作业量没这么多，活动也比较丰富,每个人都能参与,比如这次的"建党100周年合唱节"活动,每个班都是大合唱,从视频来看,这合唱蛮正规的,统一的服饰,还化了妆,有指挥,有手风琴、吉他的伴奏,孩子们唱得激情昂扬,背后配乐的投影视频也很壮观,这样的情境下,孩子的爱国主义情感油然而生!

对于孩子的成长最重要的是什么,是每个家长要不断思考重新定位的事,补不补课,确实不是最重要的。

我也常常在思考一件事,那就是什么是教育,教育的意义是什么。我们这样一直竞争,害怕孩子落后的教育思维和方式真的是对的吗?这样的思维方式下,教养出来的孩子内心世界会是怎样的呢?是竞争的,是要超过所有人,所有的人都是敌人都是竞争对手,只有超过他们我才能赢。后来我读到的一本书中写道:人生有两种游戏,一种是有限游戏,那就是竞争的游戏,踩着别人的肩膀往上爬的游戏,无论多优秀,总有一天是会到头的,比如到了世界第一,玩这种游戏会让人一直努力奔跑,无法停止,无法放松,无法享受生活,同时人与人的关系是不信任的,是互相提防和竞争的,也无法享受友情。而另一种是无限游戏,那就是没有竞争对手,遇到的所有人都是我们的合作伙伴,都是我们去理解和帮助的对象,于是我们的生命就进入一种无限游戏的状态,不仅可以让我们放松下来,享受生命,还能收获美好的人际关系,美好和灿烂的人生。我现在也在慢慢地把这种无限游戏的思维模式渗透给小墨,愿他不仅能体验生命的美好,还能享受每段人生经历和每段人际关系。

青春之门

上周日5月9日,正巧是母亲节,小墨学校在这天开展"八年级青春仪式"的活动,邀请家长参加。这个活动从四月拖到了五月,家长们也忙碌了一阵,特别是要悄悄为孩子制作"青春成长纪念册",在活动上给孩子一个惊喜。

制作小墨的"成长纪念册"也颇费了一番周折,四月因活动的延期,我们就没把这事放在心上,快五一了,才发觉时间要来不及了,想着能快点制作好相册,分别联系了婚庆公司、照相馆、淘宝店,希望能在三四天里弄好。接着要先了解按怎样的规格制作,学校推荐的链接也没有去看,据说可以让淘宝店弄,价格不贵速度又快,而且网上有很多模板,但了解下来网上只有固定的模板,如果要个性化一点,或者要添加说明性文字,那还得自己制作。小墨的姐夫联系了淘宝店,店里发来了一个制作软件——简影,在用户设计器上制作,挑选好了版面,再根据版面选照片,一共可以选100张。

选照片是个让人头大的问题,要从几千张照片中选出一百多张,也是够让人眼花缭乱的。大部分照片在手机里,也有在电脑里的,选照片就花了两个晚上,从小墨出生到现在,还得分门别类地选择,在家的、在校的、旅游的、参加活动的,与家人一起的,与同学一起的,与小伙伴一起的……这真是一个庞大的工程,成长纪念册除了能反映小墨的成长过程,也要体现他获得的成绩,所以把他小学时参加故事比赛、做开学典礼的主持人,接受电台的采访、钢琴比赛等能体现光辉历程的照片放进去,还有他的手工折纸、乐高等作品的照片也放了进去。

晚上我们两个开始添加照片进程序里,一边制作一边摸索,后来慢慢摸索出了门道，照片的调整、文字的编辑，再加上修饰的图案，最后还修改了封面，一本杂志类的《小墨成长纪念册》终于赶在春青仪式之前弄好了。

5月9号下午，我和老墨来到了北外，走进学校标志性建筑欧式长廊，长廊中间搭了一个彩色的拱门——青春之门，两侧分别是"正青春，致未来""青春飞扬，放飞梦想"。

参加完班级的家长会后，我们来到了B楼报告厅，这是学校筹备已久的青春仪式"无青春，不奋斗"，有校长致辞，家长代表致辞，学生代表致辞，有学生、家长、老师分别表演了节目，还有小视频"一封信"，视频里家长读孩子的来信，孩子读父母的信，场面很温馨感人。学校还录制各科老师对孩子们的青春祝语。这次活动最用心的还有，现场孩子把写给父母的一封信给父母，父母把偷偷制作的青春纪念册给孩子，双方给彼此一个惊喜。小墨的信装在一个粉蓝色的信封里，很漂亮，抽出信纸，里面是两张厚实的彩色信笺。读着读着，我的眼眶湿润，小墨质朴真挚的话语，写出了对父母的感激之情，这一刻似乎所有的辛苦都值了，小墨真的长大了，孩子的懂事是给父母心灵最好一贴安慰剂。老墨在一旁偷偷拍下这难忘的瞬间，小墨笑着搂着我的肩膀："妈妈，不用这么感动，我写得不是很好的。"

最后以一首全体大合唱《明天会更好》结束了这次感人情怀的青春仪式。

附信：

谢谢你们一路陪我成长

这一年以来，不论是亲戚还是朋友，见到我的第一句话："哎呀，袁子墨，都长这么高啦！"哈哈，没想到吧，有一天我也能俯视妈妈，与爸爸差点平起平坐啦，仿佛一刹那间，我已从一个到处乱爬的小男孩儿，变成了一个沉稳的小伙子啦。想必，你们的心中有一丝欣慰，一丝欣喜，一丝如释重负吧！（完全释放是不可能的，至少在结婚之前是不可能的，没办法了，哈哈。）

十四年以来，你们在我身上付出的艰辛，是除了你们没有人能想象的，从婴儿时在床上乱哭乱闹起,相信你们已体会到,把我养好不是件简单的差事。但是,你们已然以一种惊人的毅力和超乎寻常的耐心,硬是把我培养成现在的样子。这一路上,我有说不清的感激,谢谢你们!

  妈妈,我知道,您有多少个夜晚因为我而彻夜难眠,我也知道,您有多少次,因为我放弃了自己的娱乐,放弃了属于自己的生活。现在我想表达的只是愧疚之情。我知道,您对我操的心,像长江黄河之水一样永远也操不尽。希望您能以后不用这么费心,因为我也开始要自立,要自己解决能解决的事了。而在学习上的事,相信,我能改进。

  爸爸,你要知道,虽然我平时可能比较亲近一点妈妈,但是,我对你们的爱是等同的,并没有多少之分。小时候,您真如一座大山般威武而庄严,时时鞭策着我。现在,您慢慢变得更像我的一个朋友一般,关心我的身体,关心我的成绩,关心我的生活,给我很多建议。我很高兴,同时也很乐意交到这样一个朋友。同时,也对您对我物质、精神上的帮助感到由衷的感谢!(尤其是每周大费周章地接送我。)

  总之,你们一定是我生命中最重要的两个人,无论是过去、现在还是将来。感谢你们对我付出,感谢你们一路陪伴我成长!希望我们以后能共同努力,共同进步!

你们的儿子 袁子墨
2021 年 4 月 23 日

青春季的阵痛

上周五放学前，小墨和同学吴思远被班主任老师罚跑操场10圈，电话里他告诉我，让老爸在学校北门等，他大约五点半才能出来，当然回家也晚了好久。一到家，他就说，今天好累呀，因为10圈跑下来有点虚脱了，脚走路都没力气了。我说："哇，尝尝这样的味道也不错，这样才能体会到什么叫累，什么叫乏力。10圈跑下来的体会如何？"小墨装作不在乎的样子："其实也没什么，当时心里挺冤的，后来也想通了，估计金老师今天心情也不好吧，看到我和吴思远坐在教室的台阶上，跷着个脚，坐姿有点不雅观，非常生气。""老师生气的主要原因是不是其他同学都在座位上认真学习，你们在荒废时间，不仅仅是坐姿的问题吧？""不知道，好像其他同学也不是都在学习呀……反正跑跑也没什么的，还是我们自找的，幸亏有同学在操场上给我了巧克力，不然真没力气了。"看小墨基本能心平气和地接受处罚，我也坦然了，小墨的情况属于犯规，没什么原则性问题，是该受点处罚。

周六吃好晚饭，我提议小墨一起去小区兜一圈，顺便散散心，他同意了。走到南面的湖滨大道上，我和他聊聊学校里的事："小墨，你们班里有没有同学在谈恋爱呀？""我们班还行吧，可能也有，我没怎么注意。不过，高中生有谈恋爱的，食堂吃饭时，经常看到一对一对的。"小墨呵呵地笑着。"那你有没有喜欢的女同学？或者女同学喜欢你，要是有女生喜欢你，可要告诉妈妈哦。""哎呀，我没有什么问题的，我也没想这些，女同学也有对我比较好的吧，她们看我脾气好，有时要来惹惹我，反正我不管这些的。"哈哈，小墨的坦率还是蛮可爱的，小墨心思还是那么单纯。

周三早上，金老师在"83男生315宿舍群"里发了一条信息："315宿舍再被通报批评,德育处要求计入宿舍违纪第二次,请大家知晓。"并艾特了我们几位家长。接下来发了一些图片,还有值班老师的微信:"这个宿舍熄灯后不上床,在宿舍内讲话、吃东西,室内脏乱差,请班主任明天严肃教育。"小墨的名字赫然在内。接着老师发了一张表格《学生宿舍违纪处罚通知单》,有处理意见、学生本人签名、德育处盖章,看来学校的管理是比较严格到位的,内心还是认同学校的做法。

这周一模考试,小墨说考数学时状态很差,因感冒半节课一直在擤鼻子,后面几道题根本没心思做,成绩出来后,小墨电话里:"妈妈,你知道数学成绩了吧,嘿嘿,确实很糟,你是不是有点焦虑,不过,你不用过分担心,我基本上会做的,只是考试时身体不舒服,状态不好,当然有些知识也不扎实,我想二模时肯定会进步的,这次小四门还行。"你都在安慰我了,我还能说什么,只能相信你有实力的,下次能考好的,只能如此自我安慰了。

小墨的情况如此层出不穷,我也只能调整心态乐观面对,或许这也是青春期的一部分,我想每个孩子都会以各种各样的方式来展示成长的阵痛。

对于十四五岁的男孩,正处于生理急剧变化的过程中。由于身体发育,孩子的各类激素不断变化,会使他们的情绪变化更激烈,或者产生无力感,因为他发现自己要探索的世界越来越大了,新鲜事物与原有的观念产生碰撞。他们开始认识自我,有着对"我就是我"的自信。另一方面,在缤纷炫目的世界中,他们有时会迷茫,会随流,会无措,无法把握自我,对问题的判断力还不够,加上自控力不强,很容易出现各种各样的问题。我想每一个孩子的成长过程总是跌跌撞撞一路走过来的,跌倒了,知道痛,感受了伤,他自然会注意的。孩子在犯一些小错误时需要家长的理解、宽容和引导,更重要的是给他足够的能量,让他有勇气去面对各种错误和挫折。

滑铁卢事件

虽然2021年的暑假已过一半，但小墨初二的期末滑铁卢事件还是值得记一下的。

小墨在临近期末的几次模拟考试中成绩都不理想，最后两个星期左右，据班主任反馈，他进入了比较认真的学习状态，又像是临阵磨枪，最后一搏。从以往的经验来看，小墨每次在期末考试中能有突破的，估计他又在故技重施，希望最后努力一把考出目标成绩，存有侥幸心理。

期末考试的前几天，小墨在亲子电话时，做出要哭的样子，叫嚷着有压力，心里没底，觉得好多知识都没有认真复习，不知能不能进火箭班。最好要进A班，A班大约25个人，没有把握，后悔平时不用功，跟我絮絮地抱怨反悔。我想这或许也是他解压的一种方式吧，就听他倾诉，并劝慰他，已到了最后几天着急也没什么用了，不如放松心情，顺其自然。

考试结束的那天，老爸去接小墨，小墨感觉整体考得不错，进年级前三十应该没问题，如果好一点的话可能会进年级前二十。老爸听了很开心，似乎胜券在握的样子，我觉得还是要泼一点冷水，说最近小墨一直高估分数，不要惊喜没有，惊吓一波接一波。

一语言中，双休日后回校，星期一中午小墨发信息给我，这次考砸了，总分506，排名91，一看到这名次，我也蒙了，心里几次设想的结果可能会没有他预测那么好，但也不至于考这么差，小墨每次可比性考试中都没跌破年级前三十的，这真是一场惊吓呀。

小墨用PAD接二连三地发我信息："也不知怎么了，B班也进不了，我完了！""不行呀，干脆九年级不在这里读了，浪费钱！""唉，不想在学校多待一秒了,我完了,想回家,感觉自己一点出息也没有。"知道小墨的心情很糟,很着急,这次成绩真是打击不小,我一边劝慰他,一边问他成绩。小墨把成绩发过来了,一看整体成绩还行,确实没有高分,但政史都得了 41 分,这两科也拉了总分,数学考了 114 分,对于 130 的试卷,这分数确实也有点拉分了。他说除了语文超平均,其他都没有过平均,这次试卷不难,别人都考这么高了。后来对照了学校整体成绩,小墨的总分刚好达学校平均分。晚上小墨又打来电话,说让我们去接他回家,不想在学校了。后来我把他这情况和班主任说了,班主任也找他聊了会儿。虽然看到小墨这成绩,我们俩都有点受打击,反之一想,这样的成绩与小墨平时的不踏实有必然的联系,给他一个教训也好。但还是要安抚他受伤的心:"面对现实,学习路上的挫折肯定有的,成绩起伏也很正常,不要灰心丧气。一分耕耘一分收获,功夫还是要在平时,就像你们数学老师说的,不要眼高手低,要脚踏实地。"

后来小墨又发来信息,同学吴思远说,期末成绩占 40％,感觉有戏。因为小墨前面的可比性考试成绩都还不错,所以均衡下来觉得还是有可能进火箭班的。感觉出他的心情也好了一些。

期末的家长会上,老墨通过微信语音发给我初中部校长的会议讲话,主题意思是:初三分班主要看八上八下的成绩,按一定的比例来分班,会按公正公平的原则来分班,家长也不用焦虑,如有疑问,可以来查询。有家长来打招呼,我们还是要以成绩为主,初三各班老师的配备是均衡的。

虽然校长这么说,但家长们心知肚明,重点班除了师资力量的配备会更好一点,主要是学习的氛围更重要,毕竟都是成绩较好的学生在一起,处在这样的竞争氛围中,会更好地激发孩子们的学习动力。对于小墨来说,进重点班一直是信心满满的事,可这一次真是有点悬。

不料,惊喜还是来得这么早,7 月 3 日中午,接到班主任的电话,说小墨进了重点班,俗称"火箭班",7 月 6 日开始学校要进行暑假为期二十天集训,就是学校组织部分学生重点学习。收到这消息,全家松了一口气。

接下来的二十天,每天约四个小时的车程往返于家和学校,早上6点40分左右从家里出发,下午5点到吴江接小墨,晚上6点多到家,大部分时间都是老墨在接送,我也去了几次,哥哥双休日也加入了接送的行列,虽然忙碌,但忙得开心,小墨暑假的时间也更有效了,我也多了更多自由的时间,去处理家里的一些事。

因台风"烟花"来袭,学校提前两天放假,23号中午过12点,我乘地铁4号线把小墨接回家。

妈妈的疯狂试探

学校的暑假集训学习已告一段落,小墨有十来天的休闲时光,因为8月3日又要开始新一轮的学习——新东方雅思课程。

每天在家睡睡懒觉,做一点我安排的作业:背诵单词(每天二十个),听网络课程(古诗文和雅思的OMO课程),其余时间都关在房间里,问他,就说在看书。这样的状况让我们不放心:这么多时间在干吗呢?每次小墨一放下饭碗就往二楼自己的房间跑,被老墨一声喝令:"不许去楼上,在客厅坐一会。"有时为了让他待在楼下客厅,全家陪他打游戏,小墨笑着说:"别的爸爸妈妈都不让孩子打游戏,你们还鼓励我打游戏,想不到呀,想不到,我爸爸妈妈这么好!"笑容表情十分夸张,"你整天待在房间里,容易头昏脑涨,书也看不了多少,这个年龄的孩子一定要多运动,看看电视,了解新闻,要劳逸结合,总之不要一天到晚关在里面。"

晚上难得逮住时机与小墨闲聊:"小墨,你现在长这么高了,还想不想让妈妈抱抱呀?""不用不用,你以后抱孙子吧,哦,不是我的,是哥哥的,我还早着呢!""小墨,我觉得你大学一毕业,就可以结婚了,让你爸爸早点抱孙子,爸爸妈妈生你晚,到你结婚,我们都老了……""哎呀,婚姻法规定要到22周岁才能结婚呢,到时我可以早一点结婚呀……"我们有一搭没一搭与小墨瞎扯,老墨在一旁笑着问:"你们班里肯定有同学谈恋爱了哇,你有没有喜欢的女生?或者女生喜欢你?""我才没有呢!我可不知道有没有女生喜欢我,呵呵,你家儿子这么棒,也说不定有人喜欢我,哈哈,瞎说说,不要当真。"小墨有点小幽默,老墨继续发问:"你看小区里的小黄毛怎么样?""她呀,性格有点急躁的,不大适合!"我接着问:"那你小时候同桌薛玥性格怎么样?""好几

277

年没见了,以后也不大会联系的,也不可能吧……""我看你们班里有一个叫吴佳怡的女孩,长得蛮甜美的,学习也很好,你喜欢这样的女孩呀?"我接着话题再问。"哈哈,我发现妈妈在疯狂试探我,不和你们聊了,我上楼了。"小墨说完一溜烟往楼上去了,看来大人的伎俩都被他看穿了。

最近半年,越来越发现小墨有点小大人的模样,不仅是身体的变化,更有行为的变化,不肯跟着我们出去参加聚会,在外面表现得很斯文。他有时说的话,还蛮精辟的。那天在舅舅家吃晚饭,听我在和大姨、舅舅聊爸爸厂里的事,临走时,对我说:"妈妈,爸爸厂里的事跟你没半毛钱关系,你不要去操那个心了,累不累呀?"前天他洗碗时,看到我买的抹布架,就说:"妈妈又聪明又贤惠,什么东西都会买……"这马屁拍得一如既往。

我们尽量利用机会和小墨多沟通,有些谈话自由随意,无关内容,努力营造轻松和谐的家庭氛围。这几天晚上,小墨在客厅练俯卧撑,看着他的细胳膊细腿,在勉强做着不标准的动作,大家都哈哈地笑了。

前几天,他的童年伙伴,他的侄子侄女来我家玩,三人一起玩纸牌,打游戏,让我又看到了那个嘻嘻哈哈、蹦蹦跳跳的小男孩,快乐活泼的旧模样……

这个年龄的孩子他们喜欢沉浸在自我的世界里,希望不被他人打扰,希望不被人监视,关上房门,不仅是在空间上做了自我保护的屏障,也是自我心理防御的体现。有时我们会听到小墨在房间里大声怪叫,上去问他,或拒绝开门,或忙不迭地把我们推出来:"没什么事,不用管我的。"估计这就是一种宣泄,符合青春期孩子的心理特征——情绪的释放和包容。

"双减"成了"双加"

今年暑假的热门话题是教育部的"双减政策"：一，减轻学生过重的作业负担，提升学校课后服务水平；二，减轻校外培训负担，全面规范校外培训行为。这一政策受到社会广泛关注。老师关注这政策如何实施，做老师是不是越来越不容易了；家长关心的是课外辅导班还能不能办，孩子要不要参加外面的课程培训。大家心里都有这样的疑问，双减是否能落实到位，是否依然会出现"上有政策，下有对策"的现象。总之，在教育焦虑越来越严重的当今，大家不知这样的双减政策能不能真正给家庭给孩子减负。

对于小墨来说，似乎没有享受到"双减政策"的红利，反而加重了学习任务，"双减"成了"双加"。学校把延时服务放在了星期天早上，意味着小墨的双休日变成了单休日。在我们的动员下，小墨同意上"一对一"物理课，利用周五晚上的时间，但拒绝了数学"一对一"辅导。他的理由是学校延时服务已报了数学，而且就算补课未必能考出高分。我们反驳他的理由是："初二就是放任了你，什么都不补，学校学得也不扎实，理科还是要熟能生巧的，多做多练肯定能提高成绩的。""反正说什么，数学我不上。"小墨态度坚决，我们怒气冲冲。

一开学，老师让每个孩子定好中考的目标成绩，他们班的孩子大多目标分很高，最高的定了720分，小墨定了680分，哈哈，要是小墨中考能达到目标分，我们已满意了。

作为学校重点班的学生，小墨明显感到学习任务重，压力大，头两天忙得焦头烂额，亲子电话里告诉我："开学第一天作业就这么多，今天我忙着订正各科作业，哎呀，我怎么觉得初一、初二好像没学到什么！"周末从老师的反馈中也知道："上课的听课状态需要调整、作业书写要认真，有老师反馈不是很好。周末时间要规划好，整理错题，作业要认真……"字里行间除了可以看出老师的认真负责，也可以看出小墨学习上的诸多问题。

小墨的学习方法和态度是最令我担心的，有时会焦虑，觉得找不到很好的方法，有时也尽量去理解和鼓励他，小墨电话里说："妈妈，觉得很累，我不知有些同学怎么做到又快又好的，我的时间老是不够……""是不是觉得心烦意乱，静不下心来，看到周围比你学习好的人还比你努力，心里没底很没自信……"电话一头，听到小墨"嗯嗯"的赞同声，我接着安慰他："先别着急，一开学不适应很正常，我那时候也这样，开学初进不到状态，但妈妈知道你的学习能力，慢慢沉下心来，想想自己存在哪些问题，应该怎么去克服，多向好的同学请教，学习他们的好方法……"

第一周周末我就和新班主任进行了沟通，觉得这老师严格有度，蛮有方法，加上又是数学老师，希望对小墨的数学学习有更好的帮助。小墨在老师和家长的"双严政策"下能否恢复到最佳学习状态，只能拭目以待啦。

妈妈，我会调整的

家有初中的孩子，做妈妈的心头似乎一直压着块石头，时时处在焦虑之中，无时无刻不牵挂着他的学习，这似乎是我最近深刻的体验。我不知其他妈妈们怎样，我想现在的家庭因孩子的学习而心烦而焦虑不在少数，我似乎也成了贩卖焦虑的一员。

现在随时随地可以听到家长们聊孩子的学习，聊时间的紧张，聊作业的烦琐，聊孩子出现的各种状况，家长们普遍有压力。开学摸底就是迎头一棒，小墨被打得晕头转向，火冒三丈，估计他一个暑假不是待在家里，而是待在太上老君的炼丹炉里，人家孙悟空越烧本领越强，炼成火眼金睛，而小墨却是被打得惨不忍睹，物理考了个不及格，总分考了个班级倒数第一，这在他的学习生涯中是不可思议的事。曾经重点班的第一名，到了重点班的最后一名，这教训来得如此的突然，让我们全家陷入了恐慌之中，难道老师口中时常说在年级前十的料的小墨，如此的不堪。小墨的学习态度和方法真是问题不小呀。想想初二这一年还是没有管紧，一直期待他自我管理，看来还是不行呀。

各种焦虑各种担忧，晚上失眠了，这小墨真是太闹心了。接着和班主任和物理老师联系，了解小墨的学习状况，老师们说："摔倒了爬起来继续跑，不知啥时又摔倒了，这是成长的必经之路，只要爬起来继续跑就是好样的。"是的，小墨摔了个大跟头，不知他能否调整好自己，跟上大家的节奏，担心他自信受挫。

下班回家的路上接到小墨的电话："妈妈，我确实考得很糟糕，你不要太着急哦，我会调整的。""听你这么说，妈妈也有信心了，要知道自己的不足之处呀,天才也是百分之九十九的汗水加上百分之一的灵感。现在是不是发现自己平时的不踏实了?"听着小墨的话,我的眼睛泛酸,有点泪湿眼眶的感觉,他知道要安慰我,怕我焦虑。从他小学学习的自觉,到春申班的优秀,到北外一直处于班级、年级的前列,虽然期间学习不够踏实成绩也起伏,但从未怀疑过小墨的学习能力,现在这状况真是出乎我们的意料,这种落差不管对小墨还是对我们父母来说,都有点难以接受,虽然是重点班,也不至于落到班级最后呀。

但是,在内心深处,我始终是相信着小墨的,他会有自己的节奏,会慢慢赶上来的,我常常会这么安慰自己,我的小墨,如此积极乐观,幽默,善良,体贴,包容,温暖,即使他没有成绩加码,他已然是一个很棒很好的人了,这样的品质,进入社会我也是不担忧的,我相信他的人生也不会差的。

第四季

青春期

引　言

"含着泪，我一读再读，却不得不承认，青春是一本太仓促的书。"年少时喜欢读席慕蓉的这首《青春》，当自己已到中年，再回首过往，感慨万千：美好的时光，总是跑得太快。

在我的少女年代，青春期的迷茫与躁狂、低落与激昂交替上演。在暴风雨的中心，却始终有一个稳稳的核心支撑着我，在沮丧时不至于失去希望，在无助时总能找到力量。是文学与诗歌让我心中有了诗和远方。那些背过的古诗词，那些经典的文学人物就像暗夜里的明灯，指引我前行。

经历了大儿子较平稳的青春期，我对小墨的青春期满怀信心，有人说"青春期是一场狂风暴雨"，而我认为小墨的青春期应该是"和风细雨"。

小墨进入初中以后，还是蹦蹦跳跳的样子，和我之间依然亲密无间，他的意识状态和行为表现没有发生巨大转变。但我也深知，这些是我所看到的表面，而非客观事实，其实这时候孩子的心理已暗潮涌动，无时无刻不发生着变化，他们体验到一种成长，从心理和思想上已渐渐与父母分离。或许是因为我们的家庭关系、亲子情感基础是稳固而厚实的，所以小墨并未表现出很多孩子身上与父母关系的疏离，我相信他的内在是有力量的。如果孩子的内在不够强大，没有被理想之光照亮过，没有发展出更高层的思考，这一时期有可能他会从外部去寻找能量，这时期就容易早恋，或者陷入网瘾等。而我们早早地规划了小墨的学业，他自己的目标是要考世界名校的，他以哥哥为榜样，准备以后读数学或计算机专业，所以小墨依然单纯可爱。

所谓的青春期没有一个明确的界限，小墨发育偏晚，初二下半年开始疯狂长个。进入高中以后，小墨的叛逆期真正来临，虽没有惊涛骇浪，但还是波澜起伏,因为,真正属于我和小墨的抗争才开始。

因为手机问题和学习态度等问题,在监督和反监督,在管与被管中,小墨开始不服气,开始顶撞我们,甚至强词夺理,是的,他的内心已在藐视我的权威,他觉得自己已经长大。因过度关注,辛苦付出,觉得孩子的发展没有符合我们的预期而失望,有时我控制不住自己的情绪,与孩子争吵,生气、愤怒,有时觉得心力交瘁。

在记录小墨高中时期的一系列故事中,我在反思,在调整,在学习,我要学习如何更好了解孩子、与孩子连接,从而可以与孩子真正相遇,帮助青春期的孩子开启他的人生。

我慢慢接受,小墨并不是天空最闪亮的星,但他有平稳的心态,有美好的品质,这些也足够让我在这内卷时代感到安慰:孩子是健康的,是快乐的,不正是我们初为人母时最大的心愿吗?

"教"与"育",需要从长长的人生回望,才会知道,每个年龄阶段,都有其自己独有的任务和荣光。每个孩子都有自己的天赋和使命,作为父母我们接受孩子的命运,不左右他的人生,才是明智的。

入学国际高中

读国际高中、出国留学，或许就是人们口中的"弯道超车"，面对国内高考的卷，读985、211等大学的难，读国外名校成了小墨学习生涯的目标，他从小的理想是"读世界排名前十的大学"。对有着"学霸"称号的小墨来说，这个目标的实现也不是没有可能。

因为有哥哥的借鉴，或者说有哥哥作为参照物，小墨早早就开始学业规划了。哥哥读的是四星高中里的重点班，到高一暑假才决定出国读大学，所以语言上的准备就显得紧张有压力，一方面就读国内课程，准备参加高二的会考和高三的高考，一方面要准备雅思的考试，对孩子和家庭来说都是挑战。所以小墨在读小学时，我们就决定小学、初中读体制内学校，把文化课程学扎实，高中读私立学校的国际班，接受国外的课程学习，这样语言就能打好基础，也就容易适应国外的大学学习。

初三的上半学期小墨还在准备中考，他被选进学校的重点班——"火箭班"，但由于学习态度的懈怠，成绩下降，在加快进度的班级有点力不从心，加上他自认为要读国际高中，中考就没那么重要，所以这学期的各种表现确实让人摸不着头脑，上课精神不集中，作业来不及完成，错误率很高，他也面临着从未有过的窘境，一向在班级前几的成绩，一下子掉到班级的后几名，虽然重点班都是选拔出来的优秀生，但在班级里的现状，也让我们充满了担忧，担心小墨的自尊心受挫。

经过半学期的焦虑、纠结、犹豫，我们决定先让小墨参加其他国际高中的入学考试，如果考上了，就不参加中考，就不卷进中考这个旋涡，初三下半年提前读国际高中，早一点打好语言基础。

通过对苏州比较有名的几所私立学校的了解，目标就确定在两所国际学校，一所是苏州新区的外国语学校，这是20世纪90年代创办的学校，也是比较早的民办学校。口碑很不错，每年都有录取世界顶级名校的学生。一所是苏州园区独墅湖高校区的苏州领科国际高中，创办约十年，是从苏州名校星海高中里分离出来，独立办校的民办学校，而且它只有高中部，全是国际课程，不像有些民办学校是综合性的，从幼儿园到高中的一贯制学校。更大的原因是小墨哥哥就在独墅湖工作、生活，哥哥的女朋友家就在附近，以后也有照应。

考虑了各种因素后，小墨决定先报考领科，寒假开始前，小墨拿到了领科的录取通知书。

因为初中三年小墨住校读书，没有我们预期的那么好，高中三年我们决定陪读，加上也想为哥哥在园区买婚房，决定先作为学区房，我们陪小墨读书，到小墨高中结束，我们再回相城区。

寒假结束，初三下半学期，小墨入学国际学校就读，因为房子装修等原因，小墨暂时住校。暑假结束，小墨的高中生活正式开始，我们也开始了在独墅湖畔的陪读时光。

小墨入学国际高中，是我们很早就对他的学业规划，虽然有过动摇，有过纠结，但最后还是按照原来的步骤走的，国际学校的升学也有压力，据说这几年申请也很激烈，特别是英美那些名校。相比国内三年普通高中的学习要轻松一点，更重要的是想让孩子走出国门，有更广阔的视野。国际课程体系，如 IB、AP、A-Level 等，这些课程强调国际视野和跨文化交流能力的培养，注重学生的独立思考和自主学习，鼓励学生进行探究式学习，课堂教学相对宽松。学校成绩考核以 GPA 为主要考核标准，包括考试成绩、出勤、作业完成情况、课堂表现等综合成绩。当然，更注重孩子学习的自觉性和主动性，对于小墨这样自律不够的孩子，不管读什么学校，都有挑战。

随着国际学校越来越多，包括国内的高校开启自主招生和综合评价的路，与原来千军万马过独木桥的高考只看分数相比，现在的孩子有了更多的路和可能性，但是同时也意味着竞争更激烈，原来只看分数，而现在不仅仅看分数，还要看孩子的综合素养，是不是有获得过什么奖项，平时在学校的表现，是否有参加各种的社会活动和课题研究，外面的机构也层出不穷。对于家长来说，当看到这些选择的时候也是眼花缭乱，不知道如何抉择，怎样才是对孩子来说最好的，怎样才是最适合孩子的路。我们养育儿女的，总是害怕踏错一步，从而影响孩子的前途，变得特别小心谨慎。我对于学业规划的看法和观点是：没有最好的，只有最合适的。不同的学校有不同的特点，比如公立学校很卷，而有的孩子学习能力强，他需要更多的挑战和更大的压力去激发他的潜能，反而这样的环境下，他很有成就感和挑战感；国际学习，相对来讲没有那么卷，学习方式灵活，更强调自主学习、动手能力及社交，对综合素养要求就比较高，那么个性比较独立的，对学习和未来有明确目标和方向的孩子，可能相对来说，国际学校就会更适合一点，当然也需要家庭有经济实力去做支撑。而我们为子墨选择领科高中，也是做了大量的调研，包括学校的环境，师资背景，教学方式，学校文化，学生的学习氛围，学校重点培养的能力是哪方面，未来的考试路径和出路是什么。综合考虑后，也和子墨有了商量，才确定下来。所以对于这个年代的爸爸妈妈们来说，真的想要去帮助孩子做好规划，我们需要做两个方面的功课：一个方面是对孩子的内心世界的了解，孩子个性特点的分析及他的优势、想法和渴望；另一个方面呢，就是对学校也需要去做功课，去深入地了解学校的办学理念，学校的环境，师资背景，教学方式，学校文化，学生的学习氛围，学校重点培养的能力是哪方面，未来的考试路径和出路是什么等，然后选择其中最适合孩子的环境。

手机风波

那个日子我记得特别清楚,那时小墨初三寒假即将结束,我们开始着手准备他要去学校报到的各类物品,因为他被苏州领科国际高中提前录取了,这学期准备住校。早上我打开手机时,无意间看到手机 QQ 上的一条"王者荣耀"的信息提示,打开后一直往上翻,看到在差不多一年的时间里,几乎都有人登录了我的 QQ,细看时间大多是周六、周日。顿时我的脑子里电光乍现,哇,难道是小墨登录了我的 QQ,利用双休日和假期玩手机,玩游戏"王者荣耀"?说得夸张一点,这一消息无疑在我的心中引爆了一颗炸弹,当时我的惊愕之情到现在想起还依然汹涌澎湃,最重要的是我们根本不知道小墨有手机。

我的心里渐渐清晰起来,小墨用了我的密码登录了我的 QQ,但家里没有他的手机和电脑,是用什么电子产品玩游戏呢?当时面对这突发事件,我脑海里飞速地想该怎么处理,不把这件事弄僵。我压住心里的各种疑惑,先打了老墨的电话,把我的发现和他讲了。我们一致的结论是,小墨背着我们玩手机已一年,从 QQ 上的日期算起,也可能时间更长,似乎也找到了他双休日反锁房门,闭门不出,作业拖拉,成绩退步等各种原因了。我们俩商量以后,决定晚上一起和小墨谈,首先要克制自己的脾气,不打不骂,尽量保持心平气和,了解小墨偷玩手机的动机,以及让他知道这样做的后果。

一直以来,小墨就像标杆一样树立在他的同龄人之间,更是成为他的小辈们学习的榜样,因为我们生小墨较晚,他是人小辈分大,亲戚家孩子都以"子墨叔叔、子墨舅舅"为榜样,是的,一直以来小墨的各种优点已在亲戚朋友之间广为流传,不玩手机不打游戏,爱读书,成绩优秀。嘴巴甜,手巧,作文写得优秀,钢琴弹得好。总之,一句话,小墨就是别人家的孩子,智商、情商都在线。今天的发现真出乎我的意料,也是难以让我接受。

晚上,吃好晚饭,我和老墨坐在客厅沙发上,把二楼的小墨叫了下来。小墨一到楼下,感觉到了气氛的异样,脸上露出疑惑的表情,我把手机举到他眼前,让他看QQ上的信息,小墨一脸蒙圈的样子,我说:"这上面的王者荣耀谁在玩?我肯定没玩过!"小墨的神情慌了:"这个我也不知道呀,我没玩过你手机。""是呀,你没有手机和电脑,你是怎么登录的,用学校的Pad玩的?但这Pad学校设置不能玩游戏的,还是诚实地讲出来,除了你在玩,还会是谁呢,而且你知道我QQ密码的?"老墨在一旁也严肃地说:"还是如实讲吧,我们已经知道是你在玩了,现在就看你的表现了?"

小墨一看这情形,知道已瞒不住了,边哭边说:"是我用妈妈的旧手机登录了,我只是假期里玩玩……我知道错了,不该偷偷玩……"看着小墨痛哭流涕的样子,我们能感受到他的紧张,他也能感受到我们的生气。"哎,我的旧手机怎么会在你手里,而且我的手机里没有卡,怎么能上网打游戏呢?"我疑惑地问。小墨嗫嚅着说:"有一次我们学校春游,我问你要了手机,后来我没有还给你,放在自己的书包里了。"老墨接着说:"手机没有卡,只要有网络就能玩?所以你在学校不能玩,就利用家里的网络玩。"我直到现在才如梦初醒,我一直认为旧手机里没有卡,不能上网的,手机等于报废了。所以一直没往这方面想,真是无知带来的后果呀。

我说:"你从小到现在,没有玩游戏的习惯,你爱好很多,对手机没有执念,所以一直没往那方面想,虽然同学妈妈偷偷和我说过,听说子墨也在玩手机,我都不相信。我们这么信任你,怎么也没想到你背着我们玩了这么长的时间。"小墨边哭边说:"同学们大多玩手机的,他们也打游戏,我不玩手机,和他们没有共同的话题,他们聊的,我都不知道,觉得很没面子的。"

接着我们进一步查实小墨玩手机的实情,他说因为平时不能玩,双休日差不多每天玩四五个小时。我们很严肃地说:"你瞒着父母偷玩手机,因为害怕被发现,心里肯定是不安的,加上学习态度的松懈,学习成绩退步和玩手机有着密切的关系,而且你偷着玩,就很难把控,时间浪费很多,睡眠也不够,肯定影响学习呀!""其他同学双休日也玩手机,成绩退步和手机也没有很大关系的,我们班有的同学玩手机,成绩照样很优秀的。"小墨还在为自己的行为狡辩着,最后轻声说,"我想你们不要把这件事告诉别人,很丢人的。"哈哈,看来小墨不希望自己的人设崩塌。

接着我们从玩手机的利与弊和小墨进行了探讨,手机不是洪水猛兽,但如果不克制不管理,那就容易上瘾,会沉迷于这种虚拟世界了,会享受直观的轻松快乐,对其他事就提不起兴趣,静不下心来学习,肯定会影响学习成绩,甚至会影响身心健康。

这一次我们和小墨谈了很久,小墨也认识到自己的错误,把旧手机交了出来,并保证以后要玩手机,也会征得我们同意,并且会控制时间。

小墨偷玩手机这件事对我的触动挺大的,为自己的后知后觉而懊恼,确实也被小墨的单纯幼稚蒙蔽。原来随着孩子的长大,他已经有了不想被父母知道的秘密。

那几天我的心情久久不能平静,还在这件事里闹腾。开学前一天的晚上,我决定写一封信来表达我的想法。在信中,我回顾了小墨成长的点点滴滴,回顾了我们一起度过的美好时光,肯定了他身上种种优秀的品质,写出了我们对他深深的爱。信中写道:"小墨,我最亲爱的孩子,你刚跨过懵懂的十五岁,走向青春的十六岁,每个孩子都会犯这样那样的错误。这些错误都会被原谅,这是我们每个人成长中的必经路。我们也是从你这个年龄跌跌撞撞走过来的。世上没有完美的父母,也没有完美的孩子,我和爸爸只想成为你的朋友,成为你的依靠,一起克服一路上的困难。这几天你做作业时把房门打开,我觉得这不仅打开了一扇有形的'门',更是打开了一扇无形的'心门',顺着这道门,我们走进彼此的心房,我将一万次地拥抱你。"

第二天一早,老公就要送小墨去学校报到了,我让他把这封信给小墨。

据说小墨看了很感动。

这件事,在小墨的成长故事中也是浓墨重彩的一页,我不知道小墨受到的触动有多少,我们能起到的教育作用有多少,但我觉得当时我和他爸爸的处理方法还是可圈可点的。现在小墨已快是高三的学生了,高中开始,小墨住家,我们陪读,家里也经常上演鸡飞狗跳、相爱相杀的剧情,和小墨之间的争执很大一部分是由手机引起的。手机,现在已成为每个家庭的"痛点",父母与孩子之间都经历着"管"与"不管"的纠结,信任与怀疑的危机,管制与反抗的斗争。但欣慰的是,我们家的亲子关系依然坚不可摧,温馨的和睦场景依然在我家是常态,小墨还是那个性格温和的小暖男。

这两年多的时间里,小墨成熟了很多,个性也更加鲜明。作为00后的他,直到现在也没有要求我们给他买手机,他现在用的哥哥的旧手机,但手机依然是他生活中最重要的东西,成了他不可分割的一部分,他说:"每天晚上,我把手机放外面不带进房间,已是我能做到的最大限度。"是呀,手机时代,做父母的只能与时俱进,与"机"共存,与孩子共进步,去引导去包容,让孩子在成为手机主人的同时,真正成为自己的主人。

手机已然成为这个时代的主流休闲娱乐的工具,它既不是洪水猛兽,也不是孩子不学习的核心原因。人本主义心理学家罗杰斯的理论表明,其实每个人都渴望好,每个生命都希望自己是自律的,积极的,努力的,进取的。而孩子选择玩手机,很多时候是心理需求没有得到满足,而自己又真的累了,想放松,想休息,手机是他能想到最快的能得到及时满足的工具。在游戏的世界里,没有任何评判指责,只有奖励和上分的正向反馈机制,有一群出生入死的同盟(联机),有宏大震撼的画面和刺激紧张的声音与音乐。在这里,孩子们能沉浸式地去放松,还能得到情感上的共鸣与支持,一场游戏下来的快乐感,就像我们工作一天很累了,回来有个爱你的人陪你谈心,给你捏捏肩膀和后背,身心的疲惫和压力都可以得到释放和放松。所以合理地使用手机或游戏其实是有利于孩子的身心健康的,可是有的时候游戏太好玩了,太快乐了,孩子就不愿意从游戏的世界里回来,沉迷在里面会影响学习。背后核心的原因其实不是手机或游戏本身,而是孩子的心理能量不足了,没有能量回到学习上了。学习是需要心力去思考、去消化、去训练的,而孩子的内心世界没有被人理解,情感需要没有被看见和满足,在现实世界不快乐,心理能量不足的时候,才会沉迷手机。所以手机使用问题本质上是亲子关系的问题,我们是不是能够真正地跟孩子有链接,理解孩子,接纳孩子,不断地给孩子积极正向的反馈,为孩子的内心注入心理能量,而不是消耗孩子,这些因素决定了孩子是否会沉迷手机和网络。

俄罗斯同学来我家

高一暑假开始了,7月17号,班主任在家长群里发了一则通知:

"各位家长好!暑假期间将有15位俄罗斯高中生到东南大学苏州校区参加暑期交流活动,包括汉语学习、文化考察、中俄学生交流等,还将访问中国家庭,感受中国家庭氛围,学习中国文化。我们领科也很荣幸地参与本次对外交流活动,现在需要征集6组家庭参与进来。具体安排如下:每组家庭只需接待一次,每次接待5位学生和一位老师,时间为7月27日(周四)或7月30日(周日)二选一。学生和老师自行前往,下午2点进家开始访问交流活动。每组家庭可以提前准备一些有特色的活动,比如教学生包饺子、包馄饨、包汤圆、做中国菜等,自由发挥,能够让俄罗斯学生体验中国家庭的生活方式和文化氛围,最后邀请学生和老师一起用晚餐。本次活动是增进中俄学生相互了解、建立真诚友谊、锻炼孩子包容性和人际交往能力的一次机会,所以请家长根据家庭自身情况和孩子沟通商量考虑是否能参与本次家庭访问活动,如能参与,请家长扫码进群。活动结束后,将获得由东南大学颁发的荣誉证书表示感谢!"

我和老墨一看到这消息,觉得这个活动很好呀,让小墨能有机会和外国的同学交流,也锻炼一下口语,当我们怀着激动的心情和小墨沟通时,人家却有点生气。"什么,你们已经报名了吗?以后我的事不要自作主张,这活动也没什么意思,我不想参加。让别的同学家接待好了。"我们再做小墨的工作:"小墨,我们不是在征求你的意见吗?这机会蛮难得的,你想如果你不读国际学校也没机会让外国同学来家里呀,这也是锻炼社交的机会呀。""你们英语都不会,怎么办呀,到时只有我一个人能沟通,我不想报名。"小墨明显没什么积极性。

最后,我还搬出了哥哥给小墨助阵,说你要是怕口语不流利,让哥哥回来陪你们,聊起来有话题,气氛也活跃些,哥哥回国后也很少有这样的场合,让他也练练口语。小墨勉勉强强答应了。

我猜测,小墨还是因为不自信的缘故,一方面担心自己的口语无法顺利交流,一方面觉得自己也没有出色的特长可展示。当我们说让小墨演奏一首钢琴曲时,他很不屑地说:"我这弹琴水平就算了吧,我可不想出丑。"

学校安排的名单已出来,我家是7月30日下午接待,让家长去学校接带队的老师和同学,晚上再把学生送回去。第一次接待外国学生,我和老墨比小墨还兴奋,想着怎么安排这一天的活动,要有趣丰富,又要突出民族特色。我把活动流程早早安排了:"看板,回赠礼品,做美食,晚餐菜谱,准备一首钢琴曲子,家庭成果展示,个人能力展示,准备每人一本留言本写上一句话。"因为小墨的参与度不高,这活动似乎成了我的主场。在想买什么礼物时,还是有点伤脑筋的,先在淘宝上买了中国节气的书签和笔记本,虽然有特色,但总觉得礼物轻了点。后来让我学生帮我一起出点子,有一天晚上她逛平江路,看到苏州韵味的檀香扇,觉得很好看,拍了照在微信里发给我。两百多一把,价格不便宜,但非常有苏州风味,我让她帮我买六把。

7月25日,微信群里又接到老师的通知:"各位家长,早上好!本次俄罗斯学生家庭访问活动即将开始。感谢家长们的大力支持!在此将学生的情况说明一下:15位高中生来自亚马尔—涅涅茨自治区,位于俄罗斯联邦的西伯利亚极北地区,天然气和石油是该区最主要的天然财富,是自治区经济社会发展的先决条件。该地区拥有世界上最大的天然气田。所以学生的家庭条件也都比较好,他们来自15所不同的学校,英语水平都比较高,所以交流不会有很大问题。通过学生的自我介绍可以看出学生们对本次家访活动比较感兴趣,所以请我们的热心家长们做好准备哈。"

第一批活动27号已结束,老师在群里说有几家都准备了包饺子或包馄饨的节目，让后一批的家长换换节目，我们决定把85岁的外婆请到家里，让她教外国小朋友做菜干饼。活动基本安排就绪，就等外国学生来到。

当天早上，小墨也忙碌起来了，在院子里准备好的写字板上写上了"welcome"，还在白板上画上我们一家六口的简笔画，再画了气球和花。小墨考虑得蛮细致的，连五个月的小侄子也没忘。老墨把小喷泉里的水放满后，石球就转动起来了，四周小瀑布"哗哗"地顺着球流到下面的水盘里。我把客厅的茶几布置起来，熏香机点起来，古色古香的茶壶准备好，中国茶可是一大特色，水果盘装了几样水果。我还特意穿上了旗袍，哈哈，拉满了中国风。小墨的哥哥嫂嫂带着五个月的小墩墩早上就来了，外婆也来了，四世同堂的热闹气氛。

下午两点半左右，老墨接来了四个人，带队的女老师，还有三个俄罗斯学生，两男一女。

我们老老少少一家子欢迎客人，中文、英文夹杂着。在沙发上坐下后，大家寒暄着，喝茶吃水果。小墨在哥哥的带动下，和几个俄罗斯同学聊了起来，小墨的英语还可以呀。坐了一会儿，大家来到厨房，在大吧台上跟着外婆做饼。几个外国同学也高兴得很，女孩戴上一次性手套，在外婆的指挥下，在脸盆里揉面团。男孩们捏面团，搓圆形，再摊平，包馅。小墨和老师也加入做饼的阵容，大家说说笑笑，有时用动作比画着。俄罗斯的同学带了巧克力、饼干、玩具等他们家乡的特产，我们也赠送了扇子和书签。

接着小墨和他们玩起"鲁班锁"，这锁俗称孔明锁、八卦锁，这也是中国传统文化的一部分，让外国小朋友见识一下。过后四人玩游戏，游戏不分国界，大家玩得很嗨。最后我们全家和三位俄罗斯同学在中庭的屏风前拍了一张合影。

吃完苏式农家乐的晚饭，时间尚早，我建议小墨陪几位同学去春申湖浮桥走一圈，在暮色灯光下欣赏家乡美景。一路上，小墨和他们聊得挺顺畅的。

活动结束后，我问小墨，感觉怎么样，他笑着说："还不错。"我想通过这次接待，让小墨知道有些事情没有想象的那么难，要敢于尝试。

我之所以详细地记录这次接待活动，确实对于一个普通的中国家庭，也很少有这样的机会，也希望小墨以后出国留学，也能有这样的机会走进外国的家庭，了解不同的生活方式和地域文化。

小墨虽然个性活泼随和，但不是一个主动社交的孩子，很少带同学回家，他安于自己的小家庭，比较宅，或许这也是00后们普遍的特征。作为家长我们还是努力创造机会，提高孩子的社交能力。这次接待俄罗斯同学，我们先是沟通，听听他的想法，接着鼓励他积极参与，当他出现畏难情绪时给予他支持和鼓励，并动员其他家庭成员一起参加，从这活动中小墨感受到了快乐，也提升了自信。

作为家长我们以身作则，乐于付出，平时喜欢召集亲戚朋友来家喝茶聚餐，也经常组织一起旅游活动，有着良好的社交积极性，为两个儿子树立榜样。平时鼓励他们有机会接触和了解不同的人，从而扩展社交圈子并学习如何与他人相处。特别是大儿子从小学开始，到出国留学，每年都会带着他的同学、朋友来家里玩，我们都会热情招待，甚至和他的朋友相谈甚欢。每次去多伦多看望他时，都会让他召集朋友一起聚餐，一起游玩。哥哥的社交能力很好，他在国外几年里交了很多好朋友，生活得很丰富充实，也是因为家庭给了他引导和足够的支持。

希望小墨和他哥哥一样，在以后的生活中有更多的朋友，获得更多友谊。

冲进牛剑班

小墨一入国际高中，我们就给他定了个目标，争取进学校的重点班，坊间所说的"牛剑班"。学校宣传口号是——"世界名校的摇篮"，而这些被世界名校录取的学生大多出自重点班。从家长那里了解到，学校会在近两百名学生中选拔一到两个重点班，以高一期末的全球统考成绩为依据，平时成绩为参考，再综合考核选拔。小墨要冲世界名校，当然要进学校重点班。相比而言，重点班的学习氛围、师资配置肯定要好一些。

高一时，小墨的成绩不温不火的，学校是小班化教学，一个班25个学生左右，小墨在班里大约排名在五六位，所以他觉得自己成绩还行。几次与班主任或任课老师交流，老师们的评价几乎一致：对自己要求不高，上课专注力不够，学习上只使出60%的努力，这孩子蛮聪明的，有潜力。小墨确实心态较好，你急他不急，自认为比起班里不认真的同学，也算不得太马虎。用他的观点来说：过程不重要，重要的是结果。

领科国际学校英本和美本同升，但申请英国大学的比例较高。高一学的是 IG 课程，高二开始学 A-Level 课程，相当于英国的高中课程。而且高二开始可以选科目，为申请大学专业做准备。

高一期末的国际统考从五月开始到六月结束，跨度约一个半月，每门学科大约两到三场考试，最后得出这学科的成绩。例如物理科目要考三项：简答题、选择题和实验题。相对于国内三四天的连轴转的期末考试，国际高中考试的时间安排上比较宽松，而且有一次重考的机会。哪门学科成绩不满意，想提升，就可以报名重考，A-Level 课程的成绩是分等级的，最高的 A*，依次 A、B、C、D。对于这场统考，学校也非常重视，学生动员大会、家长会,几次模考训练。下半学期一开学,学生就进入备战状态,小墨学习的态度也认真了不少,但对能否进入"牛剑班"没有足够的信心。

统考到六月中旬已全部结束,不管是学生、家长、老师都放松了下来。成绩要到8月18号才在网上公布,学生凭着自己的登录密码上网查询,不过因为时间长,大家心头也一直挂着这事。

统考结束,学校安排学生去上海迪士尼游玩,接下来发通知要求每个学生选自己喜欢的活动课程报名缴费。课程项目很多,在选择活动项目时,尽量和以后的专业挂钩,到时在大学申请时要递交活动课程证书,表明你在专业相关的领域有了一定的学习和探索。小墨选了人工智能课程,就在独墅湖边,离家十分钟路程。有的同学去了北京、香港、东京等地学习。

暑假的日子,小墨参加新东方的雅思课程学习,也报了高二数学课程预习班。忙忙碌碌的,我除了一日三餐照顾他,督促他的学习,还负责接送。像大部分妈妈一样,神兽在家,各种补习,各种监督,各种抗争。网上调侃的段子很多:"为什么要放暑假,不放暑假,老师要疯了;为什么要开学,再不开学,妈妈要疯了。"作为既是老师又是妈妈的我,是不是始终处在疯狂状态,或许没这么夸张,但忙碌并心累却是真实存在的。

日子一天天过去,终于等到了出分的日子,这日子一家人都暗暗记在了心里。老墨中午特意回家吃饭,因为中午12点开始查分,一顿饭吃得心潮起伏的。相信小墨此刻也是紧张的,因为马上要揭晓了,老墨笑着调侃说:"不知是惊吓还是惊喜?"小墨边吃饭边关注着班级的微信群,大家都在查分,有的同学已查到了,小墨在问出分的同学,特别是班里成绩不相上下的几位竞争对手。一吃完饭,老墨迫不及待地说:"可以上电脑查了,是马是驴总得拉出来了呀。"小墨手握着查分账号、密码说:"不用你们查,我自己上楼查。"说完冲上三楼书房。我和老墨提着一颗心在楼下客厅等着,为了缓解紧张,有一搭没一搭地聊着,老墨说:"到时只要一听小墨的语气,就知道考得怎样了。"

大约过了五分钟，听到楼上传来小墨有点兴奋的声音："哈哈，还行还行！"老墨仰着脖子，朝楼上喊着："成绩怎么样？"小墨连蹦带跳顺着扶手滑下来，一边嚷着："三个 A*，一个 A，只有英语是 B，但英语 B 已经达标了。"一听他兴奋的语气，大家悬着的心也落下来了，这成绩还是令人满意的。

接着小墨急忙问着班里其他同学的成绩，知道只有两个同学比他好，他在班里大约排在第三。大家探讨着这成绩能否进重点班，最后一致认为大概率是能进的。

过两天就开学了，小墨进了重点班，班里有两个男生两个女生四位同学进了重点班。学校设两个重点班，分别是选五门的 G 班，和选四门学科的 F 班。小墨决定选五门学科的 G 班，要学高数、数学、物理、经济和化学，虽然选五门，压力会大一些，但到高三申请专业时有更多的可能性。

在小墨的学习道路上，经历过几次这样的择校或分班考试，而且一直能进学校重点班，也曾有过较辉煌的战绩。我们对他的期望值无疑也是比较高的，一直认为只要小墨用点功，静下心来，在重点班考个中游水平不会有什么问题的。

我和老墨再三叮嘱小墨，到了重点班，不能松懈，班里都是又努力又优秀的孩子，一不小心就会掉队。

在我们的叮嘱声中，小墨开始了高二的学习。

不管是公办学校还是民办学校，明里暗里盛行着实验班、重点班、示范班等这样的选拔机制，这也成了当今一个不争的教学现象，也是现在教育内卷的一个因素。家长们希望孩子能进重点班，给孩子加班加点参加各种校外辅导班。特别是那些名气比较响的重点班，就是家长们口中的"牛班"，进这类班级的学生就是"牛娃"。家长们都拼命想把孩子送进这样的班级，一方面证明孩子的学习优秀,家长很有成就感,另一方面,尖子班与普通班不仅仅是在学习成绩上差别较大,在学习氛围上、学习主动性上差别都很大。这也是为什么很多家长想尽办法也要把孩子送进尖子班就读的原因。大家普遍认为进了这种班的孩子,会受到同学和环境的影响,学习会更努力。但事实真的如此吗?答案肯定是因人而异的。

三堂会审

自从上了高中以后,小墨对我的家校沟通颇有微词:"妈妈,你不要老是用你小学老师的观念来处事,现在的高中生,哪有妈妈一直要和老师联系呀,国际高中主张自主管理,老师也不怎么管我们的。""作为父母,总要了解一下孩子在校的表现吧,孩子读高中就不需要了?何况我也是难得问问老师。"当然我要反驳他这一观点。"学生要有比较大的事情,老师才会联系,一般小事老师不会来说的,譬如不完成作业什么的,老师不联系你,说明,我没什么事呀!你么,就是对我不放心。"小墨的语气不怎么服气。

小墨的话也不无道理,高中的学习更注重孩子的自我管理能力,但作为家长哪能做到真的放手不管呀!特别小墨这两年的学习态度和对手机的迷恋,让我时常焦虑。

自从读了国际高中以后,学校老师主动与家庭联系比较少,但我还是会隔一段时间问一下班主任或任课老师,了解小墨的情况。大多反馈情况不是很好,要么作业没有及时完成,要么书写马虎,对自己要求不高,最严重的是上课睡觉,听课效率低。

12月中旬,高二第一学期的第二次月考(相当于期中考试)过后,小墨各科成绩都不理想,我决定去找一下老师。微信上和化学老师一联系,孙老师回复:子墨妈妈,本来也要和你联系一下。这小子看来问题不小哇,不像他平时应付我们的回答:我觉得还行,还可以的。

下班后,我赶回园区独墅湖,途经小墨的学校,位于苏州独墅湖高校区的领科国际高中。小墨读高二开始,他们的教室就从9号楼搬到了6号楼。我先去找二楼办公室的物理老师。物理朱老师是位年轻的女老师,三十岁

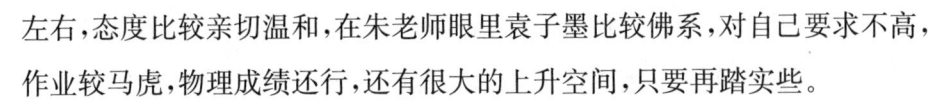

左右，态度比较亲切温和，在朱老师眼里袁子墨比较佛系，对自己要求不高，作业较马虎，物理成绩还行，还有很大的上升空间，只要再踏实些。

接着我来到203化学孙老师的办公室，他是我联系最多的老师，每次能详细地反馈小墨的化学学习情况。孙老师热情地接待了我，知道我还想了解一下袁子墨其他学科的学习情况，他连忙联系了物理和数学老师，并把小墨也叫到了办公室。不一会儿，人陆续到了，围成一圈站在孙老师的办公桌旁。小墨显得稍有局促，知道面临的是一个无法逃避的局面。

三个老师你一句我一句地反馈他的在校表现，也反映了共同问题：上课睡觉，作业书写马虎。数学老师说："袁子墨就算不睡觉，也不在专心听讲，上课不听，很多知识就不懂。特别是高数，有一定的难度，不懂的问题也不肯来问老师……"数学老师年龄不大，说话慢条斯理的，看上去性格蛮温和的。物理老师笑着对小墨重申了刚和我聊过的大体情况。化学老师有点恨铁不成钢的样子："袁子墨，你现在这成绩怎么去申请名校呢，老师都替你着急。只要认真学，认真背，化学没什么难度，像你，只要用上一个星期，就能把基本的知识点掌握好。袁子墨妈妈，你也是老师，我这么说吧，比起国内高中试卷的范围广，我们这个体系题目都很死的，凭袁子墨的脑子肯定没什么问题的。主要还是上课认真听，笔记认真记，作业认真做。最重要的是上课不能睡觉呀，听你妈妈说的睡眠时间，不可能这么困呀，你晚上肯定没好好睡觉，在干吗呢？"聊的中间我也讲了小墨在家的表现，包括我们对他时间的管理。小墨也谈了自己存在的问题，但他不承认晚上在玩手机或做其他事情，说自己确实容易疲劳，上课容易打瞌睡。

从学校出来，已是暮色四起，这次校访让我更清晰地知道小墨在校表现，并非他所说的还行，而是很有问题。在这个大多数同学努力拼搏的重点班里，他这样懈怠，战斗力不强，那竞争力也就不强，成绩的退步是必然的。看来情况并非如他所说的到了高中，我这小学老师的方式行不通了，必要的沟通还是需要的。

我把这次校访戏谑地称之为"三堂会审",三位主课老师在同一时间、同一地点针对同一个人反馈了情况,提出要求。百度上一查:三堂会审就是三个部门的最高长官同时、同地、同场合审理同一件案件。这个比方虽然有点夸大其词,确实小墨存在的问题也不可小觑。

横在小墨和我们面前的难题是如何激发孩子学习的内驱力,明确目标,踏实学习,让自己获得更多的自信,让父母更加安心,有时我真的也是黔驴技穷。

后来,我就子墨学习内动力的问题请教了我的朋友郑红老师,多年来她一直关注孩子的教育问题,特别在孩子学习内动力方面作了很多研究和探索。她说孩子的内动力,主要是卡在几个方面:1. 关系:夫妻关系 & 亲子关系;2. 学习,在学习这件事上找不到乐趣和成就感;3. 缺乏能激发孩子使命感和责任感的目标和理想。她提到在我们家,关系方面,可能卡在亲子关系上了,我们对孩子的高期待其实会给孩子内心带来压力,当孩子带着比较大的压力学习的时候,学习就不是为了他自己而是为了满足父母的期待,就是为了你而学,就会有很累很烦的一系列情绪和感受产生,进而一步,就是不想学习。而现在的教学模式仍然是填鸭式的,孩子是被动学习的状态,内心的动力更低,学校的学习本身又是枯燥重复无聊的练习,找不到乐趣。不想学习,第二点子墨也占了。第三点,激发他使命感和责任感的目标,我们平时也会跟子墨聊他想做什么,他说他将来想做人工智能,但是可能我们也没有把这个部分跟他的使命感和责任感挂钩。作为妈妈的我,心里知道,要放下期待,要放松心态,慢慢调整和改变自我,才能营造更好的亲子关系,助力孩子的成长。

从学霸到学酥

写下这个题目，我内心并不坦然，并且有所抗拒，但又无法回避，因为这是事实，也是小墨成长路上的历程。

作为妈妈，都有本能的虚荣心，总希望孩子取得优秀的成绩，难以接受他的退步。曾经小墨确实也是"别人家的孩子"，学习路上有过许多辉煌，让我们心里暗暗已把他放在了学霸的位置。如果"学霸"这个称谓是对孩子最高的褒奖，那么不管是孩子还是家长，都不想从这个"神坛"上跌落下来。而不管我如何抗拒，小墨从初三开始，已经不能称为"学霸"了，成绩一度跌到年级中游水平。有时只能搬出初中班主任金老师的话自我安慰："袁子墨有学霸的潜质，但缺乏学霸的态度。"是呀，我们曾幻想着初中过后，男孩会迎来学习上的爆发期，小墨身上的潜力能更多地发挥出来，成为名副其实的"学霸"。有时甚至和老墨开玩笑地说："要是学校邀请你去谈谈如何培养这么优秀的孩子，你这个袁家爸爸一定要去登台亮相，骄傲一把。"老墨谦虚地说："儿子的培养都是妈妈的功劳，我怎么能抢功劳呢，而且你是教师，口才比我好，肯定是你去上台演讲的……"

可惜小墨没有给我们互相谦让的机会，我们也没有收到学校老师这方面的邀请。升入高中后更多听到老师这样的评价："这孩子对自己要求不高，学习的目标不明确。""袁子墨呀，这孩子性格蛮好的，同学们都喜欢他，就是学习上不够踏实……""袁子墨上课老是提不起精神，总要睡觉，是不是晚上在玩手机，睡得太晚，一堂课要提醒他好几次。""子墨，这孩子确实很聪明的，他只要努力成绩明显提上去的，就是有点怕吃苦，作业写得也马虎。""子墨这孩子比较单纯，学习上只花了大约60%的努力，潜力是有的，看他怎么给自己定目标了……"不管是班主任还是任课老师，给出的都是类似的评价。有些时候老师也会发他的作业给我看，字迹马虎，错误率很高，还有空着没做的。

特别是高二时考进了学校重点班"牛剑班"后，小墨就像躺平了一样，几次月考都落到了班级的后面，那成绩分分秒秒都在锻炼我的心脏。要知道六年级时小墨在区重点班都是"状元""榜眼""探花"的名号，常出现在学校的光荣榜，初中也是考进了千人选拔掐尖头的学校，考过班级第一名，两次年级前十，期中、期末考试几乎保持在年级前二十。这样的成绩，当然有成为父母骄傲的资本。现在老母亲面对小墨如此的学习状态，真是"我心忧也"。但小墨还是蛮自信的："我们是最好的班级，就算最后几名在年级里也是不错的成绩，而且平时成绩不重要，重要的是期末的全球统考。"

听到小墨这样为自己辩解，还强词夺理的，我和老墨气炸了，分贝也随之升高："这成绩就是学习不认真的后果，班级里那么多刻苦的学生，难道对你没触动吗？榜样在身边呀，进重点班的目的就是有一个好的学习氛围呀！""他们那样学习，我做不到，我们班的双胞胎下课都在学习，我不是这样的料呀……"老墨有时连狠话都出来了："出来混总是要还的，平时马马虎虎，到期末天上砸下一个好成绩，别一直有侥幸心理。要是考不进名校，不用出国读书了，也好为家里省点钱。""你们着急有什么用，我自己心里有数的，反正过程不重要，结果好就行了，英国大学只看统考成绩的。"小墨还气呼呼的，这抗压的心态，我也是服了，小墨的心态真不错。经常听到孩子厌学、抑郁等问题，看来，至少我暂时还不用担心他的心理健康问题。

以前只听到过学霸和学渣，有一次在微信阅读号上看到一篇家庭教育类文章，出现了一个新名词"学酥"，对照一下小墨现在的样子，还是蛮符合的。在学霸和学渣中间还有一种新的身份叫作学酥。学酥是指外表学霸，内心学渣，本质上还是"渣渣"的类型，但是捏一捏还是能勉强成型。学酥看着挺像样的，但碰到问题就露馅，学酥的学习被称为"仪式性学习"。一边玩着手机一边担心考试,多学两天是学霸,多玩两天是学渣。每次成绩下来总有一种抽盲盒的感觉,忽高忽低。永远不看比自己好的,却不断地向下兼容,妥妥学酥一枚。

文中用调侃的口气写着:"写作业的时候吼一吼,考试之前拎一拎还是有用的,但杀敌一千自损八百,儿子每进步一点,自己身上就会长出三个结节。以后不知道孩子能不能做水电、木工,但是磨洋工已经算是炉火纯青了。""养孩子就跟抽盲盒似的,特等奖是学霸,感谢参与是学渣,一张罚单就是学酥!"这些话语真的也是触到了我的心。小墨从小就是那种不用下苦功就能取得好成绩的孩子,有时努力一下,成绩就提高,夸奖声音听得多了,或许就浮躁了起来。初中时没有养成自学的习惯,预习更不可能,现在落得被学习追赶的路上。每到考试的最后几天,才着急了,发现自己好多内容都不会,抱佛脚也来不及抱了,这时常常像被斗败的公鸡,弯腰屈背,愁眉苦脸,唉声叹气:"这次考试肯定考不好了,来不及复习了……"每次看到他这情形真是气不打一处来。

是呀,大多数家庭的孩子都是学酥,在良和优之间来回流窜。小墨这几年就是从学霸到了学酥,他的学习成了压在我心头的一块石头,时常被失落和焦虑困扰,甚至影响了睡眠。有时考了个高分或者获了一个竞赛大奖,心情能轻松好几天。不知道是不是大多数妈妈和我一样,还是我太关注孩子成绩的缘故,很难做佛系妈妈。在育儿这条道路上,我也一直告诫自己要学会倾听孩子内心的想法,要尊重他们,要给予足够的关爱。但是当我真的遇见小墨出现的这种种状况时,却发现这一切并没有我们想象的那么顺利美好。

面对孩子成绩的起落,劝慰别人时也能头头是道,但真落到自己身上,却无法做到淡定。很多时候,极力安慰自己,小墨也算是优秀的孩子了,对优秀的定义要扩大内涵,不能单看学习成绩。就用小墨的话来说:"你们不要老是拿我和小时候比,那时还是妈妈督促的多,我没有你们认为的那么优秀。"是呀,接受孩子的起落,接受孩子的平凡,接受孩子的命运自有安排。我现在能做的,就是放下执念,首先让自己不要太关注孩子的学习,把自己的心情放松,那么孩子也会慢慢放松。让鸟成为鸟,让鱼成为鱼,每一朵花都有自己开放的时间。有的事,我们无能为力,顺其自然,相信一切都是最好的安排。

看到教育小贴士里的一句话:用望远镜看孩子的成长,不要用放大镜对比孩子的现在。为人父母就是一个不断修行的过程,要不是有这么个娃,我们生命的体验也不会如此丰富多彩。我们或许不会知道原来自己的潜力这么大,或许也不会知道我们还有这么大的抗压能力,或许经过此番历练也会修炼一副好脾气。

第一次喝酒

　　小墨的朋友不多，他的社交也不广，难得周末或假日会约朋友一起吃饭、看电影等。一学期中这样的次数也是屈指可数的，而且很多次是去庆祝同学生日。我们常常对小墨说要多交几个好朋友，也希望他能把好朋友带回家让我们也认识认识。交友这一点小墨和哥哥的差距很大，哥哥从小到大都喜欢把同学和朋友带回家。小墨几乎不带同学回家，他说："我的同学你们又不认识，而且同学见到家长也会拘束的。"小墨的话也不无道理，但我常会瞎担心，不知道小墨和哪些同学在一起，孩子晚上出门，做妈的总有点不放心，担心联系不到他，如果有我们熟悉的同学那就好一点。有时我们也常常和他开玩笑："是不是有女同学一起去？"或者半真半假地探问："你有没有喜欢的女生，或者有没有喜欢你的女生？""哎呀，你们老是问女生什么的，放心，我没有女朋友，真有的话会告诉你们的。"哈哈，孩子的早恋永远是父母关注的一个话题。

　　因为小墨很少出去玩，所以但凡有朋友约他，我们都很支持的，也会给他钱出去聚餐或者买生日礼物，确实也看不出他有早恋的迹象，这一点我们也比较放心。高二下学期，有一天小墨说同学过生日请他吃晚饭，他要晚一点回来。晚上八点半左右小墨开门回来了，我正好和老墨在打电话，开了免提，小墨进门后和我打了招呼，匆匆走向他的房间，脸上的神情有点异样有点躲闪。我看到他的脸红红的，就试探地问了一下："小墨，你今天是不是喝了酒？"还没等小墨回答，电话那头的老墨就扯着嗓子喊："袁子墨，你今天喝酒啦，小小年纪不能喝酒。"我一边对着话筒一边也说给小墨听："哎呀，儿子快满十八岁了，就算喝点酒，尝试一下也没事，小墨，你说对不对？"小墨顺口说:"就喝了一点啤酒,大家都喝了嘛。""喝酒的感觉怎么样?""没什么好喝的,我不知道为什么有人会喜欢喝酒。"我笑着说:"什么事都要尝试一下,经历一下的,哈哈,是不是准备学着做男子汉了,不过以后还是要注意的,你还小,不会喝酒,不能为了哥儿们义气喝酒,喝酒也会伤胃的。""我不会喝酒的,我知道分寸的,你看,几个同学还在外面玩,我到时间就回家了,不想玩得很晚。"我及时表扬了他有时间观念。

第二天,老墨开车带着我一起回家,路上就谈到小墨喝酒这件事。我也谈了一些想法:"小墨喝酒估计他是不想让我们知道的,所以准备回避,就因为我没有指责他,而且认可他这种尝试的行为,所以他很坦诚地承认了,没有对我隐瞒。而你在电话里马上指责他喝酒是不可以的,如果以后他再喝酒,就会对我们隐瞒,因为怕被责备,包括其他类似的事情,他也不想告诉我们。有些孩子在外面做什么父母都不知道,有的甚至闯了祸后父母才知道。所以对青春期的孩子,父母真的要有好方法,作为爸爸,你要把他当作朋友,分享你成长路上类似的经历,而不是用父亲的权威去压他。其实你可以开玩笑地对他说:你这小子不错呀,竟然学喝酒,像那时你老爸第一次喝酒……你可以将自己喝酒的经历和感受与他分享,这样就会引起儿子的共鸣,以后他就会把你当作朋友……"一路上我既是给老墨分析这件事,无意中也在教老墨更好地与儿子沟通,从心理层面去共情儿子,这样就能营造更好的亲子关系。

从小墨的第一次喝酒这件事,我和老墨之间似乎进行了一场家庭教育的大讨论,讨论的结果基本能达到一致,这在我们家是常态,而这些沟通都避开了孩子。作为爸爸,随着儿子的成长,老墨参与得越来越多,他不仅是我的同盟军,更是我的支持者,孩子的成长需要母亲的照顾和引导,更需要父亲有力的督促和适当的惩戒,这样更有利于孩子形成正确的三观。而在这些关于孩子的探讨中,我们不停地调整着自己的认知和做法,也不断地在学习成长,所以说养育孩子也是父母的一场修行。

从小墨第一次喝酒这件事,我们又一次谈到了儿子的教育问题,谈到如何去更好地理解孩子,从孩子的角度看问题。男孩到了青春期,爸爸的引领特别重要,爸爸不能站在制高点做一个永远的教育者,有人说:"每一个男孩和父亲终有一战,赢了是戏剧,输了是悲剧。"我对老墨说,做一个好父亲其实很简单,成本也很低。只需在孩子人生的几个关键时刻挺身而出,只需带着孩子做几件标新立异的事,就可以轻易博得信任、赢得尊重,获得来自孩子的源源不断的好感。

对于母亲来说,孩子的成长是由那么琐碎的细节组成的,而那些细节几乎消磨了一个母亲全部的人生,很辛苦很漫长。而且母亲不仅要扮演好自己的角色,常常还是父子间的纽带,要帮助两个男人成长。在我们家,我经常和老墨探讨两个儿子成长路上的各种问题,也经常悄悄地做好应对儿子们的方法。很多时候,我像军师又像导演,不仅要出谋划策,还要调兵遣将,安排着老墨什么时候出场,该怎么与儿子说,因为很多时候,有些台词要选合适的角色来说,才能达到最佳效果。

父母是飞机的起落架

2023年的5月14日是母亲节,吃好晚饭就躲进自己小房间的小墨,被我喊了出来:"小墨,今天是什么日子呀?"小墨笑嘻嘻地说:"哦,今天是母亲节,祝妈妈节日快乐。不好意思,礼物没准备。""礼物么就算了,今天你老爸也不在,那你陪我聊聊天,也算是给我的礼物了。"小墨顺势就坐在了餐椅上:"可以呀,你说聊些什么呢?""你可以谈谈对家庭对父母的一些想法,或者你自己的一些想法和对未来的期待什么的,反正是说说心里话呗。"小墨笑着说:"是呀,我生活在一个幸福的家庭,爸爸长年辛苦地工作,为我们在打拼,供哥哥和我读书。""确实爸爸就是你和哥哥的榜样,能吃苦,有责任感……"

聊着聊着,小墨的话匣子打开了:"妈妈,你呢,说真的我从内心里很钦佩,能做家务,又能管孩子,还烧得一手好菜,我们一家子都离不开你呀,你不仅是一个老师,还是一位作家,说不定以后还能得个诺贝尔文学奖……"说着对我竖了竖大拇指。我笑着打了一下他的手说:"哇,小墨,你对我这评价也太高了,有点夸张哦,我只是一个家庭主妇,写作是追求年轻时的梦想罢了。当然培养你和哥哥就是我人生中最重要的事,我希望你们顺顺利利的,以后能立足于社会,做一个有责任感的男人……"

在餐桌旁,母子俩聊着聊着,不知不觉一个多小时过去了,小墨还做了自我批评:"我么,还是让你们太操心了,学习上也不够努力,有点懒,以后不知能不能考到自己想进的大学。""其实小墨,你一向是个懂事贴心的孩子,有礼貌,会关心别人,也不乱花钱,脾气也好,总的来说,优点很多,就像新东方老师对你的评价:子墨这孩子,一看他就是个读书的孩子,性格也温和,品性很好,不像有些00后孩子那样……当然,这两年你的时间管理和学习管理存在着一些问题,学习要有规划,并朝着目标努力……""是的,我也知道你们为我付出了很多,现在还赶这么远的路来陪我,我的学习你不用太紧张的,我对自己还是有信心的。""父母只能做你的陪练,陪着你一起奔跑,就像你在参加800米长跑比赛,我们最多是啦啦队员,为你呐喊助威,一路上还得靠你自己拼搏,才能有好的成绩。""是呀,父母就像飞机的起落架,托举着我们起飞,又让我们能安全着陆。"听到这句话,我有点惊讶,为小墨精妙的比喻喝彩:"哇,小墨,这句话说得好经典,你怎么想到的?"小墨羞涩地笑笑:"我觉得就是这样的。"

此时我和小墨像一对好朋友,打开了彼此的心扉,也触动了内心的情感,这样的交流多么难得呀。我被深深地感动到了,原来在小墨的心灵深处对父母有这么高的评价。小墨的成长竟如此快速,那个一天要叫200声"妈妈"的小男孩,一眨眼就长大了。

母亲节的一次畅谈,让我的心得到了"乌鸦反哺"式的滋养,小墨真是个温暖的孩子,种种的辛苦和焦虑似乎也得到了释放。过后,我特意去百度查了飞机起落架的作用:起落架是航空器下部用于起飞降落或地面(或水面)滑行时支撑航空器并用于地面(或水面)移动的附件装置。起落架是唯一一种支撑整架飞机的部件,承受着陆撞击、地面滑跑以及做各种操纵运动时(如刹车、转弯等)产生的地面反作用力,因此它是飞机不可或缺的一部分;没有它,飞机便不能在地面移动。

圣诞假期间,我收到苏州新东方的邀请,参加了他们组织的"学霸家庭关于国际教育道路的圆桌论坛",并让我发了个人简介和照片,谈关于孩子升学、教育等方面的问题。当天我和另外一个家长还有剑桥大学的学霸作为嘉宾坐在台上,接受主持人的访谈,当谈到家庭教育时,我讲了父母与孩子如何沟通的话题,并引用了小墨的这句经典话"父母是孩子的起落架"。

是呀,中国式的父母就像是飞机的起落架,竭尽全力地托举着孩子,引导着孩子驶向正确的航道,让他们能自由翱翔于蓝天。当他们飞累时,父母又敞开怀抱接纳孩子,让他们安全着陆,父母用爱一路上为他们保驾护航,希望他们飞得高、飞得远的同时能飞得稳,因为成长路上孩子总要经历一些风雨,总要经历生活的考验和磨炼,才能成长。

这次谈心后,我的感悟还是蛮多的,因为听到很多家长抱怨,说孩子上了初高中不肯与父母交流,父母有时主动与孩子谈话,孩子会不耐烦甚至拒绝。能和处在青春期的小墨如此深入交谈,一方面是我把他当作了大人,给予他尊重,他能畅所欲言,另一方面,主要是我与小墨从小建立了良好的亲子关系,有足够的聆听和陪伴,和孩子沟通谈心已成为我家的一种常态。

妈妈，谢谢你把我养大

12月21日是中国传统节日冬至，也是小墨的生日，2023的冬至夜是最冷的一天，气温达零下6至7摄氏度，外面寒风凛冽。昨天晚上老墨再三叮嘱我，明天气温骤降，路上肯定结冰，近一个小时的车程，让他不放心，叫我明天向学校请假。

自从小墨升入国际高中，我又成了陪读妈妈，我在园区和相城区来回奔波。每天从苏城的西北穿过整个城市来到苏城东南，每天绕着中环兜圈，把时间的线轴绕在这条逶迤连绵的高架路上。我陪伴小墨，老墨大部分时间一个人在相城区黄埭，一周中有一两天和我一起来园区，早上我们再一起回黄埭，他送我去学校。

当天下午小墨从学校回来，说学校马上要放圣诞假了，所以今天不上晚自习，他约了同学一起过生日。他看见我在小房间里写东西，走进来，俯下身抱了抱我说："妈妈，感谢你把我养到17岁，把我这样的儿子养大真不容易，你辛苦了。"这小子就是嘴巴甜，说得我心里暖暖的！

小墨过生日还没回家，晚上7点多，听到外面的敲门声，心里有点怪异，这么冷的天，谁呀？心想小墨不会这么早回来的，暗自有点窃喜：会不会老墨？打开门一看，老墨捧着一束花笑眯眯地说："给你个意外惊喜，老婆，你辛苦了！"边说边拥抱着我。"这么冷你还过来呀，犯不着的，明天还要一大早赶回去，路上都要结冰了。"我嗔怪着。"儿子的生日，妈妈的难日，再冷，我也要来的，主要来陪你的！"

小墨8点多回家，看到老爸和桌上的一束花："老爸，我的生日你还送花给妈妈，这马屁拍到位的。"接着，他坐在我俩中间，一手搂着我一手搂着爸爸说:"谢谢爸爸妈妈,把我养大,你们辛苦了,希望以后你们少为我操心,自己过得轻松一点,今天的生日我过得很开心!"听着小墨的话,我俩会心一笑,这孩子虽然常惹我们生气,还是懂事贴心的!

个头已快超过爸爸的小墨,外形已像一个小男子汉了,但内心还是那个小暖男,心思细腻,懂得感恩,善于表达。

每个孩子都是上天赐予我们的礼物,也是治愈一切的良药。"神兽"暖心的时候是真暖心,气人的时候也是真气人,他可以把你气得暴跳如雷,也可以暖得热泪盈眶。孩子的生日,在每年必须有的仪式感中,在美好的祝福声中,成为孩子与父母升华情感的节点。

在家庭生活中,主动营造温馨的场景,主动表达彼此的关心和爱护,不要轻易错过这些能增进亲子感情的时刻,父母之间的浓浓爱意是孩子成长中最好的养分,也营造了家庭中爱的磁场。

在生活中,我也会常常表达对家人的感恩,感恩遇到我的先生,给了我一个温暖的家,感恩儿子们的到来,为这个家增添了活力与希望。我想就是这些行动,让小墨感受到妈妈的爱是如何温暖有力,让他能善于表达爱和懂得感恩。孩子在耳濡目染中,感受爱,懂得爱,表达爱。孩子的内心充盈,才有更大的心理能量去抵抗学习和成长路上遇到的挫折。

父母与主动孩子谈心,真实地去跟孩子表达内心的感受,走进他的内心,会有意想不到的收获。

妈妈，你要信任我

记得小墨蹿个儿是在初二和初三这两年，读初二时的小墨还蹦蹦跳跳，心思单纯，快乐可爱，还是个"虚心接受，屡教不改"的调皮模样。就像初中班主任说的那句话：班里最不担心会早恋的学生，就是袁子墨。呵呵，这个单纯可爱的男孩，还没打开初恋的密码。

对于很多妈妈担心孩子早恋的情形，我确实没经历过，担心小墨的多动，担心小墨学习上的浮躁和不踏实，担心小墨考不到好成绩，担心小墨身体的瘦弱，或许妈妈们各有各的担心。

有时和朋友们喝茶聊天，有时参加亲子教育讲座，有时是参加一些读书活动，有时是女性沙龙，很多妈妈都会谈到孩子的教育问题，特别是在读小学高年级、初中，甚至是高中的孩子，很多家长说自己家孩子现在处于叛逆期，真的是又气人又顶嘴，给他说东非要往西。而我，作为两个男孩的妈妈，确实没有感到青春期特别的叛逆，大儿子个性温和，有时训斥几句大多沉默相对，除了话少了，其他的沟通也没什么问题。对于老二小墨，我更是心生期待，觉得他的青春期应该没什么可担心的，会一直母慈子孝，因为直到初二，小墨还是没心没肺、甜言蜜语的。到了初三，小墨个性有了些明显的变化，行为也稳重了些，不再那么嘻嘻哈哈的。每次回家就直奔自己的房间，和父母之间的话明显少了，有时语气里有了不耐烦。特别是高中开始，这方面的表现就比较突出，有时说了几句，就出现顶撞，甚至有了一些挑衅的味道："咋的了……""这又没什么关系……""我就是这样子的，怎么了？"也因为手机问题和学习态度等方面，家里也常常会上演鸡飞狗跳的场景。有时也会对我吼："你就是不相信我，你还以为我是小学生，学习是我自己的事，你管了也没用。""你就是不放心我,我哪有一直玩手机,就算没有手机,我也不会一直学习的……""我为什么要听你的,你不要老是拿我小时候说事,我已长大了,我不想做妈宝男。"……

确实,小墨这几年的学习状态和生活习惯,让我有了很多的看不惯,面对小墨的懒散、拖拉、成绩下降等问题,常常会批评指责他,他经常会说:"我知道了。""光知道有什么用,主要是要看行动。""不管白猫黑猫,会抓老鼠就是好猫,拿出成绩来证明自己。"小墨分辩道:"你们就是不相信我,我会搞好自己的学习的。"面对几次月考成绩的"稳定",我们的失望可想而知。

其实很多时候,我不能控制自己的情绪,面对小墨的我行我素,面对小墨的屡教不改,面对小墨的强词夺理……本想着好好沟通,最后演变成母子争吵。觉得和小时候的反差好大,曾以为小墨不会有青春叛逆期。现在的小墨还是让我有生不完的气,着不完的急,操不完的心啊!我也清楚,小墨到了真正的叛逆期,反对父母再把他当作小孩来照顾和管理,内心迫切希望摆脱父母的监护,有时会对我说:"难道我离开你学不了,活不了了?"为了表现自己的"主张",有时对我们的建议一副不领教的样子。

有时常常劝慰自己,要摆正自己的位置,调整自己的心态。孩子作为独立的生命个体,我们无法设计和干预他的人生,但在他们成长早期的每一个关键驿站,我们都应该在,不做决定,只告诉他:关于这件事,我们的建议是……

在孩子的眼界和格局还没有足够大的时候,他需要我们的指引。只有等他有了足够的视野、足够大的力量的时候,他要选择什么样的路,选择走多远,就是他的事情了。而那个时候你要做的,就是转过身,默默祝福和想念。

我想摆烂

"摆烂"是一个近年来流行起来的词汇，它最初是指篮球比赛中一方故意放弃比赛，不去拼搏争胜的行为。现在泛指事情已经无法向好的方向发展，于是就干脆不再采取措施加以控制，而是任由其往坏的方向继续发展下去，不想干了。它指的是故意偷懒、不努力、不拼搏、不追求进步的行为，有点俗话"破罐子破摔"的意味。

小墨一向是个积极乐观的孩子，但随着年龄的增长，以前特别乖张的动作少了很多，没心没肺没忧愁的样子也在悄然改变，当然青春期的孩子哪能不变呢。特别是进了高中以后，小墨已是小大人的模样了，那种活蹦乱跳、幼稚可笑的行为慢慢消失，但依然保留着一些小调皮和小幽默。我想除了年龄增长带来的生理、心理变化，还有来自学习的压力让小墨快乐的天性丢了一大半吧。

小墨是被夸着长大的，此话不假，从小不知愁为何物，现在随着学习任务加重，成绩的起伏，小墨曾有的自信和优越感也在慢慢减弱，有时小墨的样子让人觉得像只"煨灶猫"缺乏朝气，除了身体单薄怕冷怕热外，也来自心理能量的不足吧。小时候那些所谓的特长进了中学以后已发挥不出作用，现在小墨除了学习后玩手机，兴趣寥寥。加上身边的孩子不仅优秀大多比他努力，特别是高二上学期，两次月考的成绩他都掉到了班级后面，跟班里的学霸有了一定的距离，少不了受我们的批评和指责。

小墨的学习状态就是一个静不下心，双休日虽然是大门不出二门不迈，看着他似乎一直在学习中，但在房间里待不住，一会儿出来喝水，一会儿剪指甲，一会儿上厕所，一会儿站在吧台边翻自己的手机，反正这是常态，很少能看到他长时间地专注于学习。我常常忍不住数落他："一个高中生了，怎么现在还静不下心来，我很少看到你有一两个小时专心学习的，如果手机放在外面的话，你等不了二十分钟就要出来一次了，真是猢狲的屁股坐不住。手机放里面的话，你可以两三个小时不出房间，看来手机的魔力还是最大……你们班有个女同学，她妈妈说，双休日午睡休息时都定好闹钟，睡个二十分钟就要起来学习。"

小墨嗤之以鼻："我干吗要这么辛苦，我们班有些女生很拼的，我可不想这么累。有时想想读了大学又怎么样，还不是找份工作，你看很多大学生都找不到工作，有的都去送外卖了，读书也没啥意思。唉，人活着就没啥意思的，每天做作业很烦……"小墨是一副生无可恋的样子。"你玩手机当然轻松哇，学习要动脑筋，当然辛苦呀……""是呀，玩手机多轻松呀，不然怎么会有那么多人离不开手机，谁爱学习呀，学习都是被逼的，就算我们学校成绩最好的几个同学，我想他们也不会因为喜欢而读书的。""但人家有目标和理想，当然靠自律，一分耕耘一分收获，你现在觉得学习好不好无所谓，到高三看到别人收到名校录取通知书的时候，你就会有失落感了，到时后悔也来不及了。玩手机可以给你带来一时的轻松和快乐，那就像精神鸦片只是麻痹你，但学业上取得的成绩会让你真正获得价值感，这种愉悦和满足感是玩手机无法代替的……"小墨对我的话不置可否。

随着期末考试的临近，小墨的状态虽说比前面稍微有所好转，做作业的时间长了些，但我知道他前面落下的知识点也不一定补得起来，常替他着急，时不时提醒他抓紧时间复习，临时抱抱佛脚也是好的。每次到临近考试，小墨心慌了，有时就做出愁眉苦脸的样子："我这次考试肯定考不好，来不及刷题，好多东西没时间复习了、化学、经济那么多要背，经济的问题就像是写英语作文……"有时绕着餐桌兜圈子，对坐在沙发上的我们诉苦。"你每次都这样，平时不着急，到最后时刻急也没用了，反正学习是你的事……"老墨的声调也高了。"当然知道是我的事，你们急也没用，考不好就考不好，没什么大不了的,一次考试也不能说明什么,哎,反正我就摆烂了……"我别的不服就服小墨的心态,摆烂也摆得那么理直气壮。

　　小墨最近两年的学习状态和精神状态都没有以前好,让我常常会陷入自我怀疑中,反思自己的教育。首先对孩子太过关注,除了身体健康和发育外,最关注的还是他的学习,对他的期望值较高,容易心急,有很多事就急着帮他去解决。久之,儿子的学习积极性不强,没有紧迫感,在学习上的获得感减弱。我对他看不顺眼的地方多了,批评和指责也多了。听多了,他也无所谓。虽然我也知道"那些从小被父母无条件爱过的孩子,他们长大后,一定会获得健康、自信、自知、自得",但在内心深处,我确实希望他很优秀,所以对他学习上的懈怠,成绩的退步,没法从心底里接纳。虽然在各方面来说,小墨很不错,就像熟悉的朋友批评我:你就是要求高,是个完美主义者,无论孩子怎么做,都觉得不够好,不符合期待。

　　原来我对小墨的爱也是有条件的。我那么期待孩子的优秀和成功,因为自己的内心想给自己的这段婚姻有个完美的呈现,我希望小墨优秀是对老墨这份恩情的回报,希望给袁家一份荣耀。但小墨他只是个孩子,他的生活是富足的,不管精神还是物质,有一个温馨的家庭,有爱他的家人,他的人生才刚开始,哪会对生活有那么高的目标和期待?所以我和他不在一个频道上,也无法在一个频道上,我们甚至是两个世界的人。很多地方应该是我要调整,"无欲则刚,有容乃大"。对待孩子更应如此,放下执着,不管是对我还是对小墨都是一种幸福抉择。

　　相信每个孩子都有追求卓越的天性,小墨也是想努力的,但常常不能坚持。是的,父母眼中孩子的一些问题,带着主观性,或许事实并不是这样的。小墨的"摆烂"不是自我逃避,或许也是一种自我保护,在提高心理防御能力,这样他的焦虑和自责就会减轻。

顶　嘴

　　印象中，从读高中开始，小墨与我们顶嘴的现象增多，特别是和我，因为老墨管他的时间较少，当然这种迹象从初三开始已显端倪。人们常说，这是青春期的正常现象，也是所谓的"青春期叛逆"。相比同龄孩子，小墨的叛逆期来得较晚，但他的表现还是出乎我的意料，因为小墨属于"暖男"，嘴巴从小甜到大，与我亲昵得很，小时候常把他爸当作假想敌，不亲近他，当然随着年岁渐长，与爸爸的关系也越来越亲密。所以我内心一直信心满满，觉得小墨的青春期也会母慈子孝平和度过。

　　引发顶嘴最大的原因是有关小墨学习和手机问题，当我管他的学习和手机时，有时会爆发争执，也是影响我心情和情绪的主要因素。或者这也是当前亲子关系、家庭关系中的一个卡点。小墨最近两年的学习状态与我的期望有了很大的落差，学习的懈怠、成绩的退步，很多时候让我感到焦虑，不知不觉中有了指责和说教，好多次想心平气和地和他聊聊，没说几句，又被他的话激怒了，随即母子俩的声调都越来越高，变成了争吵。

　　高二暑假开始了，小墨拒绝上各种辅导班，不管是雅思，还是高三课程的预习班，或者申请有关学校需要的数学笔试班，他明确说不想再花钱学习，在家自学，特别这次还想去冲雅思7分，他说以前报了几个班，这次自己刷题。对小墨的自学，我们还是不放心，但还是找出各种理由安慰自己，调整自己。就像有一次我和小墨因手机问题而争吵，话题基本上就是我觉得他花在手机上的时间太多了，雅思学习上不够用心。争吵间我越来越生气，小墨也是一句句顶我："你就是看不惯我，就是不想让我轻松，我不可能每天的时间都在学习，暑假就是要好好玩，咋的了，我的事你就不要多说……"最后竟然说:"你没资格管我。"当时气得我一口气堵在胸间,都回不过神来,非常受伤。

　　因为气得不行,我在"小小锅饭"三人群里,艾特老墨。没多久小墨发了信息给我:"其实你少管点就不会有那么多次吵了,我自己能学的,你永远都不放心。你现在要做的是从行为上和心理上放开手,总要有放开的一天,不要想着多管几年就几年……我现在需要的是内驱力而不是外部因素,如果一个人一辈子要在别人的督促下学习和生活,那他就长不大了。"微信上是一个个短句发来的,这小子说话还一套一套的,这期间我和老墨也在微信上回复他,我说:"你被手机捆绑了,一天在手机上的时间太多了,温水煮青蛙,玩物丧志,我生气。"小墨回复:"我知道,我理解,我尽量控制一下,看看网上有没有什么好的方法。"老墨回复:"你口才见长,与父母的脾气也见长,不管什么话总得反驳一下。"我回复:"小墨,你有时说的话确实也有道理,也成熟了不少,我赞同你说的话,但要从行动上,让我们放心才行呀。"确实小墨现在越来越像小大人了,说得很好,但落地却不行。很多话说得我都无法反驳,有时又是歪理邪说,让人特别生气。譬如叠被这事,也不知说过他多少次,他的理由:"这种小事不值一提,叠被这事不影响什么,又没人来参观,这种事就是无效劳动,根本不用争论……"而且搬出什么效益论来说服我。我想用古训来教育他:"一屋不扫何以扫天下",这虽是小事,但一个人保持基本的整洁是良好的生活习惯,这是不容置疑的,不要为自己的懒惰找理由。

　　这事过去了一段时间,我也努力克制自己少管小墨,任其发展,但有时还是做不到。早上听到小墨卧室得闹钟响了好久,还不见小墨起床,十分钟,二十分钟,三十分钟,忍无可忍,敲门时喊他起床的声音都带了怒气。白天偶尔去三楼,也时常会看到他又在玩手机,心里不舒服,又会唠叨几句:"学习时专注些,玩的时候就玩,不要心不在焉,这样的效果较差。"小墨还是会不耐烦顶几句。

　　进入八月了,离雅思考试越来越近,我们对小墨的要求是一个暑假就主要弄雅思，能把目标分考出来，这暑假就有收获了。8月2号的第二次模考小墨的成绩不理想，我和新东方老师联系后，考试前的最后两周小墨从原来隔一天去新东方自习，改成每天去新东方学习，这样效率可能会好一些，没办法，自律不够他律来凑，这一次小墨也同意了。

顶嘴是青春期孩子的一种常见的表现，记得小时候我妈说我，我也不服气，也要顶嘴，我妈有时狠狠地对我说："你呀，千有理，万不错。"意思是说我句句反驳，从不认错。而老墨常用他传统的家长作风来训斥儿子："我们小时候哪敢跟父母顶嘴，只要表现出不服气，就得挨嘴巴子……"

从心理层面来说青春期的孩子其独立意识和自我意识日益增强，他们常常以成人自居，担心外界忽视了自己的独立存在，从而用各种手段、方法来确立"自我"与外界的平等地位。"顶嘴"就是叛逆心理，孩子能反驳父母有自己的新观点说明孩子在长大，有的严重叛逆的孩子长大更有主见，更有责任心和敢于担当。但有的孩子顶嘴就是为了顶嘴，说白一点就是试探底线，几乎每个小孩都有这么一个过程，如果一味放纵，小孩就会缺乏敬畏。

有时候，家长们会觉得孩子不听话、不服管教，尤其当孩子开始顶嘴时，更会觉得自己的权威受到了挑战，老墨就是这样的心理。所以我也常常用心理学的理论来说服老墨，顶嘴并不都是坏事，父母如果以权威来压制孩子就会失去这种平等对话的空间，孩子在父母面前不敢发声，慢慢地变成了习惯性顺从。小墨从高情商的暖男，到现在与父母顶嘴，也证明他在成长中，有了更多自己的想法，快十八岁的小墨很多时候还保留着暖心的一面，时不时来点"糖衣炮弹"呢。

小墨说："我有时反驳你们，虽然态度语气不好，但不是没孝心，我只是想表达与你们不同的观点，希望你们能听听我的想法。"争吵过后我们总会找机会与小墨沟通，大家相互检讨，疏通心结，让亲子感情尽量保持原来的温度，同时也让小墨知道，每个人都可以发表自己的观点，但对父母的尊重是基本原则。

给小墨的信

之一

小墨：

　　今天早上我真的很生气，被你的语气气到了。哎，想不到曾经甜言蜜语的小男孩，现在一直来反驳妈妈，语气还经常不耐烦。我也常常反思，有时候确实有点啰唆，甚至对你的事管得比较多，那总的来说还是不放心的缘故。也知道有时候自己的情绪容易激怒，甚至也容易对你吼叫，因为常常是被你的语气、态度和观点所激怒的。当然每个人都有发表自己观点的权利，也可以为自己申诉。因为你觉得被我管着不自由，你前天笑着说："生命诚可贵，爱情价更高，若为自由故，二者皆可抛。"但要知道自由从来没有你想的那么简单，有人说过"只有极度的自律才能得到极度自由"。如果你不够自律、不够自主那就不够自由。我今天说的，我想应该不是心灵鸡汤，也不是老生常谈的说教。我觉得我们每个人都应该思考和反省，我们都做不到古人说的"一日三省"，但我们要懂得不断修正自己。你已经步入了青年时代，你有自己的思考，自己的想法、观点。

　　我也常常和你爸爸说，你和哥哥在学业上已经胜过我们当时学习的成绩。但是反过来一想，我们作为父母对你和哥哥学习上的这种付出和用心，也远远地胜过当初我们的父母。所以有的时候，是我们也给了你们有力的支撑。比如说哥哥和你留学费用大约要四五百万，这对一般的家庭来说是无法想象的。如果我们不用心培养你们，这些钱足够让我们过上财富自由的生活。我们可以早一点退休,想去哪儿就去哪儿,对不对?但是我们并没有这样做,"授人以鱼不如授人以渔",靠父母的保护和留下的财富是不够的,只有孩子有了能力,才能有更好的生活,父母才能安心。因为中国式的父母,都会竭尽所能培养孩子,让孩子生活上少受些苦,让他们能够走得很顺利。所以你们能够出国留学,也是父母给你们有力的肩膀,能让你们站在我们的肩头去看世界,这样的机会不是每个孩子都能拥有的,所以你再不珍惜这样的学习时光,我想内心也会有愧疚吧。

我相信你也是一个很懂事的孩子,只是自己还是没有能够用心地去做。举一个例子来说。你看那些四五十岁的阿姨,不管哪一个阿姨,你能走上去叫她一声阿姨,她能给你好吃的好用的?没有吧,没有人会随随便便地给予,也没有人会随随便便地得到。只有你的父母才会对你无私地付出,世界上没有哪一个人像父母一样对你这么好,不管走到哪里,不管你以后去哪个国家留学,不管你走到天涯海角,我相信你再也遇不到像爸爸妈妈对你这么无私的人。所以,你要懂得珍惜,因为今生能成为母子,也是前世修来的缘分。

如果你以后生活能自理,能够自己管好学习和工作,能赚钱养活自己,这个时候你才是真正意义上的独立。儿子,我跟你说这些话,我希望你能懂,在这样一个青春年华树立好正确人生观、价值观,要有吃苦的心理准备。热爱生活,热爱学习,热爱你的家人和朋友,你才能感受到更多美好的东西,能更加地积极乐观。一个男孩能吃苦、懂拼搏,开朗、幽默,这就是自带流量,光芒万丈。让自己的青春年华过得更加有意义,更加充实。当然,我不知道你能不能听进去我的这些话,能不能去不断地修正自己的一些认知和行为。但是这些都是我心里想的,也想跟你说的。不管你能不能接受,妈妈想真实地表达自己的想法。

妈妈

2023 年 3 月 13 日

之二

小墨：

　　今天是你的生日，十七年前的今天，也是这样一个寒冷但充满阳光的日子，你来到了这个世界。你出生那天的情景回想起来还历历在目，那天大阿姨约着我们一起过冬至夜，但你似乎迫不及待地要来到这世界了，当然也在我们的意料之中。

　　在一天一夜的疼痛煎熬中我挺了过来，那种疼痛只有做妈妈的才能体会到。你在产房中唱响了生命中第一声啼哭，那是世间最美妙的声音，我们带着无比幸福的心情迎接着你的到来。特别是你爸爸的激动和幸福溢于言表，他开心得似乎想拥抱医院里的所有医生和护士，那天他想去帮助任何一个需要帮助的人，以此来表达他的幸运和幸福。我知道他想感谢上苍给他一个儿子，这是他人到中年得到的最好的礼物，超过世界上任何的财富。

　　你是那么一点点大的小肉团，我们都得小心翼翼地捧着，呵护着，真的是捧在手里怕冷着，含在嘴里怕化了，就这样没日没夜地伺候着你。在我和外婆的精心照顾下，你一天天变化着，我抱着你，端详着你每一个小小的变化，忙碌、辛苦但充实。有时整夜整夜没法好好睡觉，但我没有抱怨，只希望我的宝宝能健康成长。那时候，真的没有过高的愿望，只愿你无病无灾，平安快乐。我想这是每个父母的心愿。

　　就这样你一天天地成长着，你一直是个快乐的小男孩，给我们带来了欢乐。我们记住了你那么多的小动作，记住了你那么多的怪模样，也记住了你那么多的雷语，当然也记住了一路上我们付出的努力和辛苦，真是数不胜数。

　　你开始上学了，一路上我们一同上学，一同放学，陪你吃，陪你睡，陪你搭积木，陪你学习，陪你弹钢琴……妈妈永远是陪在你身边的那个人，你的一切我了如指掌。一路上的学习，虽然你有不少调皮捣蛋的事，却也给我们带来了不少惊喜，我们对你有了更多的期望，希望你成为一个更优秀的孩子，成为父母的骄傲。我们早早地帮你规划，帮你择校，帮你做各种打算。面对每一次的挑战，我的紧张和焦虑远胜过你，接下来初中几年，你也是状况不断，我们是各种担心，有时常常睡不着觉。

现在你已是长到了一米八的大男孩了，望着已高出我半个头的你，我内心是欣慰的，我们终于把儿子养大了。但这么几年，我真的还是一点也不轻松，心里总有一根弦绷着，你的学习和身体成了我们生活中的重点。高中三年，我和你爸爸真的想好好地陪伴你，我们也珍惜这样的时光，希望一同见证你的青春岁月。

你也说过，父母能托举你一把，但不能替你飞翔，在人生的赛道上，我们能为你加油鼓劲，但不能替你奔跑，以后的路终究是要你一个人走，父母只能陪你一程，无法陪你一生。一个男孩最好的品质是什么呢？为人处世方面，你做得很好，但自律和坚毅才是一个男孩身上最闪光的东西啊！

作为父母，我们在尽自己最大的努力照顾你，帮助你，而你现在就是应该尽心尽职把书读好，树立自己人生的目标，这样才对得起自己，也对得起父母。

我知道你是个有孝心的孩子，小墨，但我更希望看到你的行动。

妈妈
2023.12.21 冬至夜

之三

小墨：

早上和你车上的谈话，也是妈妈内心深处的想法，你也在渐渐长大，也在慢慢长成男子汉。就像你昨天和同学喝点啤酒，这也是在尝试，在体验成长的感觉，妈妈理解你。还有你说的考试过后的放松，确实也对的，一张一弛才能有更好的效率。重点是该努力的时候不努力，常常懈怠和放松，那才是以后真正后悔的来源。

开学后，确实也发现了你在努力改变自己，在努力投入学习，只要一步步坚持，总会有收获的。不管从哪方面来说，你是一个优秀的孩子，你的聪慧会让你对自己对世界有更多的认识，也能更好地把握未来。为人处世、人际交往、学习工作，作为父母，我和爸爸不但言传，也在身教，然当别人说一百遍，不如自己经历一遍。

早上和你谈到的，身体健康是第一位，追求幸福是每个人活着的目标，而获得幸福的能力是多方面的，其中学习优秀是能给人带来成就感，让人自信满满，从而体验来自内心的快乐。以后还有工作、家庭、事业等，你现在是为将来的生活打好基础。

不管怎样，爸爸的自律，工作的辛苦，为家庭的努力，你也是能感受到的，我们家里每个人都在努力，有时虽然辛苦，但物质和精神有收获。你现在的学习比我们都辛苦，我也是能感受到的。当你走过这段日子，回顾一下，自己努力过了，就不会有太多的后悔自责。

小墨，虽然我们看问题的角度不同，望子成龙的心情也有些急切，有时与你沟通方式也有不妥，但我们也在慢慢调整自己，也在学习慢慢放手，有时我不在的时候，其实你也开始把自己的事情更放在心上了。

不管你是怎样的儿子，总是父母的最爱。

妈妈
2024 年 3 月 7 日

之四

小墨：

今天早上我开车在路上，心情烦躁很生气，拥堵在心的不仅是一路上的几处红灯,更是因为早上我和你之间发生的争吵,或许这样的场景在我们的生活里是常见画面。陪读的这两年,时间管理和手机管理是我们争吵的焦点。

或许你认为妈妈唠唠叨叨甚至是小题大做,一路上我想得很多,想到晚上与爸爸一起和你沟通,怕到时语不达意,又弄成另一场争论,这样子于事无补,浪费时间,浪费感情,我想还是通过文字的形式更能正确地表达。

我自己认为,最近一个阶段,我与你之间类似争吵比以前少了很多,我也在努力调整自己的心态,控制自己的情绪。当然更重要的是看到了你的努力和取得的成绩,你对自己的规划,对人生目标的不放弃,以及面对压力较平稳的心态,这是你的优点,也是你有时能逆袭的良好的心理品格。

心理学上有一个观念:看见即疗愈。我看见了你的不易,我相信你也看到我的辛苦。今天我重点想谈的就是一个人的责任心,今天早上你的拖拉,影响了我的上班,影响了彼此的心情。我希望你在为自己的晚起找理由的同时,多为别人想一想,你的妈妈并不年轻了,每天还要近两个小时的路程奔波,如果心情烦躁,对于车技并不高超的我来说,多少有些危险。万一路上车子碰擦了,或许你和爸爸多多少少都会有点内疚吧。其实,我自视我是一个为着家庭为着孩子付出很多的妈妈,除了工作,我承担了家庭大部分的事务。当然就像前天和你说的那样,虽然学习是你一个人的事,但会影响着家庭成员的心情。所以说,多为别人考虑,少给别人添麻烦,就是一种责任心,更不失为一种善良。

这几年的忙碌,这几年的心累,或许只有我自己深切感受到。作为妈妈,为孩子付出本身就是应该的,我也希望能给你高质量的陪伴和帮助,但有时觉得自己就像一个努力想浇灌施肥的园丁,因为关注过度了或者不合时宜,反而对树苗的成长造成了不利影响。对你生活和学习过度关注,或许并不是你想要的,你觉得被人管束不自在,这一点我是能理解的,一方面希望享受父母照顾带来的轻松,另一方面又想要独立生活的自由。慢慢地,我总归会放手,让你自由飞翔,你的人生你做主,我只求尽心,尽人事听天命。

活到老,学到老,我还在学习的路上,学着做一个好母亲、好妻子。最近的读书活动就是关注家庭教育的,包括和心理老师的沟通,其间我也在获得能量,提高认知,改变自己。有时觉得你就像一辆动力不足的车,想开上高速,但常常时快时慢,不能好好地把控自己,有时决心很大,有时又会自我懈怠。确实,想总比做来得容易,这是人的通病,我很多时候也是想得激动,没有行动,很多事情不能坚持。

小墨,一个人的责任心是可贵的东西,特别对于男孩来说,这也是把事情做好的基础,学习也罢,工作也罢,都是如此,你还小,觉得妈妈在说教,但以后的生活会教会你很多。

如果你尽量管理好自己的学习和生活,大家都会很轻松。当然,标准不一样,看法就不一样,态度就不一样,但是基本的准则还是有的,不管怎样,积极进取的人生不会差到哪里。

妈妈

2024 年 10 月 14 日

这是近两年我用微信写信的形式与小墨的沟通,除了家庭式的面谈、微信聊天,我还采用了书信的形式,有时是纸质的,有时是电子文档,把我心里的想法与思考写出来。小墨也会回信,会反馈,而且都能接住我的情绪,因为我也会把一些负面情绪向他倾诉,有时想想,我也没能好好地采用正面管教的方法来激励他。不管是家长还是孩子,每个人都要正视自己的缺点,孩子也会接受父母的批评教育,也在挫折中锻炼内心的强大。作为妈妈我不回避矛盾,也不会委屈自己讨好孩子,我真实地表达自己,当然孩子也会真实地表露,这种亲子沟通就像一条流动的溪流,虽然有时也会遇到礁石和旋涡,但它毕竟是流动的,是活水。

我见到很多父母学习了心理学后,认为情绪和感受是不好的,就不敢在孩子面前表达自己的想法,其实这是不合适的。我们的情绪和感受背后也是出自对孩子的爱啊，只是我们需要找到一种正确的方式让孩子表达，让孩子既接收到爱，又不被那股情绪的张力所影响。尤其对于情绪能量值比较高的妈妈，我真的很建议写信。文字的表达，既让对方知道了你内心的真实想法和情感，同时呢，又免去了那种面对面的情绪张力，是一种既能与孩子建立情感链接，又免去压力和直接冲突的方式。

微电影角色

不曾想到,我、老墨和小墨三个人竟成了微电影的角色。

2024年的三八妇女节,苏州相城区妇联把我家的故事拍成了微电影在庆祝活动上播放,让我们一家人都很兴奋。当时妇联顾主席邀请我家三人来参演微电影,真人出镜,老墨一听,连连摆手:"不行不行,我哪会演,一个快六十的老头了,怎么去上镜呀……"说实话我也不敢上镜呀,生活中本来很平常的事,真的当剧本去演,那真没这个勇气。最后我只能婉言谢绝。

年前妇联组织的"最美家庭迎春座谈会"上,我交流的主题是"让爱流动起来"。围绕主题我分享了家里三个温馨小故事,几位妇联领导非常认同,认为我的这些家庭小故事对营造和谐家庭有示范作用,也能给众多家庭以启发和引导,会后他们要求我把文案写下来给他们。

过了几个月他们与我联系,准备根据这些材料拍微电影在妇女节大会上宣传。因为我们不参演,妇联竟然请了演员来拍摄。

活动当天,节目丰富多彩,主持人在介绍这个家庭短剧时,我的心情特别激动。大屏幕上首先出现的是妈妈,一位年轻靓丽的妈妈,我一看心想幸亏没自己去演,我这年龄、这形象怎么能拍出这效果呢?妈妈脸带微笑在和爸爸微信聊天,屏幕上弹出一条条信息,讲到了小墨的生日,讲到小墨生日和同学一起过。不一会儿门铃响了,第二个人物出现了,小墨捧着一束花送给了妈妈,并祝妈妈妇女节快乐,小墨是由一个十一二岁的男孩扮演的,一头微卷的头发,灿烂的笑容,接下来小墨主动为妈妈烧菜,看到这里我也笑了,真实的小墨已是180的大男孩,不会烧菜,难得下厨煎个牛排,但很多时候会帮着洗碗,也会拍一下马屁:"妈妈,烧这么多菜,真的辛苦了!""我妈这手艺,开个农家乐没问题。"哈哈,剧中的妈妈露出欣慰的笑容,有些时候还是会被小墨的暖心话语感动的,微电影通过镜头较真实地展示了出来。最后一个镜头是三号主角——老墨出场了。给妈妈一个意外的惊喜,还送了钻戒。还说了:"儿子的生日,妈妈的难日,再远再累也要回来陪母子一起度过。"这确实是老墨说过的话。微电影做了一定的改编,小墨的生日不是妇女节,而是冬至节,当然为了主题需要把儿子的生日和母亲节放在了一起。微电影的主题鲜明:"有爱大声说出来。"营造美好家庭需要爱的流动。

这部微电影的视频资料,我让妇联主席发给了我,在家族群里发布了一下。小墨看了,也挺开心的,自己莫名其妙就成了剧中人物。我也有点沾沾自喜,无意间自己做了一回编剧。老墨也兴奋地说:幸亏没有自己演自己,不然尴尬了。

一部短剧演绎了我们一家的亲情故事,又一次促进了亲子关系,也帮我们留住了温馨家庭的影像资料,那几天聊这微电影成了我家的主题。是呀,小墨生活在这样的家庭,内心是丰盈的,所以他青春期的表现还是较温和平稳的,没有"暴风骤雨"式的剧变。老墨以他的身教,影响着孩子对妈妈的爱、对家庭的爱。

家庭环境和父母教养方式对孩子的心理健康有深远影响。亲密关系和陪伴、情感表达和沟通、自尊自重和理解都是积极的教养方式。在一个充满爱和关怀的家庭中,孩子更容易建立起对世界的信任,形成积极健康的心理状态。我和老墨之间的互动和陪伴,家庭环境的开放,无形中影响着两个儿子,让他们学会与他人建立亲密关系,善于情感表达和沟通。

国际课程 VS 国内课程

从小学开始我们就对小墨未来的学习进行了规划，小学、初中选择体制内九年义务教育，虽然很多人诟病中国的教育，但国内基础教育的扎实也是毋庸置疑的。与小墨相差十一岁的哥哥读了国内四星高中，高三那年申请到了加拿大多伦多大学，读了计算机专业。小墨也要出国留学，为了少走弯路，也为了更容易申请到国外名校，准备小墨的高中选择国际学校，接下来小墨的学习也是按照这样的思路走下去的。

确实，现在要培养一个留学生，家庭的经济实力是摆在面前的现实问题。我在两个儿子的教育培养上意见一致。小墨的首选目标是英国 G5 学校，这五所学校都进入了世界前十的排名，第一目标是帝国理工，第二目标是伦敦大学学院。现在他的目标是冲世界前十的大学，降低一点要求，世界前三十的大学应该是不成问题的，这一点是我们全家的自信。

小墨从初三下半学期进入领科国际学校开始，教材也全部是英文。对于我来说，以前在学校里学的那点英语差不多全还给老师了，看小墨的教材就像在看天书。而身边的亲戚朋友家孩子都没有读国际课程的，哥哥读的也是国内高中，所以这方面的知识非常缺乏。我也是跟着小墨一起了解国际课程。领科学校开设的课程比较齐全，高一读的是 IG（IGCSE）课程，是衔接高中的课程体系，很多内容就是国内初中学过的内容，小墨学了数学、物理、生物、经济、化学、英语、中文等。初三下半学期小墨选择住校，开学一个多月后，学校放假，在家上了一段时间的网课，临近期末考试一个月左右才返校，学校规定双休日也不能回家只能待在宿舍。

初三暑假结束，小墨的高中生涯开始，我们也搬到了独墅湖旁的月亮湾居住，买的二手房也赶在开学前装修好，小墨选择住家，我们选择陪读，主要是管理好他的学习，照顾好他的生活，巩固好亲子关系，想着小墨读大学后我们和他也是聚少离多，万一大学毕业后不在苏州工作的话，那孩子真的是离开父母了，虽然我和他爸爸每天来回奔波非常辛苦，但这三年时间里，我们多陪伴多沟通多了解，尽量不给自己留下遗憾。

高一开始，小墨慢慢适应了他的国际课程学习，本来他的英语基础还行。但经济课程学着有点累，他自己想要在外面补习一下，所以初三暑假就在新航道培训机构报了经济课程的学习和AMC数学竞赛课程，据了解要想去申请好的国外大学，竞赛成绩也是非常重要的，也算是锦上添花的项目，所以一开始我们就关注起来。小墨在高一上学期参加的数学全球统考中取得了96的高分，得了A＊。

国际高中的管理模式相对国内高中来说，是比较宽松的，学校培养目标是有自主学习、自我管理能力的学生，有更好地接轨国外大学的学习能力。一般情况下老师也不主动联系家长。学生早上7:40分到校，晚上8点晚自习结束，也可选择不上晚自习。但领科对学生的手机管理还是比较严格的，到校上交手机，离校时才能拿到手机。学校设置了查询孩子作业完成情况的网站，为了记住几个课程的英文名称，我只能记在了笔记本上。

高一期末面临着的是IG的全球统考，而这次考试成绩将作为高二分班考试的依据，也作为将来申请大学的参考成绩，所以在学校召开的家长会上，学校也强调这次考试的重要性。小墨来读领科时，我们就给他定了目标，要进入学校的重点班，坊间所说的"牛剑班"。全球统考是五月开始，要到六月考完，差不多要考一个多月，有的科目要考三次，比如物理考试就要分三次考试，要考简答题、实验题、选择题，而三场考试也不在同一天考，不像国内的期末考试三四天的时间全部考完。

考试前一段时间，他还是比较用心的，考完后，他觉得不错，8月18号成绩出来，较顺利地进入了重点班。学校两个重点班分别是G班和F班，G

班是选择五门学科学习，F 班选择四门学科学习。为了以后有更多的选择性，也为了压一压小墨的潜力，家庭商量后，小墨主动选择了 G 班。小墨选了纯数、高数、物理、化学、经济五门课程。

　　高一的暑假，从别的家长那里了解到，申请国外大学最好要找专业机构进行课程规划和申请文书方面的培训辅导，我们与新东方前途出国的老师进行了面对面的沟通，知道 IG 成绩对大学申请虽不起直接决定作用，但很多英国名校都列出了 IG 成绩入学要求，因为国外大学更侧重于考察孩子们持久的学习能力。经过几次沟通后，我更清楚 A Level 课程就相当于我们国内的高中课程，高二的 As 成绩相当重要，高二下学期五月的全球统考相当于国内高考，五月开始考试，八月出成绩，国际生拿着这成绩去申请英国大学，英国大学根据学生提供的预估成绩发预录取通知，到时再提供高三 A2 的成绩，最后才能拿到正式的录取通知书。

　　在专业选项方面，哥哥学的是计算机专业，小墨受到影响，也希望往计算机或人工智能方面发展，所以选了数学统计方面的专业，但这些专业都是名校的热门专业，申请的难度更高，而且对学科成绩都有明确要求，几个 A* 几个 A，如果达到他们学校的基本条件只能说明你有申请的资格。真要申请到心仪的大学，除了学科成绩，还要看孩子的综合能力，有的孩子是拿着四个甚至五个 A* 去申请的。除了学科成绩，还需要竞赛成绩，还要提供参加相关的学术活动的材料，有的学校还要面试，有的学校还有另外的考试，如申请数学专业（比如剑桥、牛津、帝国理工要参加 MAT 的数学考试，伦敦大学要参加 STLE 的考试），确实国际课程与国内课程有很大的不同。

　　小墨读国际高中的两年时间里，我真的也是摸着石头过河，从这方面的"小白"，慢慢成了半个"国际通"，也是和孩子一起学习探索，向其他家长请教，更多的是咨询学校老师和新东方的老师，向更多的专业人士请教，对孩子的学习课程、专业规划、未来院校等有了初步的了解。我把每次与老师的交流要点记录在笔记本上，把小墨要参加的雅思学习、竞赛学习、课程辅导等项目,按地点、地点、内容等用表格整理下来,以便提醒小墨,督促学习。当然有时想我的这些做法是不是阻碍了孩子的自我管理能力的提升,小墨经常丢三落四,或许与我对他的关注度太高有关。

作为妈妈我想成为孩子学习路上的伙伴,在他的赛场上做一名啦啦队员,为他呐喊助威,在孩子遇到困难时给予帮助,在孩子懈怠时及时鞭策,陪伴他度过充满挑战的高中时期。当然更重要的是度的把握,过度的掌握,对孩子有害无益,过分的放手也是一种不负责任的表现。慢慢地,我也在调整自己的力度,学着适当地放手,让孩子自己去解决问题。

也有一些熟悉或不熟悉的家长会向我了解关于国际学校、关于孩子是否要出国留学的问题,而我也只能谈谈自己的观点,如果有一定的经济能力,想让孩子多历练多见识,去世界闯闯,拥有更好的阅历,为他们未来的发展拓开更广阔的天地,那么,留给孩子金钱不如给他教育投资,让他的人生更加丰富。

从小墨健身说起

小墨从小体弱，身材细长，畏寒怕热。能让小墨爱上运动，长成一个健壮的男子汉一直是我心中美好的愿望，现在身高180的小墨，体重57公斤，最终小墨还是长成了文弱书生的样子。

高一的暑假，因为想激发小墨运动的兴致，我和他一起在小区附近的健身馆报名参加一对一的健身训练。我一周保持两到三次的训练，希望能减减肥，让肌肉结实一点。一开始确实很累，觉得自己很难坚持下去，但为了给小墨做榜样，必须得做好架势。有时母子俩人搭伴一起去，有时教练约了不同的时间，只能单个而去。而小墨健身主要让他增肥，最好能练出点肌肉，希望他经受一下健身的苦，增强他的毅力。小墨太瘦，很难练出肌肉，一个暑假断断续续地参加了十多次健身。高二暑假小墨继续健身，不管肌肉能不能练出，能坚持按节奏进行，我们就给予表扬。

一个孩子的成长，父母方方面面都需要用心关注，当然身体的健康要放在首位。幼儿时代，小墨鼻炎加哮喘，把自己和我们折腾得够呛，定期去儿童医院治疗成了我家的一大重点任务，每次在网上抢最有名的那个专家号，必须深夜12点一过就上网抢号，一不小心就抢不到。如果网上抢不到，必须去医院排队取号，学校一同事每次半夜就去医院排队，等候半个晚上才能抢到号，如果正常早上去医院，基本已没有那个专家的号了，所以老墨每次把手机闹钟调好，闹钟一响就起来抢号，大多时候能抢到号，白天再按着时间去医院就诊。

我一心想把小墨往运动方面引导。小墨读幼儿园时就帮他买了旱冰鞋，去春申湖广场练习，小墨练了一段时间兴趣慢慢消退了，他拒绝参加专业培训,只能作罢。幼儿园大班暑假开始,小墨报了游泳训练,教练一对二,半个暑假基本学会,第二个暑假继续加强训练。自行车小墨基本是自学成功的,从儿童滑车、小三轮车到自行车,不断升级,如果这也算活动项目的话,他算是比较喜欢的,一二年级放学后,时常与小区里的"小黄毛"女孩比赛骑车。三四年级开始,我们根据小墨的体型和体质,试着培养他打羽毛球,全家特意在网上每人都买了一套打羽毛球的运动服,结果没练几次,老墨的右肩膀就疼痛难忍,去医院检查,说是得了"网球肘",大概是运动不当所致,要治疗。

在小墨健身这条路上,我们也是"行百里者半九十",最终没有坚持,半途而废。一方面小墨自身运动细胞不足,主要也是我们家长没有定下目标坚持下去,特别是他爸爸,因为忙于工作,平时也不喜欢运动,很少专注儿子这方面的培养,小墨渐渐喜欢宅家,学校运动会也是勉强参加一些接力赛什么的,因为没有特长,渐渐不愿意参加运动比赛,现在也会和同学打打篮球、踢踢足球,但并不热爱。

希望小墨爱上运动,除了增强体质的目的,更希望能通过体育训练,提高他适应环境、抵御疾病的能力,培养他积极向上、活泼热情的个性,磨炼他的意志。但确实每个孩子都有自己擅长的方面,小墨动手能力较强,但体育不是他的强项。

我们这代人小时候,学校开展"五讲四美三热爱"的教育,比较注重孩子体育和劳动方面的培养,上学晚,放学早,下午两三点钟放学后都是自由的时间,和小伙伴跳皮筋、踢毽子、割猪草、做晚饭,不仅释放了身心,锻炼了体能,也培养了劳动的技能。而现在的孩子整体的时间几乎都在教室里学习、做作业,运动的时间很少,更别讲每天放学后能到田野里撒欢奔跑了。每个孩子天蒙蒙亮出发去学校,在夜色中才能回家。初高中后如果有晚自习,那几乎一整天待在教室里,难得的几节体育课才能外出透透气,我们大多把孩子养成了"温室里的花朵"。

小墨从幼儿园开始,基本都是我开车送到学校,放学回家,七十多岁的外婆带着他乘公交车回家,他非常谨慎,还时时关照外婆靠边走,走人行道过马路,他的细心谨慎时常受到家人夸奖。从小学开始,小墨就跟着我一起上下学,车来车去,真的是没有经过风雨。他自小在这样的环境中成长,自然带了点娇气,到现在也是吹不得风淋不得雨,我们批评他吃不了苦,他还振振有词:"时代不同了,不要以你们那时的生活来要求我,何必没苦硬吃呢?"

三年高中陪读,除了陪伴他,主要还是照顾他的身体。小墨初中开始住校,后来时不时拉肚子,肠胃出了点问题,时常感冒发烧,为这体质,我烦恼过,焦虑过,带他看过中医,吃过西药,做过肠镜,检查下来一切正常。

前两年小墨的鼻炎基本不怎么发作了,现在肠胃也好了很多。

望着高出我一头的帅气的大男孩,心中感到欣慰的同时也有无限感慨,原来养育孩子父母使出的是洪荒之力,是一生的不懈奋斗。

第一次做直播

高二的暑假,小墨不肯参加任何课外的补习,决定在家复习和刷题,重点任务是冲雅思7分。这几年,小墨除了学校的学习,断断续续在新东方学习,不是雅思课程,就是参加国际课程和竞赛的辅导学习,接触多了,和一些辅导老师也成了朋友。老师们也都喜欢他,对他的评价很好,都赞他性格好,懂事有礼貌,肯学习。

暑假里,小墨接到新东方化学老师的邀请,邀请他参加他们公司的直播。这一期直播主要介绍小墨就读的领科国际高中。小墨还得意地告诉我们,参加直播还能拿到200元钱,这也是他人生中第一次挣钱呢。我和老墨听了也很高兴,主要是小墨肯接受这富有挑战的活动,有点出乎我们的意料。

初中开始,小墨对一些要他抛头露面的活动,大多退避三舍。初二上学期学校举办大型活动,班主任让他上台表演钢琴独奏,我们也鼓励他趁着机会亮亮相,锻炼一下自己。但他对自己的演奏水平不自信,说什么也不肯去表演。初中学校的活动丰富多彩,小墨参加了很多集体活动或集体表演,但只是凑份子的心态。到了高中,小墨更"佛系"了,更不愿意主动参加学校的活动。但有一个值得夸奖的地方,他主动加入几个同学自组的乐队,他当钢琴伴奏,在学校的一些大型活动表演,我也曾现场看过他的表演,并给他拍了些照片留念。小学时小墨可算得上是学校的风云人物,主持过学校几次大型活动,参加各类比赛和表演,还主动竞选班干部,主动申请当节目主持人……

这次现场直播,除了主持人,另外三个都是小墨学校的学生,一个是已就读于牛津大学的学姐,还有一个是刚入学的学弟,小墨是即将读高三的学生。三个学生从自身不同的经历来介绍自己的学校,谈自己的感受。直播前,主持人要求每个嘉宾提供一张自己的照片,做宣传海报,小墨没选自己的照片。海报的标题是"你问我答之领科三代人",海报上其他人都是自己的照片,就他是个卡通男孩的头像。

直播时间是8月10晚上7点开始,小墨下午就去园区了,说先找同学玩,在外面吃了晚饭再去。我们提醒他,要多宣传学校好的地方,他笑笑说:"这我懂的,会注意的。"我们顺便安慰他:"不用紧张的,就像平时说话一样,随意一点就行。"小墨说:"到时可能会有几千人上万人进直播室,不过,放心好了,不用担心你们儿子的。"

我和老墨也早早打开手机,进入直播厅,等待小墨出场。我还把宣传海报转发朋友圈,一激动,把"袁子墨在直播"打成了"袁子墨在值班"。直播开始了,主持人在提问,三个孩子轮流回答。小墨穿了白T恤,坐着的样子很自然,在聊学校的课程、食堂、业余的活动等。当轮到小墨回答时我们听得特别认真,老墨还在说:"这小子是不是有点在抖脚,估计还是有点紧张吧。"我说:"还不错,蛮大方的。"他谈到学校的食堂饭菜不错,中餐西餐都有,自由选择。还谈到自己参加了学校乐队,每逢学校大型活动他们乐队都要表演……只是录音不太清晰,有些话听不清楚。直播间里,热闹非凡,粉丝们各种弹幕,在快速弹出的文字中,我看到了几条关于小墨:袁子墨厉害的,考过相城区第一;袁子墨获得过数学竞赛全校第一;袁子墨冲吖;还有各色表情符号,各色礼物……竟然是夸小墨的,不知是他同学还是亲戚。

小墨回到家,表情喜滋滋的。我们都夸他表现很好,落落大方。

为了鼓励小墨主动参与各项活动,我也常常和他分享自己去做讲座或做嘉宾的感受。每次接到邀请,都有压力,担心自己做不好,在接受任务时有过犹豫,有过退缩,但最后还是没放弃这些机会。因为每次参加活动都是在丰富自己、提升自己。首先要做好充分的准备,要学习相关资料,要做成

PPT,要练习自己的表达能力。

  总之,多一次经历、多一次学习就多一次成长。这几年我除了作为一个教师及作家去做读书分享、去做讲座,还参加苏州广播电台的直播节目等。连续两年我受新东方教育集团邀请,作为嘉宾上台分享家庭教育的心得。2023年,参加了他们公司三十年庆典活动,参与了"学霸家长圆桌论坛",在台上分享有关家庭教育的话题。2024年12月26日,又参加了"多途径学业规划咨询服务展(江苏站)"的大型活动,与公司总经理一起讨论"家庭教育中孩子学业的多途径规划"等话题。

  我想第一次现场直播,小墨也算是挑战了自己一回,除了因老师的关注和表扬,也有对自己的认可,同时多多少少受到了我的影响。高二的男孩正处于青春期后期,独立意识显著增强,他主动参与这样的直播活动,能通过与主持人的互动展现能力,获得同学关注,获得社会认同,这也是这个年龄段孩子的心理需求。直播中的即时反馈,如弹幕、点赞、虚拟奖励等游戏化设计激活多巴胺分泌,将学习行为与即时愉悦感联结,能进一步激活孩子的深层的学习动机,提升其社交能力,增强其对学习能力的信心。

  高中的孩子正处于容易羞涩和敏感的年纪。他们的自我意识更强,自我期待值增强,他们会害怕失败,担心被评判,对未知环境的恐惧会让他们退缩。这时他们任何一次的自我挑战,不管效果如何,我们家长都应该给予支持和鼓励、陪伴与分享。这样,孩子的信心就会不断提升,能力也会不断增强。

雅思，难迈的门槛

因为有相差十一岁的哥哥作参考，小墨的学习生涯规划起步较早。哥哥高一暑假决定准备出国读大学，才把雅思学习提到日程上来，时间比较紧张。耳畔也时常听到一些朋友议论，哪家孩子准备去出国读书，在准备考托福或雅思，慢慢弄清了要出国留学，必须参加语言考试。

小墨的目标大学和专业要求来看，雅思最低要 6.5 分，单项分不能低于 6 分，当然小墨的目标分是雅思 7 分，单项分最好能达 6.5 分，但口语和作文这两项要达到 6.5 分还是蛮有难度的。

从小学开始，我们就对小墨的英语学习重视了起来，一二年级，在学校同事的介绍下，小墨参加了英语口语班，这是一个小型培训班，五六个孩子，大多是认识的朋友介绍过来的，有一个外教上课。每周两个小时的课程，基本在双休日，寒暑假也有课程。学了两年，小墨会说一些单词和短语，有时在家听听点读机或老师发的英语光盘之类的，算是英语的启蒙吧。三年级暑假，小墨开始参加新东方的新概念英语学习，一个班有二十多位同年级的小朋友，每周两小时课程，大多是晚上 6:30 开始。这样的学习小墨坚持了三年，直到小学毕业，他在这个小班里英语成绩也是名列前茅的，他小学的英语考试成绩没有低于 90 分。

初中开始，小墨在外国语学校学习，英语教育也算是学校的一大特色，除了义务教育规定的课程——牛津英语，另外加了一门英语课程学习，小墨还学了西班牙语。初中开始小墨住校，加上学业加重，就没有去参加外面的英语培训。

从初二开始，我们就在规划小墨的雅思学习，希望他能早点考到理想的分数,当时孩子们很多时候都在线上学习。培训机构也只有线上课程,考虑到线上课程的效果问题,初二积累的词汇量还不够,学雅思有点早,就没报名。初三暑假小墨报了雅思的"封闭训练营",在苏州东方之门旁上雅思课。除了白天上课,晚上也要学习,有老师负责管理,吃住都在酒店,不能出门。半个月学习结束后,小墨先试考了一场,第一次雅思总分达 6 分,首考成绩还不错。

在平时与老师沟通了解中,老师反馈小墨的英语基础还不错,上课也蛮认真,就是课后的巩固和刷题还不够。

从初三开始,利用暑寒假,甚至双休日,小墨开始了几轮雅思的培训,有一对一课程,也有单项的课程。因为在接下来的考试中,小墨连续考了三次 6.5 分,而且总有一项未达到 6 分,不是口语 5.5,就是作文 5.5,这成绩还是不行的。按照学习规划,雅思尽量早一点出分,就减轻高二高三的学习压力,但雅思成绩两年有效期,还得卡着时间点。我们希望小墨在高二之前能达标,这样有更多的时间花在学科和申请上,但直到高二结束,小墨的雅思还没达标。特别是高二暑假,几乎把精力都集中在雅思考试了,结果 8 月 17 日的雅思成绩半个月后出来了,"外甥打灯笼——照旧",特别是口语成了跨不过的坎,还是 5.5 分,满心的期待又落空了。这次小墨彻底沮丧了,因为时间已经很紧张了,高三一开学就要提交大学申请,虽说英国大学可以后续补交,但有些大学还是要雅思实考成绩的。当然我和老墨归结于他口语题型练得少,也没有利用多渠道练习,加上平时刷题不够的缘故。而小墨认为,自己练的时间还可以的,一方面自己的英语基础一般,一方面是暑假英国考试局压分。

对雅思考试,着急的是我们,小墨一直心态不错,常常安慰我,不用着急,总归会考到七分的,反正高三还能考。而我一直认为,任何事情要走在前面,把任务一个个完成,身心也放松,有更多的精力做好下面的事情,这也成了我们和小墨之间引起争论的一个点。

高三一开学我们去新东方前途出国做申请方面的沟通，我和老师的观点一致，还是再报名考试，趁热打铁，老师建议他每天坚持练口语，并下载雅思口语的 App 软件学习，老师争取每天晚上帮他练口语。九月中旬小墨又考了一次，这一次我们都抱着试试的心态，出乎意料竟考到了七分，特别是口语提高了一分，全家都非常开心。有时真是"有心栽花花不开，无心插柳柳成荫"。或许放松了心态更容易得到好的结果。

这一次小墨达到了目标分，大家心头都松了一口气。

在小墨学习雅思的这三年时间里，我与他一起定计划，按照要求买各级雅思真题，老墨负责报名、登录查阅，一家子都很上心的。特别是我，常常背着小墨与学管盛老师沟通，出谋划策，让老师们想着办法督促他。比如每天打卡背单词，口语发语音给老师，尽量多参加学校的模拟考试，多去新东方自习，让助教老师默单词等等。每一次的老师反馈我都会认真看，并复制重点发微信"小小锅饭"群，让小墨和老墨一起看看，目的就是想让孩子引起重视。

面对不够自律的男孩，该操的心一样也省不了。在当今如此激烈的竞争环境中，孩子的学习辛苦，家长真不轻松，一路上家长对孩子除了陪伴、沟通和支持，规划、管理和督促也是必要的。

手机，家庭的痛点

对手机爱恨交加，或许是当代父母共同的感受。也可以说，手机是我心中的隐隐痛点，也是我们家庭亲子矛盾的导火索。

第一次发现小墨在玩手机，是在初三下半学期开学的前一天，是我无意发现有人登录了我的QQ在玩"王者荣耀"，差不多有一年之久，登录时间大多在双休日，这无疑在我的心中引爆了一个雷，而小墨"爱读书，不玩游戏"的人设也在那一刻崩塌，初二下学期成绩的明显退步也找到了原因。小墨从被发现时的紧张，到我们和他谈话时的痛哭流涕，说明他知道玩手机玩游戏是不被认可的，是破坏了他与父母之间的信任。

我常常说"多一个好习惯就会少一个坏习惯"。确实，小墨一直以来兴趣广泛，成绩优秀而闻名于周围的亲友中，也是所谓"别人家的孩子"。出门在外，小墨常常会带一本课外书，别人家的孩子在饭桌上抢爸爸妈妈的手机玩，或者带个iPad玩得不亦乐乎，小墨就在看书，所以一直受到大人们的夸奖，我也一直引以为傲。

从小墨暗中偷玩手机到入学国际学校后可以光明正大带手机开始，手机也成了一个家庭问题。虽然学校管理严格，白天到校就要上交，到晚自习结束才能拿手机，但手机就像潜入我家的特务一直在搞破坏，家里也经常上演着侦察和反侦察的剧本。我和老墨三令五申地要求小墨在做作业时不要把手机带进书房，但很多时候这些指令没有落实到位，小墨还是常常带进书房，当然理由各式各样，不是上面有学习资料，就是要和老师联系，或者干脆不找理由：就算手机不在旁边，我也不可能每时每刻都在学习的。"老是管我的手机有用吗，没手机不认真学也是一样的。"有时直接怼你。"不是不让你玩手机，确实现在大人也离不开手机，但学习就是要专心，手机在旁边总是容易分心，要玩干脆玩，不要一心二意，不然，学没学好，玩也没玩好……"估计天下的妈妈都是相同的担心，相同的口吻。

有时小墨会把手机放在餐厅的吧台上，但是在这种情况下，小墨就经常进进出出，一看就静不下心来，如果手机在房间里，大多两三个小时可以不出门，直到口渴或上厕所。这个时候，我对他的学习的效率就充满了怀疑。当然每次上厕所大号，那是必定带着手机进去，就算一时忘了，也会及时转身拿了手机再进去，一般情况下没个半小时是出不了卫生间门的。我有时竟然有了"邻人偷斧"的心理，看着小墨的各种行为似乎都与手机有关，觉得他上厕所的频率也高了。有一次，他拿着手机在厕所里打电话，我很生气："小墨，你每次上厕所非要带手机吗，每次要这么长时间吗，是不是上厕所成了玩手机的最好途径，我看你上厕所就是为了玩手机，还在聊天……"卫生间里小墨声音也高了："你难道连我上厕所都要怀疑，没见过你这样的妈妈，我不在聊天，在和老师联系……"

我们让小墨做作业时不要关房门，当然有时也是无效的指令，小墨有时会虚掩着门，我有意无意地透过门缝张望。大多这个时候，小墨表现出的样子是在学习状态的，所以他有底气不关房门。晚上小墨基本能遵守我们的规定，晚上洗好澡他把手机放在厨房的吧台上，不带进房间。但常常还是不放心，要是我比小墨先睡觉，大多时候我是睡不着的，心里绷着一根弦，担心他睡得太晚影响第二天的学习。当然更担心他把手机带进房间，很多时候，等他进了房间，我会偷偷起来，看他的手机在不在外面，真是"防人之心不可无"呀。

有一回还真被我逮着了，凌晨我迷迷糊糊地被小墨上卫生间的声音吵醒了。听他关了房门，我蹑手蹑脚地走出来，一看，吧台上的手机不见了，只留着一根白色的充电线垂了下来，再看时间凌晨四点一刻。这个时间拿手机，明天还怎么上学？看来小墨手机瘾还是蛮严重的。第二天，我当面问他，小墨也无法隐瞒了。这以后，我对小墨的信任又降级了，有时趁他睡觉了，我把他的手机拔下来，拿到我房间充电，早上起来再放在吧台，虽然这做法不是那么光明磊落，但我还是想努力维护良好的亲子关系，尽量掩饰对小墨的不信任。

寒暑假，我们要求小墨晚上把手机放在我们卧室旁的书房里，不带进自己的房间。一开始小墨当然极力反抗，并保证晚上不会玩很晚的，十一点也要睡觉了，为此，我和老墨做他的思想工作。"小墨，既然你说十一点过后不玩手机了，那个时间拿着手机也没用呀，不如把手机放在书桌上，大家睡觉都安心……"小墨抗议："我就是不想让你们管着，我已经长大了，我会管理的。"老墨的语气明显高了："还不是你自己没做到吗，我们一直信任你，给你机会学会自我管理，但你做到了吗？你的成绩进步了吗，不要以为我们一直和你讲民主，国有国法，家有家规，每个人都由着性子来，是不行的。"在我们的软硬兼施下，小墨只能妥协了，假期晚上手机基本放在我们书房了，有时周末悄悄地带着手机进房间。如果不是周末，我们也会查岗，一旦发现，责令改正。

因为手机问题，家里的纷争多了，生气的时候，"要把手机砸了"这样的狠话我和老墨都说过，当然还是尽力克制，没付诸行动。有时自我安慰，和一些玩手机的孩子相比，小墨还算听话的，他还能遵守我们的一些基本约定，没有很激烈的对抗，也从来没有要求我们给他买手机，用的第一只手机就是我那只淘汰了好几年的旧手机，就是那只偷偷玩的苹果8，第二只也是哥哥不用的旧款。

有时想想，哥哥高中时期就没有这么多关于手机的问题，一方面十多年前手机还没有如今普及，加上我们也严格把控，直到哥哥考上大学，才买了手机。当然放到现在也不行了，似乎每个高中生都拥有了自己的手机。手机虽然不是洪水猛兽，但对处于身心发展期的孩子来说，弊大于利，是个不争的事实。手机就是把双刃剑，现在的孩子从小生活在互联网时代，信息技术早已无孔不入地渗透到了他们的生活中,即使拿走他们的手机,断掉家里的网络,也不能杜绝孩子沉迷手机的问题。

我也知道要正确引导孩子合理使用手机,一味堵是不行的,变堵为疏才是上策。但情绪一上来,方法都忘了。就像我在家庭教育讲座中分享的方法,既是对家长们说的,也是对自己说的。1. 对孩子上网的环境进行必要的控制;2. 要对电脑、手机产生平常心;3. 约法三章,与孩子一起制定一份手机使用守则;4. 转移孩子的注意力,建议家长应培养孩子广泛的兴趣;5. 当孩子出现网瘾时,可以在专业的心理医生帮助下进行适当的行为矫正;6. 积极接纳,以身作则,高质量地陪伴孩子,营造温馨美好的家庭环境。

小墨进了初中以后课外阅读就少了,除了学业负担加重的原因,兴趣爱好也发生了变化,到了高中,有了手机以后,几乎不碰课外书,更别说阅读英文原版书籍了,除了完成作业外,手机成了他最重要的伙伴。

不管大人还是孩子,玩手机都是一种心理需要。孩子上学一天,非常疲惫,回家还要面对大量的作业和复习。比如课堂知识没掌握好,很多题不会做,再比如遇到巨大挑战,成绩始终无法突破,父母期望值过高;糟糕的人际关系等都会给孩子带来痛苦而摆脱痛苦最快捷的方式,就是刺激多巴胺的分泌。而刷短视频、玩游戏就成为他们能接触到的、获得多巴胺最快捷的方式,只需打开手机,多巴胺就能立即产生,让人快乐。但这种快乐只短时间让人摆脱痛苦,放下手机,孩子面临的问题反而更糟糕:这么晚了作业还没开始做;浪费时间的愧疚感;事情堆积完成无望的无力感等。他们更痛苦了。于是,他们对多巴胺上瘾了,需要更多地玩游戏、刷视频来逃避问题。而这就形成恶性循环,如此反复,现实问题积攒成庞然大物,孩子更没解决问题的勇气了。这也是很多父母发现砸手机、设置玩手机时间等无效的原因。即便没有手机,他们也可以选择摆烂、睡觉、看小说、拒绝学习等方式继续逃避。

我和老墨内心都觉得小墨在学习习惯和态度上的改变,和手机脱不了干系,很多时候想到这事心里会隐隐作痛。如果一开始就发现小墨玩游戏的问题,正确引导和管理,是不是会好很多?而不是他已经对手机有了依赖,兴趣已养成,再去改变他。当然生活没有如果,最好的办法就是接受事实。孩子的手机问题,不仅是每个家庭都将面对的问题,也是一个严峻的社会问题,看到、听到的各色家长管孩子手机而闹出各种家庭矛盾比比皆是。

在经历了对抗、争执、妥协……我学着去接受小墨玩手机这个事实,也不断地调整自己,学着去信任他,相信相信的力量。高三开始,母子之间因手机问题的争执渐渐少了。发现让小墨放下手机的不是父母的说教,更多来自他的自我管理,来自自身的学习目标,让他在生活中找到更多快乐的事,这样他对手机的依赖会越来越少。

还有二十天,小墨的十八岁生日到了,我们决定买一个新手机作为送他的成人礼物,哥哥将送他一台电脑。

我们终究要学着与手机和解,与过往和解,与孩子和解,与自己和解。

4A 法则

星期六的早晨，打开手机，关注的"有书"栏目正在直播中，听到主播在介绍一本新书《凡事发生，皆有利于我》，里面讲到一个考上清华的学霸的故事，他高中参加了物理竞赛的训练营，准备冲物理竞赛的一等奖，拿到清华、北大的预录取资格，但最后得到二等奖无缘提前录取。在其他学科落后于班上同学时，在离高考不满一年的时间里他调整心态，面对困难，提高学习效率，最后以全省理科第五名的成绩被清华大学录取，考上了自己目标大学。书中强调了 4A 法则："接受事实（Accept）调整情绪（Adjust）、分析对策（Analyze）、达成行动（Action）。"书中还有这样的一段话："凡是往长远看，人生是一场无限游戏。凡事皆有两面性，好坏取决于自己，凡事波浪式发展，目标都是曲折接近。""接受已发生的一切，见招拆招。"我边做家务边听书，主播的声音也非常好听，很多话也触动了我的内在，在听了一个多小时的直播后，我果断点开了页面上的链接，买了这本书。

小墨起床后，我把听到的那个逆袭考上清华的孩子的故事分享给了他，觉得小墨的某些经历与这个孩子相似。小墨高二的统考成绩出来，五门课全都达到了 A，一个 A∗ 四个 A，与他高二平时的成绩相比已经有了比较大的进步。但不管是小墨还是我们心底里都觉得有点遗憾，我们的目标是三个 A∗，特别是要申请目标中的几所国外名校，这成绩还是差了点。

高三开始，小墨也在调整自己的学习规划，决定高数和数学再重考一次，努力冲到 A∗，这样的话他达到自己的预设，九月中旬雅思考试结束，他就重点刷题，国庆节前学校前有一场高数模拟考试，如果成绩能达到 A∗ 的话，他便可以以三个A*的预估成绩去提交申请。国庆节放假，收到两个好消息，小墨的雅思达到了7分，高数模考也到了A*。

小墨在为自己曾经的落后做最后的拼搏，也希望他经过一阶段的懈怠，重新振作精神，为自己以后少留遗憾，就像他在开学前与我们沟通时说的："我是不见棺材不落泪。"我想他曾有的侥幸心理在现实面前应该有所触动，他的那句"平时不重要，结果好就行"的话也应该得到了考验。只有一步一个脚印，扎实走好每一步，才不会把自己逼进死胡同。其实暑假统考成绩和雅思成绩一出来，都没达到预期，小墨和我们的压力无意中都倍增了，高三一开学，小墨既要再尝试雅思的考试，又要面对两门数学的重考，还要为十月的大学申请做准备写材料，当然也要学好A2的课程。这些压力不仅是小墨的，也是我们父母的。

前天拿到《凡事发生，皆有利于我》就看了起来，蛮通俗易懂的，前言是："此书献给正焦虑或精神内耗的你。"哈哈，或许我比小墨更需要这样的书来学习，不纠结于过往，接受事实，允许一切发生。连着两次我参加了朋友在园区凤凰公寓的读书活动，活动分享了《让孩子成才的秘密》这本关于家庭教育关于孩子发展的书，确实很贴近现在社会的需求。通过与家长们的沟通，觉得每个孩子都有自己的特点，每个妈妈都有自己的担忧，适当放手，让孩子自我成长很重要，让他成为自己。

小墨良好的心态，不气馁，不服输，在努力朝着目标前进，这些都是令人欣慰的，或许在小墨身上也有逆袭的故事，一切皆有可能。

这部4A法则和读《让孩子成才的秘密》，让我看到，其实我并没有真正做到接纳，还是期待孩子按照我的目标和规划走，没有真正做到放手。其实放手是很有必要的，只有充分放手，给孩子空间，孩子自主管理的肌肉才能发展起来，可是在最初放手的阶段，孩子一定会做得不那么标准。其实没有关系，继续允许，允许孩子犯错，我们只需要带着孩子做复盘就好了，让孩子自己为自己的行为和目标打分。当他看见自己的时候,他会自动调整,下一次会更好,如此慢慢训练,终有一天他会做得很好,并且慢慢学会自主管理。

在养育小墨的这条路上,我一边在学习成长,一边在反思总结,希望我的这些成长和反思,没有太迟,没有影响到子墨的发展。

申请季来临

高三一开学，小墨也进入了忙碌阶段。除了九月的雅思考试、高数模考、十月的数学和高数的重考、国外大学的申请季来临了。

申请规划是从高一就开始了，新东方前途出国的几位老师几乎每次见面都会提到，什么时候开始提交材料，申请前要做好哪些准备，每个学校申请的时间不同，提交的文书也不同。小墨主攻英国的几所大学，另外加拿大和香港地区的大学同时申请。随着时间的推进、小墨成绩的变化，申请的学校和专业适当做了调整，但基本和原计划相当。最近一个阶段小墨的雅思和学科成绩都有了提高，已达到心目中最好学府英国帝国理工大学的申请要求，但这学校今年的 TOP 排名到了世界第二名，竞争压力可想而知，除了必要的学科成绩、雅思成绩、竞赛获奖情况、活动课程外，帝国理工和牛剑等学校还需提供 ESAT 数学笔试成绩，当然还要面试，难度可想而知。

虽然小墨从小就树立了目标，要考上世界排名前十的大学，帝国理工是第一目标，但随着小墨高中的学习态度和学习成绩变化，我们只能调整期望值。根据他高二的学习状态，我们基本已放弃了这所大学的申请，但最近小墨还是努力了一下，预估成绩三个 A* 和一个 A 的成绩去申请，雅思 7 分，加上有数学、物理竞赛的几次获奖加持，基本的条件已达到申请的要求。看得出小墨还是想去努力一把的，既然他不想放弃，我们当然要鼓励他去碰碰运气，因为只要努力，一切皆有可能。

开学后，小墨认为先要对付的是数学考试，先刷题，等考试基本结束后，主要弄申请的事。与新东方老师和学校负责申请的老师几次沟通之后，申请的学校、专业，所需要递交的材料都比较清晰了。英国先申伦敦大学和爱丁堡大学，主申机械专业和人工智能，帝国理工学院放在第二批申请，要到2025年1月过后。英国可提交五份申请，不同的学校只能提交同一份申请材料，所以在专业选择上要保持一致性。加拿大也属英联邦国家，提交的材料和英国的相似，雅思成绩要提供，不像英国可以后补。香港大学是作为备选学校，但香港不同学校要递交不同的文书，所以小墨选的四所学校，就要递交四份文书。几次重要的考试已结束，小墨在忙着弄材料，让他独立完成，锻炼自己的能力。

回顾小墨的高中生涯，觉得还是因为不放心的缘故，我参与得比较多，从与老师沟通、学科辅导、雅思考试，到现场沟通、微信联系、暗中叮嘱，我就像一个间谍一样关注着小墨的一举一动，唯恐因自己的疏忽和懈怠造成不可挽回的损失，错失良机。

作为关注家庭教育的妈妈，我也告诫自己，要学会放手，但还是不敢轻易放手，理论上接受，但实际上还是做不到。最近也在不断学习和调整自己的心态，尽量学着放手，让孩子自己经历才会长记性，你可以告诉他前面有个坑，要当心，不然会摔疼，但是这种摔疼的感觉，只有他自己经历过了才会感知。很多时候家长的提醒和说教，效果是微弱的。这次申请后期的工作，小墨独自完成，相信只有经过自己的努力，才能有更多的体验和收获，不管对与错，经历了才能成长。

生命其实最珍贵的部分在于体验，有的时候，或许我们为孩子做太多，不一定对孩子好，反而剥夺了孩子自己体验生命的机会。之前刷小视频看到俞敏洪说："我要自己拍视频自己剪辑，这是我体验和享受生命的一个过程，虽然有团队为我做，但是我还是想自己去体验一下。"体验对于每个人来说才是生命最宝贵的财富。在我慢慢放手后，小墨也开始有了更多的自主管理，我也感受到他的一点点长大和独立，孩子终有一天会离开我们，世间所有的爱都是以在一起为表达方式，唯独父母对孩子的爱以分离作为表达方式。父母对孩子最好的爱，就是逐步放手，而作为一个时而焦虑、时而紧张、时而反省、时而成长的妈妈，也在放与管控当中不断反复横跳，试图找到一个最佳的方式，给予孩子爱。也愿天下的父母们都能找到你们与孩子最好的相处关系和模式，既有爱有温度，又有规则和约束。

十八岁呀,十八岁

小墨终于迎来了他的十八岁。

一家子早早地在筹划着小墨的十八岁生日,准备给他办个"成人礼"仪式。我和老墨商量后决定邀请我们双方的兄弟姐妹,大家庭成员聚聚。我家兄妹四个,老墨家兄妹四个,加上小墨的表哥、堂哥、表姐、堂姐,以及他们的孩子,整个一大家族,一算大约要开五桌。

因为明年八月小墨就要出国读大学,接下来的几年,我们也无法给他过生日了。

小墨的生日12月21日,是中国传统节日冬至,好巧不巧,刚好又是周六。小墨学校从这天开始放圣诞假,一直放到元旦结束,十二天的假期。

哥哥、嫂子早早地给小墨买了电脑,特意让小墨自己打开包装盒,这过程嫂子用手机录了下来,发在我们五人"中锅饭"群,满满的仪式感。老爸买的手机也到了,悄悄放在他书桌的抽屉里,准备生日当天给他。各路哥哥、姐姐的各色礼物也陆续送来了。耳机、运动服、鞋子、羊绒衫、羽绒服等,哈哈,小墨收获了一大家子满满的宠溺。

在小墨生日前几天,我和两个80后的外甥媳妇、侄媳妇沟通小墨的成人礼仪式。毕竟年轻人想法多。最后的方案是搭一个蓝气球背景,蓝色的KT板上主体用小墨的照片,定制有小墨名字的可乐。侄媳妇说这在淘宝店定制,制作过程很快。商家采购了可乐,使用了专业的刻字设备,通过激光刻印技术刻在瓶身上,大约两天就能快递过来。

生日那天,我们一家下午四点半左右就来到酒店。来到二楼的小厅,看到门口竖着蓝色的KT板,上面有小墨的照片,再配上三行文字:"袁子墨,十八岁成人礼,跨过星河,迈过月亮,去迎接更好的自己。"中文旁边还配着英文。厅里的西墙布置了同样蓝色的背景墙,蓝色为主题的气球,前面台桌上蛋糕、鲜花,还有刻名字的可乐,红色罐子的可乐叠起一个金字塔造型。红色的罐子上刻着白色的字,很醒目。

亲戚们陆陆续续到了,年龄最大的是小墨85岁高龄的外婆,年龄最小的是小墨的侄子,不足两岁的"墩墩",大家都亲热地向小墨表示生日祝贺。席间,小墨和爸爸一起给亲戚们敬酒,最后小墨给我和老爸敬酒,发表了几句感言,哥哥嫂子们急着拍下小视频,留着纪念。

席间小墨和大家在背景墙前合影。除了一大家子的合影,小墨分别与爸爸妈妈合影,再与姐姐、哥哥,还抱着墩墩,牵着外甥女合影,这些照片非常温馨。其中有一个细节特别感人,他把外婆从餐桌上请到背景墙前说:"阿婆,我要和你一起拍个照。"外婆笑着推辞:"我年纪太大了,不要和你们这些小年轻拍照,不合适。"小墨说:"阿婆,哪里不合适,你是最合适的,是你把我带大的啊!"这时,我看到我妈一脸开心的笑容。看到这一幕,我内心既欣慰,又感动。是呀,一眨眼小墨长大成人了,他成长的一幕幕像电影一样闪现在我的脑海。小墨的成长过程中,亲戚们给予了许多的关爱,特别是我妈更是功不可没,快七十岁的年纪,还来带这个最小的外孙,一带就是六年,直到小墨上小学。

最后的合影是小墨和他的小辈们,他的侄子、外甥、侄女、外甥女有十几个之多,一行都排不下,要排两行。小墨是苏州俗话中的"小人老长辈",用我妈的话就是:"蓑衣簌落落,尊卑不脱落。"辈分放在那里,还是要尊重的。他读高三,他的侄子们最大的已读高二、高一,相差一两岁,站在一起都是小伙子了。哈哈,小墨也挺逗的,有时过年还从自己拿到的红包里给他的小辈们发红包呢。

小墨的十八岁生日在吹蜡烛、切蛋糕、唱生日歌的欢乐气氛中结束,非常圆满的一次生日宴。他跨进了人生中的另一个重要阶段,也是他期盼的。"我快十八岁了,我已长大成年了,你们不用这么辛苦地管我的生活和学习了,不要老是不放心你们的儿子,相信我会做好的……"这是近来小墨常对我们说的话。是呀,小墨的内心想自由和独立,不想在父母的眼皮底下生活,我也能深刻体会到。这是每个孩子成长蜕变的时期,他们再也不是爸爸妈妈的小棉袄了,随着年岁增长,他们接触的世界更大,视野也变宽了,心智也慢慢成熟,想要离开父母,去闯荡外面的世界。是的,尽管做父母的总是各种担心,但孩子的成长,有些路,必须由他自己走。我们养育孩子,就是为了让他们能够脱离我们,独立飞翔。

为了能让小墨的成长故事有个完整的结尾,我补记了这篇随笔。这生日过得非常有意义,除了满满的仪式感让小墨觉得自己长大成人了,更是亲戚之间一次情感的沟通,一次亲情的升华。

生日当天,小墨还收到了另一份特殊的礼物,那是老墨在儿子生日当天花了一上午写的一封信,发信的时间卡在14:26分,因为14:26分是小墨出生的时间。我当时因忙着其他事没看到,到晚上才在微信里打开,读到。老墨真的太用心了。

亲爱的儿子:

今天,你十八岁了,正式成为一个成年人了。作为你的父亲,我心中满是感慨与欣慰。昨晚,父母跟你聊了很久,你也是兴奋地等待零点的钟声敲响,我知道你是迫不及待地希望自己长大成人。

这就像十八年前,我们迫不及待地迎接你来到了我们大家庭一样。那时候的你,小小的,手指很细,哭声清脆而响亮。你的每一个小动作、每一个小表情都能牵动我们的心。因为你妈是高龄产妇,一直让人担心。出生后的你是个难带的婴儿,喜欢在我的肚子上睡觉,晚上老是哭,真的是太难伺候了!从你第一次喊出"爸爸""妈妈",到如今成为一个朝气蓬勃的小伙子,成长路上的点点滴滴,铭刻在我们共同的记忆深处。

子墨,看着你长大成年,我很欣慰。但长大也意味着要承担更多的责任。首先,你对自己现在的学业、将来的事业都要有自己的规划,还要有一份对家庭、亲友、对社会的责任感。在过去的岁月中，我们一直都在你身边，为你遮风挡雨，为你保驾护航。但现在，你要学会自己站稳脚跟，自己去面对生活中的种种挑战。当遇到困难的时候，不要总是期待别人的帮助，首先要学会独立思考，自己去解决问题。因为每一次克服困难，都是一次成长的经历，都会让你变得更加坚强和自信。

你要懂得尊重他人，怀揣感恩之心，同时也要保护自己。这个世界是多元的，更何况你将要走出国门，害人之心不可有，防人之心不可无。每个人都有自己的想法、观念和生活方式。尊重他人的差异，是一种包容，也是一种修养。当你尊重别人的时候，你也会赢得别人的尊重；当你用心去倾听他人的声音时，你会发现世界变得更加广阔，自己也会从中受益良多。

健康的身体是革命的本钱，没有一个健康的身体无法去实现自己的理想。你虽然长得很帅，但真的是太瘦了。所以，要养成良好的生活习惯，合理饮食、适量运动、充足睡眠，要关注自己的身体。

子墨，我还想和你谈谈学习。学习，是人一生永远要坚持的，任何时候都不要放弃学习的习惯，多元的世界需要多元的知识储备。一个爱学习的、有才能、健硕的帅哥才是最有吸引力的。

与你相伴十八年，我们其中也发生过很多不愉快，也希望你原谅爸爸对你发过的火，甚至打过你，这些也是老爸对你有"恨铁不成钢"的生气。但你也明白，我们更多时候虽是父子，更是朋友。

最后，我想告诉你，父母永远是你最坚强的后盾。无论你将来走得多远，无论你遇到什么困难，家永远是你避风的港湾。我们会在你成功的时刻为你欢呼雀跃，在你失落的时候给你鼓励和支持。

子墨，十八岁是一个新的起点，青春是人生最好的年华。愿你带着热情、勇气和阳光的心态去迎接未来的每一天，去创造属于自己的精彩人生。

爱你的老爸

2024 年 12 月 21 日 14 点 26 分

家长给儿子举办成人礼的意义,我让DeepSeek作了回答,很符合我的想法,做了一下整理,一起附上。

1. 标志成长

成人礼象征孩子从青少年步入成年,标志着男孩被社会正式认可为具备独立权利和责任的社会成员。家长通过这一仪式认可孩子的成熟,并期待他们承担更多责任。

2. 文化传统

在许多文化中,成人礼是重要的传统仪式。中国古代的"冠礼"(男子20岁行冠礼),通过更换服饰、授予表字,象征其成为家族中可承担责任的成年人。家长通过举办成人礼延续这一习俗,表达对文化的尊重。

3. 家庭庆祝

成人礼是家庭的重要时刻,家长借此机会与亲友共同庆祝孩子的成长,分享喜悦。父母或长辈在仪式中移交责任(如赠予武器、工具),象征权力与信任的传递。家长通过仪式教导孩子成年后应具备的责任感、独立性和社会角色。

4. 心理成长的里程碑

自我认同的强化:通过仪式帮助男孩建立"成人"的自我认知,摆脱对家庭的依赖心理。

价值观的内化:长辈在仪式中传授道德准则(如尊重、勇气、责任感),塑造其未来行为框架。

焦虑的缓解:仪式化流程为青春期的不确定性提供"确定性",减轻成长中的迷茫感。

后　记

　　亲爱的读者朋友们，大家好。首先自我介绍一下，我是两个男孩的妈妈，大儿子已工作、结婚、生娃，小儿子今年高中毕业，即将读大学。我的职业是教师，同时也是一名作家和家庭教育指导师，但我最重要的角色是一名家庭主妇。

　　从2024年的8月开始，我就着手整理修改我的亲子教育书稿，并准备着出版的各项事宜。这部书稿最早的命名为《我家小墨》，因为它记录了小儿子袁子墨从出生到18岁的成长经历。袁子墨出生于2006年底，到今年刚好满18周岁，他是我36岁本命年收到的最珍贵的礼物。

　　从孩子呱呱坠地开始，妈妈就陪伴着孩子的成长，孩子的一颦一笑、一哭一闹都牵动着妈妈的心。作为一名小学教师，我有更多的时间陪伴与见证孩子的成长，从更多的角度观察孩子生理和心理的变化，并能一同感受到他们的快乐与烦恼。而作为喜欢阅读和写作的妈妈，为了给孩子们留下成长的足迹，我试着用文字记录他们的生活，写作的同时也在反观、疗愈、成长自己。作为一个拥有心理咨询师和家庭婚姻咨询师双证的妈妈，我能透过现象看本质，从心理层面去理解和共情孩子，从而更好地引导孩子朝一个积极方向成长。

　　促使我这么多年坚持写小墨的成长故事，源于2018年我的第一部散文集《九月的风》出版。书的第一、第二辑分别写了我两个儿子的成长故事，第一辑《我家小墨》主要写的小墨从出生到小学四年级之间的经历，那些日常故事生动有趣。第二辑《家有少年初长成》主要写的是大儿子青春期间发生的一系列故事，写出了孩子的叛逆与成长，写出父母与孩子之间的碰撞、斗

后记

争与和解。这些亲情故事引起了读者们的共鸣,特别受到女性读者的喜爱。这部散文集的出版,激发了我继续跟踪式写作的勇气。

小墨个性丰富、活泼率真,心理稳定,成绩优秀,但成长路上小问题也是层出不穷,这给我的写作提供了丰富的素材。这些故事既有个性,也有共性,例如《与"乐高"的不解之缘》《家庭会议》《小升初的抉择》《咬手指的男孩》《作业拖延症》《手机风波》……相信书中的很多故事能引起父母们的共鸣。

这半年多的时间,随着书稿的一步步成型,我似乎回到了18年前,跟着小墨重新成长了一遍。在阅读和修改中,读着那些文字,读着那些故事,常常忍俊不禁,常常心潮澎湃,常常热泪盈眶,真是百感交集。我似乎再一次抱起了那个刚出生的蜷缩成一团的新生儿,追着那个牙牙学语的小婴儿,训斥着那个顽皮捣蛋的小男孩,目送着那个斯文清秀的大男孩渐渐远离……

《看见孩子的世界》,这是一个特别好的题目,非常感谢南京大学出版社给出的这个书名。它那么贴切地呈现了书的主题内容,又有着丰富而深刻的内涵。看见即疗愈,看见孩子,照见自我。有陪伴才会看见,有看见才会思考,有思考才会进步。我虽是一名家庭教育指导师,但也是一个普通的家长,有自己认知的局限,书中的某些理论和方法或许存在着这样或那样的不足,希望读者朋友们能批评指正。在养育孩子的路上,我也经历着当下妈妈们的各种焦虑和压力,在关注孩子的学习路上,在鸡娃和躺平中也不断挣扎过,在与青春期孩子的对抗中也情绪失控过,有过自责,有过怀疑,有过羞愧……我希望读者读到这本书时,发现原来一个优秀的孩子是可以多方面定义的,原来每个孩子都是天使和魔鬼的合体。当你们看到这些故事中我所经历的一切,也会发现原来一个家庭教育指导师的妈妈也是会犯错的,也有那么多的无奈和挫败感,那么,这本书肯定也能疗愈到你。因为世上没有完美的孩子,也没有完美的家长。

在阳光和煦的三月,在桃红柳绿的江南,我收到了南大出版社发来的封面设计稿，一个穿着橘黄色短袖、深蓝色短裤的小男孩带着心爱的狗狗，在草坪上欢快地奔跑，多么阳光有爱的画面啊！是的，"爱"是这本书的主色调，小墨在一个充满爱的家庭中成长，他乐观、阳光、有爱、正直。现在他已收到几所世界名校的录取通知书，再过几个月，他将踏上异国他乡去国外大学深造，开始他新的征程，愿这本书陪伴着他一路向前，遇见更优秀的自己。

在《看见孩子的世界》这本书即将付梓之时，我的心情是激动愉快的，我似乎看到了我的另一个孩子成长了起来。在本书的出版过程中，要感谢的人太多了。首先感谢我的家人，给了我一个充满爱的家庭，让我能坚持自己的梦想。特别感谢我的爱人，在育儿路上他是我的同盟军又是我的支持者，更是这本书的第一读者和编辑，他的爱和包容让我在写作路上与生活烟火中找到了平衡。其次要感谢南京大学出版社对拙作的认可和支持。感谢教育学者、作家姜广平先生对本书的肯定、指导和推荐；感谢南大出版社的纪玉媛老师在编辑过程中的辛苦付出；感谢我的朋友家庭治疗师、学习动力提升咨询师郑红老师对本书提供的心理学指导。最后要感谢在小墨成长路上给予关爱和鼓励的亲朋好友、老师同学。感谢有你们一路同行，一起《看见孩子的世界》。

李金珠　2025 年 3 月　于唯园